GOLDMANN
Lesen erleben

Buch

Es gibt Menschen, die das Leben zerdenken, und es gibt welche, die es einfach angehen. Anika Landsteiner gehört definitiv zur zweiten Gruppe. Seit Langem trägt sie eine Liste mit besonderen Wünschen in sich, die sie sich irgendwann einmal erfüllen möchte. Doch immer wieder zögert sie, denn Wünsche sind oft mit Herausforderungen verbunden. Wie stellt man sich seiner Familiengeschichte? Was passiert, wenn man als Ehrenamt eine Brieffreundschaft mit einem zum Tode verurteilten Menschen führt? Wohin führt eine spontane Reise allein mit dem eigenen Vater? Wie fühlt es sich an, in einem Ashram zu schweigen und zu meditieren? Als Emma, eine alte Frau, Anika spontan ihr bewegtes Leben erzählt, ist sie so beeindruckt, dass der Moment gekommen ist. Aus sieben Wünschen entstehen sieben inspirierende Geschichten.

Autorin

Anika Landsteiner, geboren 1987, absolvierte eine Ausbildung zur Schauspielerin mit Bühnenreife, bevor sie sich dem Schreiben zuwandte. Sie schreibt für verschiedene Zeitschriften, 2017 erschien ihr Debüt »Gehen, um zu bleiben«, 2018 ihr erster Roman »Mein italienischer Vater«. Außerdem moderiert sie ihren Podcast »ÜberFrauen« und gründete den mit dem ISARNETZ Blogaward ausgezeichneten Reiseblog »anidenkt.«. Die Autorin wohnt in München.

Außerdem von Anika Landsteiner im Programm
Gehen, um zu bleiben (auch als E-Book erhältlich)

Anika Landsteiner

Leben wird aus Mut gemacht

Wie eine 84-jährige Frau mich inspirierte,
ein Jahr voller Herausforderungen zu leben

GOLDMANN

Verlagsgruppe Random House FSC® N001967

Dieses Buch ist auch als E-Book erhältlich.

1. Auflage
Originalausgabe August 2019
Copyright © 2019: Wilhelm Goldmann Verlag, München,
in der Verlagsgruppe Random House GmbH,
Neumarkter Str. 28, 81673 München
Dieses Buch wurde vermittelt durch die
AVA international GmbH Autoren- und Verlagsagentur, München.
www.ava-international.de
Umschlag: Uno Werbeagentur, München
Umschlagmotiv: © FinePic®, München
Umschlagfoto: © privat
Bildnachweis: Lupe, Handy, Brief: istock/bubaon
Kreuz: istock/bombuscreative; Buddha: adobestock/Wiktoria Matynia;
Auto: shutterstock/Serhiy Smirnov;
Polaroids: istock/Yulia_Malinovskaya
Redaktion: Antonia Zauner
Satz: Satzwerk Huber, Germering
Druck und Bindung: GGP Media GmbH, Pößneck
Printed in Germany
JE · Herstellung: cb
ISBN 978-3-442-17825-4
www.goldmann-verlag.de

Besuchen Sie den Goldmann Verlag im Netz:

Inhalt

Für dich

Vorwort

Ein Buch über Herausforderungen zu schreiben ist eine Herausforderung für sich. Zumindest für mich. Denn eine Herausforderung ist für jeden Menschen etwas anderes. Für die einen beginnt das Wagnis bei einem Bungee-Sprung, für andere stellt schon eine Fahrt mit dem Aufzug eine große Überwindung dar. Ich dagegen habe Schwierigkeiten, mit dem Schreiben dieses Buches zu beginnen. Immer wieder lief ich in den letzten Tagen ziellos durch meine Wohnung und überlegte, ob diese in mir schlummernde Herzensangelegenheit, meinen Herausforderungen ein Buch zu widmen, wirklich eine gute Idee ist. Schließlich sind es meine ganz persönlichen. Sie zeigen, wovor ich mich fürchte, wonach ich mich sehne, was ich mir zutiefst wünsche und woran ich scheitere. Damit in die Öffentlichkeit zu treten ist für mich nicht einfach, denn viele Menschen projizieren eigene Ängste und Meinungen, ja manchmal sogar die gerade vorherrschende Stimmung, auf andere – nicht selten habe ich erlebt, wie hart manche Menschen mit anderen und damit auch gleichzeitig mit sich selbst ins Gericht gehen. Weil es sehr einfach ist zu kritisieren. Viel einfacher, als Unvoreingenommenheit zu trainieren und respektvoll mit den verwundbaren Stellen anderer Menschen umzugehen; spiegeln genau diese doch immer nur unsere eigenen. Ich könnte mir also einfach ein Notizbuch kaufen, es mir gemütlich machen, und einfach mit dem Tagebuchschreiben beginnen. Aber so funktioniert das nicht bei Autoren. In erster Linie schreibe ich, weil ich es liebe. Aber auch, weil ich meine Worte mit anderen Menschen teilen möchte. Durch meine Texte, durch meine Bücher und auch durch meinen Podcast »ÜberFrauen« bekomme ich immer wieder das Feedback, dass Menschen sich mit meinen Gedanken und Gefühlen, mit dem, was ich erlebe, mit dem, wovon ich träume oder wovor ich Angst habe, identifizieren können. Weil uns alle etwas verbindet.

Auch wenn jeder von uns an einem anderen Punkt in seinem Leben steht, ganz unterschiedliche Entscheidungen trifft oder vor ihnen flieht, haben wir doch alle eins gemeinsam: Wir alle wissen, wie es sich anfühlt, wenn man sich nicht traut, etwas zu tun. Wir kennen das Zögern und das Zaudern und das gute Gefühl, wenn es uns gelungen ist, unsere Ängste zu überwinden. Wir wissen, wie sich diese Emotionen anfühlen. Wie sich das Leben anfühlt. Und deshalb will ich mich nicht nur meinen Herausforderungen stellen, sondern meine Erlebnisse auch teilen.

Ich lief also weiter durch meine Wohnung, jetzt aber mit der in mir wachsenden Überzeugung, dass dieses Buch nicht nur mir, sondern auch anderen helfen konnte, sich ihrem Leben mit allem, was es zu bieten hat, zu stellen. Und trotzdem konnte ich all die bohrenden Fragen, die ich mir selbst stellte, nicht abschütteln und nicht vor den fiesen Stimmen fliehen, die mir zuflüsterten, dass ich genau *diese* Herausforderung nicht meistern würde.

Ich setzte mich auf die Lehne meines Sofas und betrachtete mein Bücherregal. Ich ließ den Blick über die verschiedenen Buchrücken schweifen, bis er haften blieb. *Jetzt!* schaute mich an. Ich schaute zurück. *Jetzt!* von Eckhart Tolle hatte mich vor einigen Jahren erst überfordert, dann ge*fordert* und mir schließlich das Gefühl gegeben, das Leben ein Stück weit mehr verstanden zu haben. *Jetzt!* lehrt vieles, vor allem jedoch, immer im Moment zu bleiben. Den Schalter im Kopf umzulegen, von früher oder später auf *jetzt*.

Die Sache ist die: Es gibt immer einen Grund, etwas nicht zu tun. Bloß nichts erleben, bloß nichts riskieren, lieber durch das Serienangebot von Netflix scrollen und anderen dabei zusehen, wie sie ihr Leben leben. Glücklich macht mich das auf lange Sicht nicht, denn mich unterhalten zu lassen ist ein Hobby und dadurch nur ein Teil meines Lebens. Aber nicht mein Leben selbst. Dabei habe ich doch das unfassbare Glück, selbst ein Wunder zu sein, aus dem einzigen Grund, tatsächlich geboren worden zu sein, mit jedem Tag innerlich und äußerlich zu wachsen … und jetzt will ich mich auf mein Sofa setzen und mich verstecken? Vor was eigentlich? Etwa vor mir selbst?

Ich entschied, meinen Plan zu verwirklichen. Und mich meinen Ängsten zu stellen. Mit dem Wissen, dass meine eigenen Herausforderungen vielleicht ganz andere sind als die meiner Leser und dass uns doch eine Sache verbindet: das Leben selbst. Und genau das begriff ich, als ich mich an diesen einen Tag im September vergangenen Jahres zurückerinnerte.

Es war ein warmer Nachmittag, ich lag bei meinen Eltern auf der Couch – ja, bequeme Wohnzimmereinrichtungen bekommen eine beachtliche Rolle in diesem Prolog zugeschrieben –, als das Telefon klingelte und ich überlegte, nicht ranzugehen. Seit elf Jahren lebe ich nicht mehr bei meinen Eltern, es war also unwahrscheinlich, dass mich dort jemand anrufen würde.

Aus einem Impuls heraus beschloss ich dennoch, aufzustehen und den Hörer abzunehmen. Rückblickend empfinde ich diesen Moment als den Beginn eines neuen Kapitels in meinem Leben, denn zu dem Zeitpunkt fühlte ich mich extrem hibbelig und unausgeglichen. Ich wollte mich an ein neues Projekt wagen, war auf der Suche nach neuen Buchideen, fand jedoch keine, denn was mir fehlte, war Inspiration. Also suche und suchte ich, weil ich vergessen hatte, dass die Inspiration auch mich finden kann.

»Spreche ich mit Anika Landsteiner?«, hörte ich die nervöse und etwas zittrige Stimme einer älteren Frau am anderen Ende der Leitung. Sie erzählte mir, dass sie mein Bild in der Regionalzeitung gesehen habe, und ich erinnerte mich an den groß platzierten Artikel mitsamt Foto, der meine Lesung ankündigte.

»Ich sage Ihnen ganz ehrlich, wie es ist: Als ich Ihnen in die Augen blickte, habe ich gewusst, dass Sie der Mensch sind, den ich suche.«

Nun ja, ich schätze einen gewissen Hang zur Dramatik, doch solche Sätze hatte ich in meiner Zeit als Schauspielerin geprobt, wohl wissend, dass sie etwas zu übertrieben klangen, um dem tatsächlichen Leben zu entspringen. Jetzt wurde ich eines Besseren belehrt.

Die Frau hieß Emma, war vierundachtzig und hatte zwar nicht mich, jedoch meine Eltern im Telefonbuch gefunden.

»Ich suche seit Jahren jemanden, dem ich meine Geschichte anvertrauen kann, damit sie aufgeschrieben wird.«

»Welche Geschichte?«, fragte ich.

»Mein Leben ist unwirklich. Es gibt Menschen, die bestimmte Abschnitte kennen, aber keiner von ihnen weiß alles.« Gänsehaut. Wer war diese Frau?

Den Wunsch, das eigene Leben aufschreiben zu lassen, finde ich großartig, weil ich der Meinung bin, dass jeder Mensch etwas erlebt hat, das es wert ist, erzählt zu werden, auch wenn viele das nicht so empfinden. *Was soll ich schon erzählen, was habe ich denn schon erlebt?*, bekomme ich oft zu hören. Diese Frau wusste jedoch, was sie wollte, und obwohl sie wiederholt anmerkte, dass sie gesundheitliche Probleme habe, empfand ich sie als klarer bei Verstand, als wissbegieriger und zielstrebiger als einige meiner Altersgenossen.

»Ihre Zeit ist kostbar, das ist mir bewusst. Sie sind eine junge Autorin, Sie haben sicherlich viel zu tun«, sagte sie dann, und ich schmunzelte angesichts der zwei faulen Tage zu Hause bei meinen Eltern, die hinter mir lagen. »Aber wenn Sie Interesse haben, dann erzähle ich Ihnen etwas von mir. Ganz unverbindlich.« Und bevor ich die eine Frage stellen konnte, die mir im Kopf herumschwirrte – *warum ich?* –, fügte sie hinzu: »Ich habe Vertrauen zu Ihnen. Auch wenn wir uns nicht kennen.«

Ein paar Tage später, als ich wieder am Schreibtisch in meiner Wohnung in München saß, rief ich Emma an. Innerhalb einer Stunde schilderte sie mir die groben Umrisse ihres Lebens, und ich schwankte zwischen Faszination, Unverständnis und Mitgefühl. Es war tatsächlich ein unwirkliches Leben. Als wir auflegten, sah ich hinab auf meine Notizen. Ein emotionales Chaos lag vor mir, und ich schüttelte den Kopf über diese plötzliche Wendung in meinem Leben.

Da telefonierte ich mit einer mir fremden Frau, die mir Dinge anvertraute, die nicht mal ihr Sohn wusste, während ich auf der Suche nach Inspiration war und kurz zuvor beschlossen hatte, nicht mehr so viel Zeit in meinen eigenen vier Wänden zu verbringen. Ich war bereits in ein völlig anderes Leben eingetaucht. Und ich konnte kaum glauben, welcher Ruck plötzlich durch mein eigenes Leben ging – ich hatte nur den Hörer abnehmen und Emma hereinlassen müssen.

Drei Monate nach unserem ersten Telefonat lud Emma mich zu sich nach Hause ein, also setzte ich mich ins Auto und fuhr nach Franken. Ich hatte keine Ahnung, was mich erwarten würde, doch aufgrund meines Berufes darf ich immer wieder in das Leben anderer eintauchen, sodass ich mittlerweile ohne jegliche Erwartung, dafür jedoch voller Neugier in ein Gespräch gehe. Ich freute mich darauf, sie kennenzulernen.

Als ich parkte, kam Emma mir bereits entgegen. Sie war klein und zierlich, hatte einen welligen Kurzhaarschnitt und wirkte mit der Jeans und der bunten Tunika, die sie trug, viel jünger, als sie tatsächlich war. Wir umarmten uns zur Begrüßung, und sie musterte mich einen Moment lang, ehe sie sagte: »Ich fühle mich so verbunden mit Ihnen.« Und dieser Satz, auf den ich gar nichts sagen konnte, bestätigte mich darin, nichts zu erwarten, *nie* etwas zu erwarten, sondern lediglich neugierig zu sein. Neugierig auf alles.

Emmas Lebensweg war von großen Träumen und noch größeren Herausforderungen geprägt. Jeder Wunsch ging mit einer wahnsinnigen Kraftanstrengung einher, und doch – oder vielleicht gerade deswegen – hat sie so viel auf die Beine gestellt. Als ich in ihrem Wohnzimmer saß, Kaffee aus einer Porzellantasse trank, Panettone aß und mit ihr gemeinsam durch ihr Leben reiste, traten mit dem Hauch von Nostalgie, der sich um uns legte, auch meine eigenen Wünsche zaghaft in mein Bewusstsein. Manche, die ich bereits seit Jahren in mir trug, andere, die erst vor einigen Monaten entstanden waren. Sie tanzten plötzlich vor meinem inneren Auge, denn ich dachte mir: Wenn ein Waisenkind wie Emma, die in den Trümmern des Krieges zur Schule gegangen und immer wieder auf Ablehnung gestoßen war, bereits mit achtzehn Jahren eine Schokoladenfabrik leiten konnte, dann schaffte ich es doch wohl, umringt von all den Möglichkeiten, die wir heute haben, vom Sofa aufzustehen und mich meinem Leben zu stellen. Und, noch viel besser, es zu umarmen. Du und ich, wir beide. Liebes Leben, was willst du von mir, und was will ich von dir? Was kann ich erreichen, was möchte ich erleben? Was hilft mir, mich zu entwickeln, und was möchte ich lernen? Sobald ich ängstliche Fragen zu offenen und optimistischen machen konnte, fühlten sich meine Träume realer an, und die Herausforderungen stellten keine Hindernisse mehr da – sondern vielmehr Aufforderungen, genau jetzt loszulegen.

Nach meinem Besuch schrieb ich eine Liste mit vielen verschiedenen Wünschen auf. Dinge, die ich erreichen oder wissen, die ich erleben und lernen wollte, an die ich mich aber bislang nicht herangewagt hatte. Am Ende blieben sieben übrig, bei denen ich spürte, dass genau sie mich ein Jahr lang begleiten sollten: Ich würde mich auf Spurensuche meiner eigenen Familiengeschichte begeben und eine einzigartige Reise für mich ganz alleine unternehmen. Ich würde mich meiner Angst vor dem Tod stellen und in einem indischen Ashram die Kunst des Schweigens lernen. Ich würde Urlaub mit meinem Vater machen und meinem achtzehnjährigen Ich gegenübertreten. Und ich würde eine ganz außergewöhnliche Brieffreundschaft beginnen.

Alle diese Wünsche standen für Herausforderungen, denen ich mich stellen musste, wenn ich das Leben wollte, das ich mir wünschte: frei, abenteuerlich, bereichernd. Und mutig.

Manchen Herausforderungen fühlte ich mich gewachsen, andere machten mich neugierig, und vor zweien hatte ich richtig Angst. Ich war so aufgeregt wie schon lange nicht mehr. Mich beschlich das Gefühl, dass ich eine Verabredung mit meinem eigenen Leben hatte. Diese Erkenntnis wischte die Sorgen zwar nicht fort, aber plötzlich bekam alles eine neue Wertigkeit. Denn in dem Moment, in dem mir klar wurde, dass ich diese Liste wirklich aktiv angehen würde, fühlte ich mich wieder als Steuerfrau. Lebendig und bereit. Ein Gefühl, das ich von meinen Reisen gut kannte. Und jetzt war es wieder da, ausgelöst von einer fremden Frau, die rasch einen Platz in meinem Leben eingenommen hatte. Emma hatte in mir die nötige Portion Lebenslust geweckt, meine persönlichen Herausforderungen anzugehen.

Zwei Dinge fielen mir auf, als ich meine Liste schrieb.

Erstens: Ist es nicht verrückt, wie viel Angst wir vor Terror haben, aber das wertvollste Geschenk, das wir besitzen, nämlich die Gegenwart unseres Lebens, als selbstverständlich ansehen? Ich weiß, es mag trivial klingen, aber wir lassen sie verkommen, schätzen sie zu selten wert und fallen im Gegenzug viel zu oft in eine lethargische Passivität. Als jemand, der mit dem Internet aufwuchs und auf Social Media zu Hause ist, fällt mir das tagtäglich auf: anderen beim Leben zusehen, sich von Darstellungssucht blenden lassen, um schließlich den eigenen Alltag zu bejammern. Gähnen, weiterwischen, und bereits vor dem Aufstehen schrecklich erschöpft sein. Warum haben wir so wenig Angst vor Bequemlichkeit?

Zweitens: Ich stellte mich noch einmal an viele Kreuzungen meines bisherigen Lebens und sah so klar wie noch nie zuvor: Unendlich viele Herausforderungen, die ich bereits gemeistert hatte, hatten sich im Nachhinein als kleine und feine, als große und mächtige Wunder entpuppt. Als Wunder auf meinem Weg, als Stolpersteine und Aufgaben, die mich letztlich immer hatten wachsen lassen. Wenn das mal keine perfekte Ausgangsbasis war, um mich sieben neuen Herausforderungen zu stellen!

Ich rief Emma an und erzählte ihr von meinen Erkenntnissen. Ich fragte sie, ob sie mich bei diesen Abenteuern begleiten wolle. Sie war in einer vollkommen anderen Zeit aufgewachsen und hatte mir eine Menge Lebenserfahrung voraus. Und doch verstand ich durch sie, dass ich immer auch einen Teil von mir in einer anderen Person sehen und etwas von ihr lernen konnte.

Emma sagte Ja und war aufgeregt wie ein kleines Kind. Also gab ich ihr meine Liste und erklärte ihr, warum ich mich für genau diese Herausforderungen entschieden hatte. Wir fingen an, uns auszutauschen, über unsere Erfahrungen, an welchen Stellen unsere beiden Leben sich unterschieden und warum wir trotzdem so viele Schnittmengen fanden. Zwei fremde Menschen, zwei fremde Leben, und doch hatten wir so viel gemein.

Zurück zu meinem Sofa, meinem Bücherregal und *Jetzt!* Mein Jahr voller Abenteuer liegt hinter mir, das Buch nun vor mir. Nachdem ich das vergangene Jahr noch einmal habe Revue passieren lassen, traue ich mich endlich, davon zu erzählen. Ich kann es gar nicht mehr erwarten, mein Jahr voller Wünsche, Träume und Herausforderungen niederzuschreiben. Mein Jahr voller Mut. Mein Jahr voller Wunder.

Erstes Abenteuer

Meine Familiengeschichte

Wie ich einen Nobelpreisträger suchte und
meine Wurzeln fand

Familie ist keine einfache Angelegenheit. Die Menschen, die bei Geburtstagen, Hochzeiten, Jubelfeiern oder einfach sonntags am Kaffeetisch zusammenkommen, unterscheiden sich oftmals stark voneinander. Sie haben sich nicht wie Freunde gefunden, sondern sie wurden zusammengeworfen, ob sie es nun wollten oder nicht. Ich kenne so viele Familien, in denen manche Mitglieder seit Jahren kein Wort miteinander sprechen oder jedes Treffen in einem Streit endet. Viele hangeln sich am Smalltalk entlang, weil tiefere Gespräche zu Unfrieden führen würden. Unabhängig davon, ob man in einer harmonischen oder einer eher problembehafteten Familie aufgewachsen ist, sind die Herausforderungen, die sich uns allen innerhalb unserer Familien im Laufe des Lebens stellen, nicht zu unterschätzen. Es ist ein ganz eigener Mikrokosmos des Lebens. Eine Sache ist dabei jedoch eine Voraussetzung: überhaupt eine Familie zu haben.

Emma wurde im Jahr 1934 im Gefängnis geboren. Als drittes uneheliches Kind einer Frau aus gutem Hause. Als sie mir das am Telefon erzählte, wurde ich sofort stutzig. Drittes uneheliches Kind einer Frau aus gutem Haus? Geboren im Gefängnis? Ich hatte mich nicht verhört. Ihre Mutter war im Internat auf die gefürchtete schiefe Bahn geraten. Emmas Vater war nun vor Gericht gegangen, um die Vaterschaft anzufechten. Ihre Familiengeschichte begann mit Ablehnung.

Weil ich Emma bei unseren ersten Gesprächen nicht überfordern wollte, stellte ich keine Zwischenfragen, sondern lauschte ihrer Geschichte. Das Fühlen versuchte ich aufzuschieben. Es gelang mir nicht immer. Natürlich kannte ich solche Erzählungen aus Büchern und dem Fernsehen, aber eine solche Lebensgeschichte aus erster Hand zu erfahren bedeutete durchgehende Gänsehaut. Eine Sache jedoch ging mir nicht mehr aus dem Kopf, als ich nach unserem ersten langen Telefonat auflegte: Ich war so unendlich dankbar für meine Kindheit und Jugend. Für meine Eltern und meine Familie, und zwar einzig deswegen, weil sie *da* waren und mich beim Erwachsenwerden begleitet hatten.

Mit fünf Monaten gab man Emma in ein Heim. Ich fragte mich, wie es sich anfühlen musste, ohne die leiblichen Eltern aufzuwachsen, obwohl sie noch lebten. Emma war keine Vollwaise, sondern von der überforderten Mutter verlassen und vom Vater aus seinem Leben geschnitten worden.

Aber das wusste sie damals noch nicht. Kurz darauf übernahm eine Pflegefamilie die Betreuung: ein Mann, Frührentner und zwanzig Jahre älter als seine Frau, die in anderen Haushalten putzte. Beide hatten bereits einen achtjährigen Sohn. »Zu dem Pflegevater baute ich schnell ein inniges Verhältnis auf«, sagte sie. »Ich nannte ihn Vati, und er liebte mich abgöttisch. Er behandelte mich wie eine Prinzessin.«

Als Nachbarskinder eines Tages beim Spielen im Hof zu ihr sagten, dass diese Eltern, *ihre* Eltern, gar nicht ihre richtigen seien, verdrängte sie diese Information und fragte nie nach. »Mein Pflegevater, mein Vati, starb, als ich fünf Jahre alt war. Wir saßen gerade am Tisch beim Mittagessen, als er einen Herzinfarkt hatte. Zwei Nächte und drei Tage saß ich dann an seinem offenen Sarg und wünschte mir, er hätte mich mitgenommen.«

Als sie mir das alles erzählte, stellte ich fest, dass Emma innerhalb ihrer ersten fünf Jahre mehr Herausforderungen gemeistert hatte als ich in meinen ersten einunddreißig. Wie unterschiedlich zwei Leben doch sein konnten.

Wann immer Emma von ihrer Kindheit berichtete, hörte man ihren Schmerz heraus. Wenn sie von ihrem ersten Pflegevater, ihrem *Vati,* sprach, füllten sich ihre Augen jedes Mal mit Tränen. In einem Brief von ihr an mich steht, dass sie sich nach seinem Tod vom »lieben Mädchen zum ungezogenen Kind« entwickelte; das lag vermutlich nicht nur daran, dass ihre einzige Bezugsperson vor ihren Augen gestorben war, sondern auch daran, dass sie spürte und wusste, dass die Frau, bei der sie lebte, nicht ihre Mutter war.

Nach dem Tod des Pflegevaters begann für sie ein neues Leben. Da niemand mehr zu Hause auf sie aufpassen konnte, musste sie mit ihrer Pflegemutter um fünf Uhr morgens aufstehen und bei Wind und Wetter fünfundvierzig Minuten zu Fuß zur Arbeitsstelle laufen. Die Pflegemutter war bei Hanomag im Rüstungsbetrieb dienstverpflichtet, und Emma ging in den werkseigenen Kindergarten. Dort angekommen weckte sie am frühen Morgen die bereits wieder schlafenden Kinder, war laut und wurde für ihr auffälliges Verhalten immer wieder bestraft. Nach vier Monaten kam Emma vorübergehend ins Hanomag-Kinderheim. Vielleicht verstand eine der Aufsichtspersonen dort, was in ihr vorging, vielleicht nahm sie sich ihrer nur an, damit Emma ruhiger wurde, aber unterm Strich sorgte sich die Frau um sie und steckte sie in eine Gruppe mit Kleinkindern, denen sie beim Anziehen half und mit denen sie spielte und letztendlich die Kindergärtnerinnen entlastete. Was nach Kalkül klingt, half Emma, mit der Zeit ruhiger zu werden. Vielleicht tat es ihr gut, etwas zu tun, gebraucht zu werden, Struktur im Alltag zu erfahren. Und endlich einen Platz zu haben. Wenn man bedenkt, wie chaotisch und emotional ihre ersten Lebensjahre verlaufen waren, ist es nachvollziehbar, dass sie so rebellierte. Glücklicherweise konnte sie über die Jahre hinweg ihre Wut und ihren Schmerz in Wissbegierde und Disziplin verwandeln. Sie war stets in Bewegung, ging immer einen Schritt weiter, testete Grenzen aus und lernte dabei viel.

Im Zuge der Kinderlandverschickung brachte die Pflegemutter Emma 1942 zu einer Busstation und vertraute sie einem älteren Ehepaar an, das die Stadt verließ. Der Bus hielt in einem kleinen Ort nahe Hameln, wo in einer Schule die Verteilung elternloser Kinder vorgenommen wurde. »Ein Hitlerjunge brachte mich zu einem Bauernhof«, erzählte sie. »Er ging mit mir in den Kuhstall und rief der Bäuerin zu, dass er ein kleines Mädchen zur Einquartierung dabeihabe. Sie antwortete, dass er mich wieder mitnehmen solle. Er nahm mich an die Hand, brachte mich ins Haus und ging. Ich stand in der Küche, meinen Schulranzen auf dem Rücken. Und weinte.«

Der Bauer, der gleichzeitig auch der Bürgermeister des Ortes war, kam irgendwann nach Hause, gab ihr ein Glas Milch und tröstete sie. Mit dem Ehepaar und zwei Zwangsarbeitern aus der Ukraine wuchs sie nun auf einem Bauernhof auf – die zweite Familie innerhalb weniger Jahre. Der Hof war groß, und als die Russen einmarschierten, musste die zusammengewürfelte Familie ihn räumen und sich im Stall aufhalten. Als die Russen abzogen, kamen die amerikanischen Alliierten, bauten ihr Quartier in dem Bauernhof auf und stahlen Emmas Bernsteinschmuck, den sie von ihrem verstorbenen Pflegevater geschenkt bekommen hatte. Kurze Zeit später erfuhr sie, dass er und seine Frau Emma adoptieren und zu ihrer Erbin machen wollten, sollte der gemeinsame Sohn nicht aus dem Krieg zurückkehren.

»Ja, rückblickend war das ›meine Familie‹«, schrieb sie mir in einem ihrer Briefe. »Das sagt zumindest mein Gefühl. Leider kam alles anders. Also – wer weiß.«

Nachdem auch die amerikanischen Alliierten abgezogen waren, kehrte langsam der gewohnte Alltag zurück, doch die Hoffnung auf eine beständige Familie währte nicht lange. Im ersten Sommer nach dem Krieg stand plötzlich ohne Vorankündigung ihre erste Pflegemutter vor ihr. Auf dem Feld, wo Emma gerade arbeitete. Sie war ganz in Schwarz gekleidet und erzählte ihr, dass ihr Sohn, den auch Emma sehr gemocht hatte, gefallen sei. Dann brach sie in Tränen aus und erklärte ihr, dass sie Emma zurückholen werde. Die Bauersfamilie wehrte sich dagegen, genauso wie Emma selbst, die dort bleiben wollte – doch mithilfe des Jugendamtes schaffte ihre Pflegemutter es, sie wieder zu sich zu holen.

Für Emma ging es also zurück nach Hannover. Koffer packen, Familie verlassen, um zu einer Frau zurückzukehren, zu der sie keinen besonderen Bezug hatte. Im Nachhinein fand Emma heraus, dass der neue Lebensgefährte der Frau ihr auferlegt hatte, das Kind zurückzuholen, da auch er seinen Sohn im Krieg verloren hatte.

Mit Emma wären sie dann wieder eine vollständige Familie – eine Illusion, die von nun an alle leben mussten.

Die Vorstellung, dass Emma von der Bauersfamilie, bei der sie sich endlich wohlfühlte, getrennt wurde, um in einer weiteren Familienkonstruktion die Zweitbesetzung zweier verlorener Kinder spielen zu müssen, schmerzte mich beim Zuhören. Lange habe ich über diese ersten Jahre von Emma nachgedacht.

Ich stellte mir vor, wie sie sich in all der Zeit gefühlt haben musste, und fragte mich, wie sich die Hilflosigkeit und die Tatsache, dass sie ihre eigenen Wurzeln nicht kannte, auf den Rest ihres Lebens ausgewirkt hatten.

In meiner eigenen Kindheit und Jugend, die ich als Einzelkind, jedoch im Kreis von insgesamt dreizehn Cousins und Cousinen auf dem Land in Unterfranken verbracht habe, war mir nie bewusst, dass die Familie meines Vaters gar nicht von dort stammte. Nur mein Vater und seine Geschwister waren dort geboren, mein Großvater war jedoch bereits als Kind mit seiner Mutter und den Geschwistern aus dem heutigen Tschechien in den kleinen Ort geflüchtet. Ich weiß nicht mehr, wann ich davon erfahren habe, und dann hat es sicherlich noch einige Jahre gedauert, bis ich mich wirklich damit auseinandersetzte, dass meine Familie – wie so unendlich viele auf dieser Welt – zu einem bestimmten Zeitpunkt eine Flüchtlingsfamilie gewesen ist.

Als ich über Emmas Wurzeln nachdachte, kam mir wieder in den Sinn, dass ich seit Jahren mit dem Gedanken gespielt hatte, einen Familienstammbaum zu erstellen. Denn es gab keinen.

Ich wusste, dass es schwierig werden würde, aber gerade das machte es auch so spannend und herausfordernd. Das zu beleuchten, was im Verborgenen lag. Ich konnte nämlich nicht einfach in die Wohnküche meines Großvaters spazieren, nach alten Dokumenten fragen und die Zeitreise beginnen. Es gab keine Dokumente, und mein Großvater war seit vielen Jahren tot. Und mit den meisten anderen Verwandten dieser Familienseite, darunter auch meine Oma, hatte ich aus verschiedenen Gründen wenig oder gar keinen Kontakt.

Während die Familie meiner Mutter fast vollständig im selben Ort wohnt, ist die meines Vaters verstreuter und scheint ein weniger enges Verhältnis zu haben. Man kennt sich, hat aber nicht das große Bedürfnis, sich regelmäßig zu sehen.

Und durch meinen Umzug nach München vor mittlerweile elf Jahren verlor ich den Kontakt zu den meisten endgültig. Wenn ich mich in meine Familiengeschichte einarbeiten wollte, dann würde ich manche nach vielen vergangenen Jahren kontaktieren müssen. Ich fragte mich unweigerlich, ob sie sich freuen oder ob es ihnen vielleicht sogar lästig sein würde. Ob *ich* das überhaupt wollte?

Es war möglich, dass ich mit meiner Arbeit den lange verlorenen Kontakt zwischen einzelnen Teilen meiner Familie wiederherstellte, es war aber auch möglich, dass ich Dinge aufwühlte, die aus gutem Grund ruhten. Die Frage war, ob ich es wirklich darauf ankommen lassen wollte.

Nach den Gesprächen und Treffen mit Emma musste ich oft an meinen Opa väterlicherseits denken, der bereits 1997 starb, als ich gerade einmal zehn Jahre alt war. Dieser frühe Tod hat in meiner Familie etwas verändert, so wirkte es zumindest auf mich. Mein Opa sorgte immer für Harmonie, es war ihm wichtig, dass alle Enkelkinder fair behandelt wurden, dass es jedem gut ging. Viele Erinnerungen an ihn hängen mit Essen zusammen. Ich sehe deutlich vor meinem inneren Auge, wie ich mich über einen riesigen Topf Kesselfleisch beuge und hineingucke, während der Dampf des Wassers einen Schleier um mein Gesicht legt. Mein Opa war Metzger, und heute als Vegetarierin ekelt es mich vor allem, was ich in meiner Kindheit so alles gegessen habe. In einem Topf voller Kesselfleisch ist nämlich so ziemlich alles drin, was an einem Schwein dran ist: der Kopf, die Zunge, Nieren, Bauchfleisch, das Herz. Alles wird nacheinander ins heiße Wasser gegeben, gewürzt und dann mit Kartoffeln, Sauerkraut oder Brot gegessen. Während sich mir heute dabei der Magen herumdrehen würde, war ich damals zwar wählerisch, was das Kesselfleisch anging, aß aber immer mit. Viel lieber mag ich die Erinnerung an seinen hausgemachten Apfelstrudel mit einer frischen Vanillesoße. Sie war gelb, zähflüssig und süß. Der zuckrige Geruch lag über Stunden in der Luft.

Nachdem mein Großvater gestorben war, kam die Familie immer seltener zusammen. Manche zogen sich komplett zurück, und einige Traditionen wurden eingestellt. Ein Grund, warum ich so wenig über ihn und noch weniger über seinen Vater weiß, der in Stalingrad fiel. Seine Mutter Anna, meine Uroma, hatte ich jedoch noch kennengelernt.

Während meiner Gespräche mit Emma tauchte ich in ihr unwirkliches Leben ein und begann dabei ganz automatisch, mich mit meiner eigenen Familiengeschichte auseinanderzusetzen. Ob ich wollte oder nicht, ich spürte den Sog: Es war richtig, es zu tun, und es war an der Zeit. Alle anderen Bedenken schob ich weg. Es war sowieso zu spät, um Bedenken zu haben, ich hatte meine Entscheidung längst getroffen.

Als es mich das erste Mal in den Fingern juckte, einen Familienstammbaum anzulegen, war ich siebzehn. Eine Freundin, die Leistungskurs Biologie belegt hatte, erzählte mir von ihrem Lehrer, der angeblich das ganze Gebäude nach mir abgesucht hatte. »Wo ist dieser Landsteiner? Ich muss ihn unbedingt kennenlernen«, soll er gerufen haben, und ja, er soll auch die Tatsache ignoriert haben, dass ich eine Frau war. Der Grund für seine Neugier: Ich trage denselben Nachnamen wie der Wissenschaftler Karl Landsteiner, der im Jahr 1930 für die Entdeckung der Blutgruppen mit dem Nobelpreis für Physiologie oder Medizin ausgezeichnet wurde. Das faszinierte mich, und ich wollte herauszufinden, ob und wenn ja, inwiefern ich mit ihm verwandt bin – meine Noten in Biologie und Chemie waren durchschnittlich, ein wissenschaftliches Talent oder eine herausragende Medizinerin ist also definitiv nicht an mir verlorengegangen.

Während also immer wieder Vermutungen angestellt wurden, unsere Familie Landsteiner sei mit der des Nobelpreisträgers verwandt, kamen mir selbst über die Jahre hinweg gewisse Zweifel. Wenn das wirklich so wäre, müssten wir doch Konkreteres darüber wissen? Keiner in meiner Familie hat jemals detaillierte Nachforschungen angestellt, und ich fragte mich nach dem Warum.

»Und wer war nun dieser Karl Landsteiner?«, fragte mich Emma einmal am Telefon, und ich erzählte ihr, was ich wusste.

Karl Landsteiner war Hämatologe, Pathologe und Serologe. Er stellte als erster Mensch fest, dass das Blut zweier Menschen oftmals verklumpte, sobald es in Kontakt trat. Der in der Nähe von Wien geborene Wissenschaftler wurde 1930 für die Entdeckung des AB0-Systems der Blutgruppen mit dem Nobelpreis für Physiologie oder Medizin ausgezeichnet.

Mehr hatte ich erst mal nicht parat, also nahm ich ihre Frage zum Anlass, etwas zu recherchieren. Als Einstieg scrollte ich mich durch die Google-Bildersuche, denn ich liebe Porträtaufnahmen aus vergangenen Zeiten. Seine autoritäre Ausstrahlung fiel mir sofort auf. Auch sein herabhängender Schnauzer, seine große Statur. Karl Landsteiner wirkt auf Fotos immer ernst und seriös, kein einziges Bild zeigt ihn lächelnd. Ich glaube, wäre er mein Biologielehrer gewesen, ich hätte keine andere Wahl gehabt, als mich für das Fach zu interessieren und zu pauken.

Er arbeitete viel im Ausland, da Österreich nach dem Ende des Ersten Weltkriegs wirtschaftlich stark gebeutelt war. Er nahm auch eine Stelle am Rockefeller-Institute in New York City an, wo er zu den Blutgruppen und in weiteren medizinischen Feldern forschte. Als er mit fünfundsiebzig Jahren aufgrund eines Herzinfarkts, den er im Labor erlitt, in den USA verstarb, hinterließ er seine Frau und einen Sohn.

Ich suchte nach seinem Stammbaum und fand verschiedene Einträge. Bei einem davon war vermerkt, wer ihn verwaltete: Randy Schoenberg. Das ist ein Name, den man kennen kann, denn der Anwalt aus Los Angeles wurde weltweit bekannt, als er Maria Altmann im Prozess gegen die Republik Österreich verteidigte. Es ging um fünf Bilder von Gustav Klimt, die vor der NS-Zeit im Besitz der Familie Altmann gewesen waren und nun nicht mehr zurückgegeben wurden. Maria Altmann hatte mit der Klage vor einem Schiedsgericht in den USA Erfolg, und Randy Schoenberg, der auf Erfolgshonorarbasis gearbeitet hatte, war plötzlich Millionär.

Ich fackelte nicht lange und schrieb ihm eine E-Mail mit der Bitte, ihn im Laufe meiner Stammbaumforschungen kontaktieren zu dürfen. Er antwortete mir kurz darauf, dass ich mich melden solle, sobald ich meinen Stammbaum erstellt hätte. Und dann schrieb ich Emma, dass wir uns unbedingt treffen mussten, um alles zu besprechen!

An einem schönen Tag im Mai spazierten wir durch meine Heimatstadt Bad Kissingen. Es war unser zweites persönliches Treffen nach einigen Telefonaten, und ich wollte ihr von meinen Fortschritten erzählen. Emma, klein und zierlich, trug ein hübsches Kostüm, das sie gemeinsam mit ihrem mittlerweile verstorbenen Mann vor vielen Jahren gekauft hatte. Sie zeigte mir auch ihre Ohrringe in Form von Edelweiß-Blumen, die er sehr gemocht hatte. Sie hatte sich schick gemacht für unser Treffen, und das schmeichelte mir.

Wir setzen uns auf eine schattige Parkbank im Kurgarten, und ich erzählte ihr noch mal ausführlich von meinem Vorhaben, mich sieben persönlichen Herausforderungen zu stellen – zwei davon hatte ich bereits begonnen, für zwei andere die nötigen

Flüge gebucht. Ich befand mich bereits mittendrin in meinem Projekt Familienstammbaum, und glücklicherweise war auch Emma voller Motivation, noch mehr ihrer Erfahrungen mit mir zu teilen.

Später spazierten wir durch den Park und kehrten dann auf der Terrasse eines italienischen Restaurants ein. Wir bestellten, ohne uns abzusprechen, dasselbe: Tiramisu und Cappuccino. Emma lächelte, sie ließ keine Situation aus, um zu bekräftigten, wie sehr sie sich mit mir verbunden fühlte. Was ich an ihr mag, ist ihre Aufrichtigkeit. Wie höflich sie ist und wie durch sie alte Gepflogenheiten plötzlich in mein Leben schwappten, wie zum Beispiel ihr Wunsch, dass wir uns noch vorerst siezten, jedoch beim Vornamen anredeten. Ich mochte das. Es war neu für mich, und alles, was neu war, passte zu meinem Jahr voller Abenteuer. Am Ende des Tages umarmten wir uns, und sie wünschte mir viel Glück für mein Abenteuer, auf den Spuren meiner Ahnen zu wandeln und einen Stammbaum zu erstellen.

Zwei Tage später besuchte ich meinen Großonkel Karl, den Bruder meines verstorbenen Opas. Ich hatte ihn kontaktiert, weil mir klar war, dass ich irgendwo anfangen musste und dass es am sinnvollsten war, meine Suche nicht im Internet fortzusetzen, sondern bei noch lebenden Verwandten. Ich hatte Karl jedoch seit Jahren nicht gesehen, und bei ihm zu Hause war ich auch nie gewesen. Vielleicht war sein Vorname ja ein gutes Omen, dachte ich mir, schließlich teilte er ihn mit dem Nobelpreisträger.

Als ich ihn auf der Terrasse sitzen sah, wo seine Frau mir bereits zuwinkte, dachte ich mir, dass egal, was und wie viel ich über meine Familie herausfand, ich doch zumindest meine noch lebenden Verwandten besser kennenlernen würde.

Wir setzten uns gemeinsam an den gedeckten Tisch im Wohnzimmer, tranken Kaffee und aßen Kuchen, den Karls Frau gebacken hatte. Nach dem Essen stellte ich Karl Fragen zu seinem Leben in Nordwestböhmen, wo er aufgewachsen war. Mein Urgroßvater Ludwig und seine Frau Anna betrieben eine Metzgerei im heutigen Žatec, bis der Krieg ausbrach, Ludwig eingezogen wurde und ein paar Jahre später meine Urgroßmutter mit den Kindern flüchten musste. In einem Viehtransporter Richtung unbekannt. In der Nähe des Ortes, in dem sie sich niederließen – und in dem ich viele Jahre später aufwuchs –, wurde der Anhänger, in dem sie und drei weitere Familien sich befanden, abgehängt. Endstation: neues Leben.

Ich betrachtete das Hochzeitsfoto der beiden. Anna trug ein weißes Kleid, das vorne nur bis zu den Waden ging, und einen bodenlangen Schleier. Sie hakte sich bei ihrem Frischvermählten ein, einem attraktiven, jungen Mann in schwarzem Anzug, der weiße Handschuhe in seiner linken Hand hielt. Ludwig war sechs Jahre jünger als sie. Sie wirkten stolz und glücklich – und wussten beide noch nicht, dass Anna ein paar Jahre später ihren ältesten Sohn Karl in die Räucherkammer schicken würde, um hinter zwei lockeren Ziegeln eine kleine Box mit Geld für die Flucht zu holen, und dass Ludwig, ebenfalls ein paar Jahre später, in Stalingrad fallen würde.

»Den Schrei meiner Mutter höre ich heute noch, als der Priester ihr die Nachricht überbracht hat«, erzählte mir mein Großonkel. Da waren sie bereits in ihrem neuen Leben angekommen, in dem Dorf in Unterfranken. Sicherlich in der Hoffnung, der Vater würde irgendwann nachkommen und die Familie wieder vervollständigen. Wie viele Träume zu dieser Zeit blieb auch dieser unerfüllt.

Karl teilte viele Geschichten mit mir, die sich vor meinem inneren Auge abspielten. Wie er sich ein paar Pfennige dazuverdiente, indem er in der Kegelbahn die umgefallenen Kegel wieder aufstellte. Wie er Pferdenarr und schließlich sogar Turnierreiter wurde. Dass er und mein Opa eines gemeinsam hatten: die riesige Angst vorm Zahnarzt. Eine, die ich mit ihnen teile.

Als ich nach Hause fuhr, hatte ich zwar viele Anekdoten im Gepäck, aber kaum weiterführende Daten. Also beschloss ich, die Lücken nun doch mithilfe des Internets zu füllen. Ich hatte einige Ortsnamen von Karl bekommen, die in der heutigen Tschechischen Republik liegen, und gab sie in einer Onlinedatenbank zusammen mit den Namen und weiteren Daten meiner lebenden und verstorbenen Familienmitglieder ein. Weit kam ich beim ersten Anlauf jedoch nicht, denn die Informationen, die ich hatte, reichten lediglich bis zu meinen Urgroßeltern. Zu wenig, um das Programm nach möglichen Überschneidungen mit anderen Familien zu durchsuchen. Ich fing an, nach Kirchenbüchern der Geburtsorte meiner Urgroßeltern zu suchen, und stieß tatsächlich auf ein Archiv. Ich notierte die Ausgaben, die infrage kamen – hier fokussierte ich mich auf Geburtsdaten und das Jahr, in dem meine Urgroßeltern heirateten. Um den Stammbaum weiterführen zu können und dabei eventuell auf den Nobelpreisträger zu stoßen, musste ich mehr über ihre Geschwister und Eltern erfahren.

Einsehen konnte ich die Bücher online jedoch nicht, sie waren dort lediglich gelistet.

Es blieb mir also nichts anderes übrig, als meine Nachforschungen vor Ort fortzusetzen. Das war ein Umstand, der mich nicht gerade traurig stimmte. Also öffnete ich Google Maps, zückte anschließend mein Notizbuch und machte mich an die Planung der Reise.

Ahnenforschung war ein komplett neues Feld für mich. Noch nie hatte ich mich mit der Arbeit, die dahintersteckt, beschäftigt. Der Beruf des Historikers war mir vertraut, jedoch hatte ich keine Ahnung von einem Berufsfeld gehabt, das sich darauf spezialisierte, Stammbäume zu erstellen und Informationen über verstorbene Menschen herauszufinden. Bei meinen Recherchen las ich außerdem, dass es weltweit einen richtigen Boom in Sachen Genealogie gab, der dem Internet geschuldet war. Es ist so einfach wie noch nie zuvor, selbst Nachforschungen anzustellen. Immer mehr Schriften werden digitalisiert und online gestellt, nun ist es möglich, sich mit anderen Hobbyforschern zu vernetzen, sich Rat zu holen oder, das Einfachste überhaupt, in sozialen Netzwerken nach der eigenen Familie zu suchen und potenzielle Verwandte direkt anzuschreiben.

Ich stieß auf den SZ-Artikel »Ein Stammbaum mit 13 Millionen Menschen«, der sich mit der Arbeit mehrerer Forscher beschäftigte, die den weltweit größten Stammbaum erstellt hatten: Dreizehn Millionen Menschen waren darin auf irgendeine Weise miteinander verbunden. Was für ein schöner Gedanke, schoss es mir durch den Kopf. Außerdem las ich in dem Artikel, dass die Welt mittels der Ahnenforschung vielleicht eine einzige, große Familie werden würde. Ich liebte diese Vorstellung! Und ich spürte so viel Interesse für dieses Thema in mir aufkeimen, dass mich immer mehr auch die Leben hinter den Namen interessierten. Was hatte mein Ururgroßvater beruflich gemacht? Konnte ich herausfinden, ob er in einem Verein war? Wie sah meine Urururgroßmutter aus, und welches Leben führte sie? Ich verstand plötzlich, warum Ahnenforschung ein so interessantes Thema war, denn die Reise konnte spannend und vielversprechend sein. Dinge aufdecken, Verrücktes lesen, Verbindungen erstellen. Sich vielleicht sogar mit noch lebenden Verwandten treffen, die man bis dato gar nicht kannte.

Vor meiner Abfahrt in die Tschechische Republik erlebte ich jedoch meinen ersten Rückschlag. Um sicherzugehen, dass das Archiv zum Zeitpunkt meiner Reise nicht geschlossen war, hatte ich meinen Besuch vorab per E-Mail angekündigt. Zwei Tage später erfuhr ich, dass das Archiv mittlerweile für private Recherchen nicht mehr zugänglich war. Man verwies mich jedoch auf eine weitere Internetseite mit Archivinformationen. Einerseits war ich dankbar, dass ich das im Vorfeld nun wusste und nun doch bequem online weitersuchen konnte, andererseits konnte ich eine gewisse Enttäuschung nicht leugnen. Sollte ich nun überhaupt noch fahren?

Auf der Seite, die man mir empfohlen hatte, fand ich Adressbücher, die mir jedoch nicht weiterhalfen, die Personenstandsregister konnte ich erneut nicht öffnen. Ich las, dass das Archiv mit einer Website für Familienstammbäume zusammenarbeitete, in das die Daten automatisch übertragen wurden. Ich verließ also das verstaubte Onlinearchiv und klickte mich stattdessen durch eine ansprechend aufbereitete Datenbank. Ich gab dort alles ein, was ich wusste: den Namen meines Urgroßvaters, Geburtsort und Geburtstag, den Namen seiner Frau, auch ihren Mädchennamen. Alle Kombinationen brachten mich auf dasselbe Ergebnis: keins.

Ich war frustriert. Ich fühlte mich allein und war überfordert mit dieser riesigen Suchaktion. Sollte das nun bereits das Ende sein? Ich klappte den Laptop zu, rieb mir die Augen und spürte ein Pochen hinter meiner Stirn. Das konnte es nicht gewesen sein.

Mein Freund rät mir häufig, dass ich lernen solle, Hilfe anzunehmen. Vor allem beruflich tue ich das extrem selten. Stattdessen gehe ich davon aus, alles alleine schaffen zu müssen. Es fällt mir schwer, Aufgaben abzugeben, weil ich mich lieber selbst einarbeite, bevor ich es jemandem von Grund auf erklären muss. Manchmal hat Perfektionismus verschiedene Gesichter, in meinem Fall gesellt sich nämlich die Verbissenheit dazu. Und die schlaucht. Denn ich kann natürlich nicht alles.

Müde und erschöpft saß ich an meinem Schreibtisch, um mich herum war es dunkel geworden, die Wohnung still, ich war alleine zu Hause. Ich beschloss, über meinen Schatten zu springen und mir Hilfe zu holen.

Am nächsten Tag setzte ich mich mit frischem Kopf wieder an den Laptop und suchte nach einem Verzeichnis von Ahnenforschern für das ehemalige Sudetendeutschland. Ich schrieb einer Frau, die zur ehrenamtlichen Forschergruppe gehörte und laut dem Verzeichnis für die Region meiner Urgroßeltern zuständig war. Und ich beschloss, trotzdem ins Nachbarland zu fahren. Ich wollte sehen, wo mein Opa aufgewachsen war. Wo meine Urgroßeltern ihre Metzgerei hatten. Statt auf das Ziel fokussierte ich mich nun auf den Weg. Darum sollte es in erster Linie gehen. Neues ausprobieren. Natürlich würde es mich glücklich machen, mit neuen Informationen nach Hause zu kommen, doch ich wollte mich nicht mehr unter Druck setzen, sondern meine Suche genießen. Genau das machen, worum es mir letztendlich am meisten ging, nämlich, etwas zu tun, was ich noch nie zuvor getan hatte, und offen für alles zu sein, was dabei passieren würde.

Ich programmierte meine Gedankenmuster um. Sobald sich der Druck breitmachte, mit handfesten Daten und Fakten zurückkommen zu müssen, hielt ich den Gedanken an und überschrieb ihn mit der Freude darüber, ein neues Land zu entdecken und mich mit fremden Menschen unterhalten zu können. Dieses Spiel mit mir selbst war genauso ein Prozess wie alle anderen

Lernaufgaben: Mit der Bereitschaft, mal in eine andere als die für mich übliche Richtung zu gehen, konnte etwas Neues entstehen. Lockerheit zum Beispiel. Ich übte mich also darin und wurde von Tag zu Tag besser. Und was wirklich bei der Recherche herauskommen würde – ob ich tatsächlich mit einem Nobelpreisträger verwandt war –, wurde ganz langsam zu einem angenehmen Nebeneffekt.

Die ehrenamtliche Genealogin, die ich angeschrieben hatte, meldete sich nach kurzer Zeit bei mir und teilte ihr Wissen. Das Interessanteste war, dass sie auf Grundlage der Heiratsurkunde meiner Urgroßeltern herausgefunden hatte, dass Ludwig nicht dort geboren war, wo er gearbeitet und auch geheiratet hatte. Er kam aus Südböhmen, rund zweihundert Kilometer von Žatec entfernt. Die Forscherin sagte mir zwar, dass sie für diesen anderen Bezirk nicht zuständig sei, schrieb mir jedoch immer wieder E-Mails, die mit den Worten »ich habe mich nun doch noch mal schlaugemacht« anfingen und mir jedes Mal ein Lächeln entlockten. Ahnenforscher, auch diejenigen, die es als Hobby verstehen, sind neugierige Menschen.

Wir durchstöberten ein riesiges Onlinearchiv, in dem einige Daten aus der Familie von Ludwig hinterlegt sein mussten. Sie stieß tatsächlich auf meinen Ururgroßvater Franz, seine Kinder – eins davon mein Urgroßvater – und seinen Geburtstag, Daten zu seiner Frau, der Heirat und die Namen beider Eltern. Franz lebte im heutigen Lenora. Ich fand heraus, dass der Ort erst Mitte des neunzehnten Jahrhunderts gegründet worden war, und zwar durch den Bau einer Glashütte. Lenora kam auf meine Liste für die Reise, der kleine Ort im Böhmerwald war die Heimat meines Ururgroßvaters, dessen Adresse sogar in einem der Kirchenbücher vermerkt war. Ich sah mir Fotos der Glashütte an, die einmal eine der wichtigsten in Böhmen war. Irgendwo auf diesen Bildern war vielleicht auch Franz abgebildet. Einer von vielen, die dort gearbeitet hatten.

Bei den Eintragungen zu Franz stieß ich auch auf die Daten seines Vaters Josef, meines Ururgroßvaters, der ebenfalls in einer Glasfabrik gearbeitet hatte und in einem anderen Ort einige Kilometer entfernt geboren war. Sein Geburtsdatum fehlte jedoch in den Aufzeichnungen, die uns vorlagen, also ging die Suche von Neuem los: Das Archiv des zugehörigen Landkreises aufschlagen, die Zeitspanne einschätzen, innerhalb der er geboren sein musste, dann das zugehörige Kirchenbuch anklicken und sich durch unzählige eingescannte Seiten suchen. Besondere Schwierigkeiten bereitete es mir dabei, die Handschriften zu lesen. Bis zu den Einträgen bezüglich meines Urgroßvaters, der 1906 geboren war, hatte ich keine Probleme damit, sie zu entziffern. Mittlerweile hatte ich mich jedoch bis zum Anfang des neunzehnten Jahrhunderts vorgearbeitet – Tintenkleckse und Vergilbungen erschwerten das Lesen, aber auch die Frakturschrift selbst, die von Mitte des sechzehnten bis Anfang des zwanzigsten Jahrhunderts eine weit verbreitete Druckschrift im deutschsprachigen Raum war. Immer wieder fing ich von vorne an, weil ich Sorge hatte, etwas übersehen zu haben. Doch als ich mir auch hier eingestehen musste, dass ich alleine nicht weiterkam, kontaktierte ich erneut einen ehrenamtlichen Forscher, der für genau diese Region Hilfe anbot. Glücklicherweise war auch er zur Stelle, freundlich und hilfsbereit. Er stürzte sich mit mir in die Suche.

Wir fanden heraus, dass Josef Landsteiner ein uneheliches Kind war. Kurios fand ich auch, dass Josefs Vater Franz – wir befanden uns nun bereits im achtzehnten Jahrhundert – Langsteiner hieß, zumindest laut dem Kirchenbuch. Daneben verzeichnet war »Hörfehler«, ebenfalls auch beim Vater von Franz, mit Namen Ignaz Langsteiner. Zwei Generationen lang hieß die Familie anders, weil ein Pfarrer sich verhört und es demnach falsch notiert hatte. Damals gab es keine verbindliche Rechtschreibung. Irgendwann in den Folgejahren klärte es sich jedoch wieder und der richtige Familienname wurde fortgesetzt. Hammer! Solche Geschichten mag ich sehr.

Mit dem Auffinden der Daten zu Ignaz übertraten der Hobbyforscher und ich die Grenze nach Österreich, genauer gesagt kamen wir in Groß Gerungs heraus, wo er als Ledermeister gearbeitet hatte. Wie waren sein Sohn Franz, dessen Sohn Josef und wiederum dessen Sohn Franz in Südböhmen gelandet?

Die Antwort war die Glashütte, beziehungsweise ganz allgemein die Arbeit als Glasmacher in diversen Fabriken in Südböhmen. Die Familien der Männer zogen weiter, wenn der Arbeitgeber eine andere Fabrik übernahm, erbte oder schloss.

Meine Familie war also immer in Bewegung gewesen – vom heutigen Österreich nach Süd- und Nordtschechien, von wo sie schließlich ins deutsche Unterfranken geflohen war.

Was würde meine Familie dazu sagen, wenn ich ihnen das alles erzählte?

Und dann erreichte mich ein Foto, das mir Gänsehaut bereitete.

Meine Cousine, zu der ich ein gutes Verhältnis habe und die mein Projekt interessierte, schickte mir den Link zu einem Artikel, der sich mit dem Theologen und Schriftsteller Karl Borromäus Landsteiner befasste. Sie war bei ihrer Recherche zum Nobelpreisträger auf seinen Namensvetter gestoßen. Wieder ein Karl.

»Schau dir mal das Bild an«, sagte sie am Telefon zu mir. Ich scrollte parallel dazu durch den Artikel und erstarrte, als ich die Abbildung in Schwarz-Weiß fand.

Karl Borromäus Landsteiner sah genauso aus wie mein Opa und war demnach auch meinem Vater wie aus dem Gesicht geschnitten. Ich war sprachlos. Wer war dieser Mann? Eine so unglaubliche Ähnlichkeit hatte ich schon zwischen direkten Verwandten wie eben Eltern und Kindern oder Geschwistern gesehen, jedoch nicht zwischen Menschen, die mehrere Generationen trennten. Hier musste eine Verwandtschaft bestehen. Anders war es gar nicht möglich. Und ich war sehr neugierig darauf, die Schnittstelle zu finden.

Ich recherchierte zu dem Mann und wunderte mich, dass ich bei all meinen vorangegangenen Bemühungen nie auf Informationen zu ihm gestoßen war, obwohl diese recht ausführlich vorhanden sind. Schnell gewann Karl Borromäus Landsteiner zumindest posthum meine Sympathie: Dem in Österreich geborenen Theologen und Schriftsteller wird nachgesagt, ein begabter Schüler gewesen zu sein, der sich jedoch durch Liebhabereien wie »Schmetterlingssammeln« vom Studium abhalten ließ. In seinem ersten Schuljahr als junger Theologe schrieb er seinen ersten Roman, er war ein begeisterter Freund des Reisens – »Reisen ist Bildung« soll er gesagt haben –, denn er mochte es, fremde Städte und andere Sitten und Gebräuche kennenzulernen. Ich überlegte, ob wir uns gut verstanden hätten, wäre ich rund einhundertfünfzig Jahre früher geboren worden. Außerdem war er Mitglied in kirchlichen und humanitären Vereinen, immer höchst engagiert, allen voran im Wiener Tierschutzverein, wo er sogar für einige Jahre den Posten des Präsidenten innehatte. Ich war beeindruckt. Karl Borromäus Landsteiner hinterließ ein literarisches Lebenswerk, setzte sich mit vielen zeitgenössischen Themen auseinander und kämpfte für den Schutz der Tiere. In meinen Ohren klang er wie ein Mensch, den wir auch heute noch gut gebrauchen könnten.

Lange Rede kurzer Sinn: Ich wollte mit ihm verwandt sein! Unbedingt!

Irgendwann während meiner Nachforschungen fragte ich Emma, wie sie herausgefunden hatte, wer ihre leiblichen Eltern waren. Lange Zeit war ihre Akte nämlich weitergereicht worden, ohne dass man ihr etwas über ihre Wurzeln erzählt hatte. Emma lachte, denn ihre eigenen Nachforschungen waren auf kuriose Weise in Gang gesetzt worden.

»Als ich achtzehn Jahre alt war, meldete sich ein Anwalt bei mir, der bereits meine beiden Halbschwestern in Erbangelegenheiten vertrat. Er erklärte mir, dass die Schwester meiner leiblichen Mutter unter Eid erklärt habe, dass meine Mutter nie Kinder bekommen hatte, um so das Erbe für sich behalten zu können. Es war nun der Auftrag des Anwalts, die Interessen von uns dreien zu vertreten und die Anteile zurückzufordern. Das war auch der Moment, in dem ich erfuhr, dass ich zwei Halbschwestern hatte, zu denen ich glücklicherweise ein gutes Verhältnis aufbauen konnte. Ich antwortete dem Anwalt damals, dass ich achtzehn Jahre gut ohne diese Familie ausgekommen war und dass ich es somit weiterhin würde.«

Damit verzichtete Emma auf ihren Erbanteil. Kurz darauf ging sie erstmals zum Jugendamt und verlangte Einsicht in ihre Akte. »Ich las, dass mein leiblicher Vater trotz der Ablehnung seines Kindes ein gutes Heim für fünf Monate im Voraus bezahlt und auch eine Adoption durch ein Ehepaar in seiner Nähe angestoßen hatte. Doch die Adoption wurde in letzter Minute zurückgezogen.«

»Warum?«, fragte ich.

»›Mangels guter Erbmasse des Kindes‹«, sagte Emma. Ich hatte keine Ahnung, was ich darauf antworten sollte. Es war das erste Mal, dass ich so eine Formulierung überhaupt hörte.

Emma erzählte detailreich. Sie erinnerte sich an viele Kleinigkeiten, die mir dabei halfen, ihre Geschichten nicht nur zu hören, sondern auch vor meinem inneren Auge zu sehen. Ich bewunderte ihren Mut, ihre Akte einzufordern, obwohl sie geahnt hatte, dass das Lesen kein Spaziergang sein würde. Emma spürte die Sogwirkung der Suche nach den eigenen Wurzeln so stark wie wir alle, wenn wir ganz genau hinhören.

Nach der ausgiebigen Onlinerecherche brauchte ich Abwechslung. Ich wollte endlich etwas sehen und greifen können, die Suche realer werden lassen. Straßen aufsuchen, deren Namen ich mir notiert hatte, in der Hoffnung, sie entlanglaufen zu können. Vielleicht an der Stelle zu stehen, wo einmal das Haus meines Ururgroßvaters Franz gestanden hatte. Ich packte meine Sachen und fuhr in die Tschechische Republik.

Die Frau, die kein Englisch sprach, schüttelte auf meine Frage, ob die Glashütte noch stehe, den Kopf. Mit Händen und Füßen hatten wir uns verständigt, hier im Glasmuseum von Lenora, das sich über nur zwei Räume erstreckte und somit eine kleine Ausstellung von Gegenständen und Utensilien zeigte, die alle in der dazugehörigen Fabrik hergestellt worden waren. Mehr gab es jedoch nicht zu sehen. Oder zu erfahren. Enttäuscht verließ ich das winzige Museum.

Lenora ist heute ein Ort, bei dem man schneller wieder draußen als drin ist. Es war frisch an diesem Sommertag, zwar schien die Sonne, aber der Wind fühlte sich kalt an. Ich lief durch den verschlafenen Ort und trank einen Kaffee in einem Gasthaus, während ich zusah, wie für die Region typische Gerichte aus der Küche getragen und an die Tische gebracht wurden. Böhmische

Klöße, weiße Scheiben, die meine Urgroßmutter immer mit dem Faden geschnitten hatte, lagen auf fast jedem Teller. »Omaklöße« hießen sie in meiner Familie, und ich hatte seit Jahren keine mehr gesehen, geschweige denn an das Gericht gedacht. Sie bestehen lediglich aus Mehl, Ei und Salz, manchmal werden auch geröstete Semmeln oder gekochte Kartoffeln in den Teig gegeben, und dann werden sie zu verschiedenen Fleischvariationen gegessen; am besten kann ich mich an *Szegediner Gulasch* erinnern. Ich mochte die Klöße, obwohl sie kaum Eigengeschmack haben, aber sie saugen die schweren Bratensoßen auf, und dieses Gefühl im Mund liebte ich als Kind.

Lenora war früher nicht nur für die dort ansässige Glashütte bekannt, sondern auch als Kurort. Andreas Hartauer, der das Böhmerwaldlied schrieb, lebte zwei Jahre hier, und der Komponist Bedřich Smetana war aufgrund seines Tinnitus mehrfach vor Ort auf Kur – wahrscheinlich wurde er in Lenora, das an der Warmen Moldau liegt, zu seinem bekanntesten Werk »Die Moldau« inspiriert. Als ich das las, erinnerte ich mich daran, wie wir im Musikunterricht im Gymnasium das Stück durchgenommen hatten und es laut im Klassenzimmer lief. Ein schöner Randgedanke, mehr gab es jedoch nicht zu wissen über Lenora. Als ich die wenigen Straßen entlangfuhr, fand ich wie befürchtet die damalige Adresse von Franz nicht. Es war einfach zu lange her, die Spuren längst verwischt.

Von Lenora fuhr ich in das drei Stunden entfernte Žatek, das westlich von Prag liegt. Zurück zum Anfang meiner Ahnensuche, denn hier lebte mein Urgroßvater Ludwig mit seiner Frau Anna. Mit ihrem Hochzeitsfoto hatte im Wohnzimmer meines Großonkels alles begonnen. *Wie weit ich seitdem gekommen bin,* dachte ich mir.

Ich parkte und lief durch den Ort, der mit seinen knapp fünf-zigtausend Einwohnern gar nicht so klein ist, jedoch an dem Tag vollkommen ausgestorben war. Kurz zuvor hatte ich zufällig ge-lesen, warum mir genau das passieren könnte, doch da war ich bereits unterwegs gewesen und hatte meine Reise nicht mehr neu planen wollen: In der Tschechischen Republik war heute ein Fei-ertag. Ein paar Gasthäuser hatten geöffnet, das örtliche Museum war jedoch geschlossen. Der nette Kurort war so verlassen, es hät-ten nur noch ein paar Tumbleweeds gefehlt, die über den leeren Marktplatz fegten. Doch die geisterhafte Atmosphäre machte mir wenig aus, denn von diesem Ort hatte ich mir, im Gegensatz zu Lenora, nichts erhofft. Da sowohl Ludwig als auch Anna zugezo-gen und beide sowie die Kinder und auch nahe Angehörige nicht hier verstorben waren, steht Žatec heute lediglich für einen Ort, in dem meine Familie einen kurzen Zwischenstopp eingelegt hat. Schade nur, dass Anna und Ludwig wohl geplant hatten, dort zu bleiben, jedoch aufgrund des Krieges hatten flüchten müssen.

Ich sah mir noch den von Industrie geprägten Nachbarort Chomutov und das kleine Velemyšleves an. Auch in diesen Nachbargemeinden hatte sich das Leben meiner Urgroßeltern abgespielt, und ich fand es kurios, wie anders ich die kleinen, fremden oder unbedeutenden Orte wahrnahm, einzig, weil ich wusste, dass sie ein Teil meiner Familiengeschichte sind.

Noch während meiner Reise durch die Tschechische Republik erhielt ich eine E-Mail des Hobbygenealogen, mit dem ich nach wie vor Kirchenbücher wälzte. Die Nachricht begann mit einem »Super« und mehreren Ausrufezeichen dahinter – er hatte tatsächlich die direkte Verbindung zu Karl Borromäus Landsteiner gefunden. Zurück zu Hause trug ich alle von ihm gesammelten Daten in meinen Stammbaum ein, las die dazugehörigen Dokumente durch und konnte die Verbindung ebenfalls nachvollziehen – Karl Borromäus Landsteiner war somit mein Cousin dritten Grades in fünfter Generation. Wann immer ich nun gefragt werde, von wem ich das Schriftstellergen habe, kann ich eine Antwort geben. Und habe dazu eine schöne Geschichte parat.

Als wir die Blutlinie meiner Familie bis zum Ende des siebzehnten Jahrhunderts weitgehend vervollständigt hatten, beendeten wir unsere Arbeit – von hier an wurde es aufgrund fehlender Bücher und Dokumente immer schwieriger bis kaum mehr möglich. Der Forscher hatte festgestellt, dass der Ursprung meiner Familie auf den niederösterreichischen Ort Waidhofen an der Thaya zurückging und meine ersten Vorfahren Handelskaufleute waren. Ferdinand Landsteiner, geboren im siebzehnten Jahrhundert, wurde beim Kauf eines Anwesens als »Herr« vermerkt, was darauf hinweist, dass er einen hohen Stand gehabt, vermutlich sogar als Richter gearbeitet hatte. Was ich wirklich interessant fand, war, dass meine Vorfahren immer wohlhabender wurden, je weiter ich zurückging – gerade die Handelskaufleute und Lederermeister mit eigenem Betrieb. Mit dem Übergang zu den

Glasmachern änderte sich das, und ich suchte nach einem Warum. Ein paar Namen auf Papier waren eine Sache, die Geschichten dahinter eine ganz andere. Und auch wenn ich keine Einzelschicksale in Erfahrung bringen konnte, so las ich über die Glasmacher in Böhmen während des 18. und 19. Jahrhunderts, dass sie oftmals ausgebeutet wurden und ihr Verhältnis zu den Glashüttenbesitzern meist schwierig war. Es gab sogar eine Beschwerdeschrift an die damalige Kaiserin Maria Theresia, in der vor allem der niedrige Lohn und die körperlichen Misshandlungen angeprangert wurden. Es war kein einfaches Leben, für niemanden von ihnen.

In einer meiner letzten E-Mails an ihn fragte ich, ob er glaube, dass ich mit dem Nobelpreisträger Karl Landsteiner verwandt sei, und er schrieb zurück, dass jüdische Familien, wie die des Nobelpreisträgers eine war, zu der damaligen Zeit oftmals ihren Nachnamen von ihrem Heimatort ableiteten. Aus *Landstein,* dem heutigen Landštejn, wurde vielleicht irgendwann einfach der Familienname Landsteiner. Aber das war nur eine Vermutung. Das eine schließt das andere zwar nicht aus, eine Verbindung haben wir jedoch bisher nicht gefunden – sie könnte weitere Jahrhunderte zurückliegen.

»Viel interessanter finde ich deine direkte Linie, die führt sicherlich zur Burg Landštejn in Böhmen«, schrieb er noch.

»**Vielleicht sollte ich** also im nächsten Sommer wieder einen Ausflug ins Nachbarland unternehmen und auf Burgruinen wandeln?«, sagte ich am Telefon zu Emma, und sie lachte. »Aber zurück zu Ihnen«, fügte ich hinzu, »abgesehen von Ihren Halbgeschwistern, kennen Sie Ihre anderen Verwandten auch?« Emma erzählte mir, dass sie sich ein einziges Mal auf den Weg gemacht hatte, um die Schwester ihrer leiblichen Mutter in Dortmund zu besuchen. »Ich klingelte und sagte ihr meinen Mädchennamen, und dann fiel sie in Ohnmacht. Also habe ich ihr mein Parfüm unter die Nase gesprüht, dann kam sie zu sich und bat mich herein. Sie war sehr freundlich, und wir haben eine Tasse Kaffee getrunken.«

Emma erzählte weiter, dass ihr Onkel sie anschließend zurück zum Bahnhof brachte und ihr auf dem Weg dorthin etwas anvertraute, das sie rührte. »Er sagte mir, dass er immer ein Auge auf meine Mutter geworfen hatte. Eigentlich war er in sie verliebt gewesen, doch meine Mutter hatte kein Interesse gehabt. Er erzählte mir, wie schön und klug sie gewesen sei. Das war das erste Mal, dass ich etwas Positives über sie gehört hatte.«

Eine Frage drängte sich mir immer wieder auf, bis ich mich traute, sie zu stellen: Warum war Emmas Mutter überhaupt auf die sogenannte schiefe Bahn geraten, wenn sie aus so gutem Hause stammte? Ich erfuhr, dass bis zum vierzehnten Lebensjahr alles in Ordnung gewesen war. Sie war der Liebling ihres Vaters, bis die Stiefmutter einzog und das Verhältnis zerrüttete. Emmas Mutter packte daraufhin die Koffer, zog ins Internat ein, und die Dinge nahmen ihren Lauf.

»Eine Familiengeschichte im herkömmlichen Sinn gibt es für mich nicht, weil sie noch nicht ganz aufgearbeitet ist. Ich bin der Meinung, dass unser Weg bereits bei der Geburt vorgezeichnet ist. Wir können wahrscheinlich weniger Einfluss nehmen, als wir glauben«, schrieb Emma abschließend zu meinem Familienkapitel. »Was ich damit meine, ist, dass es selten gelingt, wenn man versucht, etwas mit Gewalt zu verändern, das macht nur wütend und traurig. Besser ist es, das Beste aus der Situation zu machen. Oft stellt man sowieso fest, dass Unerwünschtes auch Positives nach sich ziehen kann. Mit anderen Worten: Eine höhere Macht wird uns lenken.«

Ich schickte meinen Stammbaum an Randy Schoenberg, in der Hoffnung, mit seiner Hilfe eine Verbindung zu Karl Landsteiner zu finden. Leider meldete er sich nie zurück. Mein Großonkel Karl wurde wenige Wochen später fünfundachtzig Jahre alt, und ich beschloss, ihm den Stammbaum, besser gesagt den Anfang dieses Stammbaums, zu schenken. Ich kaufte eine selbstklebende Schwarzfolie, legte sie in meinem Wohnzimmer aus und begann, alles darauf niederzuschreiben. Gedanklich ging ich noch einmal die letzten Wochen durch, die Geschichten, die ich erfahren hatte, die Gegenden, die ich bereist hatte, und zog das Resümee, dass ich weiter gekommen war, als ich mir erhofft hatte. Dann schrieb ich einen Begleitbrief, notierte darauf meine Telefonnummer und schickte ihn ab. Außerdem besuchte ich meine Oma, die Frau meines verstorbenen Großvaters, um ihr von meinem Abenteuer zu erzählen. Der Stammbaum rührte sie, und sie sagte: »Schade, dass du erst jetzt damit angefangen hast. Hätte deine Uroma Anna noch gelebt, sie hätte dir so viel erzählen können.« Sie sagte es ohne jeglichen Vorwurf, und ich nickte. Zumindest hätte ich dann gewusst, wie sie und Ludwig sich kennengelernt hatten. Das würde, wie so vieles andere, für immer im Verborgenen bleiben.

Ich unterhielt mich eine Stunde mit meiner Oma, das war unser längstes Gespräch seit Jahren. Sie berichtete mir, dass ihre Eltern ihr nie etwas über die Geschichte ihrer eigenen Familie erzählt hatten. »Es wurde einfach nicht darüber geredet. Viele Menschen waren zu Kriegszeiten und auch danach verschlossen. Der Schmerz saß tief«, sagte sie.

»Aber wusstest du, dass dein Opa und ich nur fünfzig Kilometer voneinander entfernt aufgewachsen sind, um uns dann in dem Ort, in den er geflüchtet war, erst kennenzulernen?« Ich lächelte. Das Leben. Natürlich.

Ich war erleichtert darüber, meine Oma wiedergesehen zu haben, und dass unser Gespräch viel offener verlaufen war als vermutet. So oft glaube ich schon im Vorfeld zu wissen, wie die Dinge sich entwickeln würden. Und dann kommt doch immer alles anders.

Unser Geburtsort prägt uns, unsere Eltern und ihre Erziehung, das Umfeld, in dem wir aufwachsen. Familie ganz besonders. Unsere Eltern und nahen Verwandten sind die Ersten, die wir in unserem Leben kennenlernen, die wir beobachten und die uns stark beeinflussen. Bewusst nehmen wir das gar nicht wahr. Doch worauf sonst sollen wir unser Leben aufbauen, wenn nicht auf dem, was wir vorgelebt bekommen? Erst im Laufe der Jahre entwickeln wir unsere eigene Meinung und Stimme – und selbst die wird wohl nie ganz losgelöst sein von dem, was uns geprägt hat. Wir stellen fest, dass wir die Art von Ehe unserer Eltern führen oder gerade nicht führen möchten, dass wir weit wegziehen wollen von dem Ort, an dem wir aufgewachsen sind, oder genau dort bleiben werden, dass wir unser Leben mit der Familie teilen möchten oder nicht, und wenn vielleicht ein bisschen, dann, wie dieses »bisschen« aussehen soll.

Familie ist eins der sensibelsten Themen des Lebens. Eine Zusammenstellung von Menschen, die in vielen Fällen absurder nicht sein könnte. Und doch sind wir verbunden, auf eine Weise, die wir nicht leugnen können. Wir können der Familie den Rücken kehren, wir können so tun, als würde es bestimmte Menschen nicht geben, und trotzdem werden wir das Band niemals lösen. Vielleicht ist es diese Endgültigkeit, die tief in uns allen steckt. Und vielleicht ist genau das der Grund, warum viele Menschen daran interessiert sind, Stammbäume zu erstellen. Um Verbindungen, die teilweise über Jahrhunderte hinweg bestehen, schwarz auf weiß vor sich liegen zu haben. Zu wissen, wo sie herkommen und warum.

So geht es mir nun. Ich habe viel mehr über die Wurzeln meiner Familie erfahren, als ich je zu träumen gewagt hätte. Rückblickend ist es ein wirklich schönes Gefühl, auf den Spuren meiner Ahnen gewandelt zu sein und einige Puzzleteile an den richtigen Platz gebracht zu haben.

Familie. Kannst du dir nicht ausdenken, kannst du dir nicht aussuchen, sagen wir uns immer, aber vielleicht tun wir es ja doch? Um an den Menschen zu wachsen, mit denen wir, wären wir nicht mit ihnen verwandt, sehr wahrscheinlich gar nichts zu tun hätten? Was wäre, wenn wir in genau die Familie geboren werden, in die wir gehören? Würden dann nicht plötzlich so viele Dinge Sinn ergeben?

Ich habe meine Familie immer für selbstverständlich genommen, bis ich auf meinen Reisen Menschen kennenlernte, die keine hatten, die ihre Eltern früh verloren haben oder, wie im Fall von Emma, sich immer wieder in neue Ersatzfamilien einfinden mussten.

Ich kann Emmas Schlussgedanken zu diesem Kapitel – *dass man vieles nicht in der Hand hat* – nachvollziehen, und doch stimme ich ihr nicht ganz zu. Sie hat viel Einfluss genommen auf ihr Leben, vielleicht mehr, als sie denkt. Vieles davon erzählen wir in den folgenden Kapiteln. Doch allein in Bezug auf ihre Familie hat sie sich großen Fragen gestellt und für sich beantwortet: Sie hat sich ganz bewusst gegen ihre Erbschaft entschieden, jedoch gleichzeitig ihre Tante aufgesucht und ein Verhältnis zu ihren Halbschwestern aufgebaut. In meinen Augen fordert es viel Mut, solche Entscheidungen zu treffen.

Bis sie volljährig war, wurde sie oft herumgereicht, hatte nirgendwo einen beständigen Platz, wurde ausgenutzt und kam nie richtig an – weder in einer Familie noch bei sich selbst. Heute sagt sie, dass sie sich weniger als Mensch wahrgenommen fühlte, vielmehr als Mittel zum Zweck, weil die Pflegefamilien immer Geld bekommen haben, wenn sie sie bei sich aufnahmen. Sicherlich prägt das ihr Leben bis heute.

»Das Gute daran ist, dass man vorsichtiger wird bei der Wahl der Freunde«, schrieb sie mir, und das glaube ich aufs Wort, denn das ist etwas, das ich mir ebenfalls angeeignet habe.

»Ich möchte Ihnen nun das Du anbieten, Anika«, sagte sie kurz nachdem ich das Kapitel beendet hatte, am Telefon zu mir. Und ich antwortete, vollkommen beseelt vom Ausgang meines ersten Abenteuers und den interessanten Geschichten, die Emma mit mir teilte, dass mich das sehr freuen würde.

Zweites Abenteuer

Eine Reise nur für mich

Wie ich lernte, das Internet zu vergessen

Zwei Stunden und vierundvierzig Minuten. Neunundfünfzig Mal.

Zwei Stunden und vierundvierzig Minuten benutze ich mein Handy, neunundfünfzig Mal nehme ich es in die Hand. Das war die Bilanz des ersten Tages, an dem ich mein Nutzungsverhalten auswertete.

Meine Werte liegen tatsächlich unter dem Durchschnitt aller App-Nutzer, wie mich die Software meines Handys freundlicherweise informierte. Trotzdem machte mich dieses Ergebnis nachdenklich.

Mit fünfzehn war ich in meiner Klasse eine der wenigen, die noch kein Handy besaß. Innerhalb eines Jahres hatten fast alle

Freunde ein mobiles Telefon, ich jedoch nicht. Ich durfte nicht. Was ich allerdings durfte, war, mir das meines Vaters gelegentlich auszuleihen. Glücklicherweise brauchte er es eigentlich nie, denn als Handys plötzlich in private Hand- und Hosentaschen wanderten, war noch niemand von dem Kommunikationsmittel abhängig.

Weil ich das Nokia 3210 meines Vaters also ab und an nutzen durfte, schrieb auch ich fleißig SMS und setzte zwischen den einzelnen Worten keine Leerzeichen, damit ich nicht für zwei SMS zahlen musste. Blöd war nur, dass ich meine geheimen Nachrichten wieder löschen musste, damit mein Papa sie nicht lesen konnte. Schade, dass man damals noch keine Screenshots machen und sie sich auf irgendein anderes Gerät schicken konnte. Dafür konnte ich dann aber endlich, so wie alle anderen auch, stundenlang Snake spielen und versuchen, meinen eigenen Rekord zu brechen.

Natürlich verfiel ich diesem kleinen Gegenstand mit seinen glatten, grauen Tasten vom ersten Moment an. Mit Handy fühlte ich mich plötzlich wichtig, ich war nun erreichbar, sogar draußen im Garten – was für eine Freiheit! Das Handy, ein Tor zu einer Welt, hinter der sich damals noch gar nicht so viel verbarg, weil man mit ihm noch nicht ins Internet konnte. Mit der Erfindung des Smartphones änderte sich das und damit plötzlich die ganze Welt. Nun gab es hinter diesem Tor noch so viel mehr zu entdecken. Da wartete plötzlich eine Parallelwelt, und kaum jemand konnte ihr widerstehen. Eine Faszination, die bei manchen Nutzern ziemlich rasch in ein Suchtverhalten überging.

Bis heute bin ich ein Freund der sozialen Medien, doch wie das unter Freunden so ist, führen auch wir manchmal Streitgespräche. Vor allem darüber, dass ich mir mehr Freiräume nehmen sollte, Social Media mich aber nicht loslässt und wir uns somit sehr oft in einer ungesunden Push-and-pull-Beziehung befinden. Doch Freiräume sind wichtig in einer Beziehung, wenn sie funktionieren soll.

Als ich im Jahr 2013 eine Webadresse kaufte und meinen Reiseblog startete, war mir noch nicht klar, wie viel von meinem Leben sich in Zukunft online abspielen würde. Denn neben der Arbeit am Blog und dem Pflegen dazugehöriger Social-Media-Kanäle kam die Onlinerecherche für Aufträge hinzu, die Kommunikation mit Auftraggebern und andere Dinge. Ich musste also online sein, und auch wenn heute mein Fokus auf dem Schreiben von Büchern liegt, benötige ich dafür das Internet. Ich liebe es, Bücher zu schreiben, weil ich das Produkt am Ende ganz offline und oldschool in der Hand halte.

Doch ein Klick auf den Webbrowser reicht aus, um mich von dem, was ich eigentlich hatte tun wollen, abzulenken. Es war wie ein Sog, dem ich vor meinem Experiment täglich erlag: die Nervosität, die sich in mir ausbreitete, wenn das WLAN nicht funktionierte oder ich mich in einem Funkloch befand. Vor allem auf Reisen passierte mir das oft, und wenn ich aufgrund eines Auftrages im Ausland war, wurde ich schnell ganz unruhig. Obwohl es nicht mein Fehler war, wenn das Internet ausfiel, obwohl ich es oftmals gar nicht ändern konnte, fiel es mir schwer, den Laptop zuzuklappen und das Handy wegzulegen.

Ich habe mein Verhalten oft hinterfragt, immer wieder kam ich zum gleichen Schluss: Ich teile unglaublich gerne die Eindrücke meiner Reisen, am liebsten in Echtzeit, da ich ein sehr ungeduldiger Mensch bin und alles sofort tun möchte. Allen Kontroversen zum Trotz bevorzugte ich Instagram mit großem Abstand vor allen anderen Apps – ich schoss gerne Fotos und bearbeitete sie, ich schrieb gerne einen besonderen Text dazu, und ich liebte auch das Story-Tool, die Videoschnipsel, die ich mit viel Mühe und Liebe zum Detail zusammensetzte, um einen Gesamteindruck meiner Reise zu geben. Ich mochte es zu teilen, sowohl positive als auch negative Eindrücke. Ich bezog andere mit ein und beantworte Feedback und Fragen, daraus entwickelten sich sogar Freundschaften, die auch über die App hinaus bis heute bestehen.

Doch einen großen Nachteil hatte das Internet: Vieles, was ich auf Reisen tatsächlich hätte erleben können, zog an mir vorbei. Ich bekam manches nicht mehr so hautnah mit wie früher, als ich noch ohne Internetzugang unterwegs war. Wenn beispielsweise etwas Unvorhersehbares passierte, ertappte ich mich dabei, wie meine Hand in Sekundenschnelle in meiner Tasche verschwand und nach meinem iPhone tastete. Manchmal war der Moment jedoch vorbei, bevor ich die Kamerafunktion geöffnet hatte. Und obwohl ich trotz meiner Arbeit noch immer schöne Momente wie einen Sonnenuntergang genießen konnte, wusste ich irgendwann nicht mehr, wie es sich anfühlte, sie nicht sofort zu dokumentieren und zu teilen. Ich wusste nicht mehr, wie das Leben komplett losgelöst vom Internet funktionierte, ich wusste nur, dass es noch ganz vereinzelt existierte.

Das Internet mit seiner Möglichkeit, sich mit Menschen aus aller Welt zu verbinden, ist ein unglaubliches Geschenk, es hat jedoch auch Kehrseiten. Darunter Reizüberflutung, mehr Stress, eine ungesunde Körperhaltung durch stundenlanges Schauen auf Bildschirme und andere Einwirkungen auf unseren Organismus, die nicht zu unterschätzen sind.

Im letzten Jahr wurde mir dieses Problem besonders stark bewusst. Ich griff morgens zum iPhone, da lag ich noch im Bett. Ich hatte meinen eigenen Tag noch nicht begonnen, warf mich aber bereits in den anderer hinein. Oft fühlte ich mich ausgelaugt und müde, weil ich die vielen Informationen gar nicht mehr verarbeiten konnte. Dazu kamen negative Empfindungen wie der Neid gegenüber anderen, ich verglich mich mit ihren Erfolgen oder Reisen – mit ihrem ganzen Leben. Obwohl den meisten Menschen bewusst ist, dass man in den sozialen Medien oft nur den geschönten Ausschnitt eines Lebens sieht und dadurch ein großer Teil der tatsächlichen Realität ausgeklammert wird, erliegen wir seiner Macht trotzdem regelmäßig. Und während mir auffiel, dass mein Instagram-Profil aufgeräumter und strukturierter war als meine Wohnung, bemerkte ich ebenfalls, wie weit ich mich von meinem alten Leben entfernt hatte. Dem, das sich ausschließlich offline abgespielt hatte. Wie ging das gleich noch mal?

Emma war einmal mehr die richtige Ansprechperson für dieses Thema. Sie hatte den Großteil ihres Lebens ohne die Daueranwesenheit des Internets oder anderer Kommunikationsmittel verbracht.

»Ein Handy besitze ich seit 2004. 2017 habe ich mir meinen eigenen Laptop gekauft«, sagte sie. Immer regelmäßiger flatterten ihre E-Mails in meinen Posteingang, auch SMS schrieb sie, und ich staunte, wie sie sich auf diese Technologien einließ und sie in ihren Alltag integrierte. Von meinen eigenen Großeltern, die genauso alt sind wie sie, kannte ich das nicht. Sie besitzen ein Handy für Notfälle, nutzen es aber nicht für den täglichen Gebrauch, sondern eben nur, um im Notfall irgendwo anzurufen. Einen Computer haben sie sich nie angeschafft.

Das erfordert die Bereitschaft, sich im hohen Alter für etwas zu öffnen, das man erst verstehen lernen muss. Einmal, als ich sie besuchte, bat sie mich, ihr etwas am Laptop zu erklären. »Damit ich dir nicht mehr meine Handschrift zumuten muss«, sagte sie und spielte damit auf ihre Briefe an, die ich jedoch gerade deshalb so sehr mochte, weil sie handgeschrieben waren. Trotzdem saßen wir dann gemeinsam vor ihrem Laptop, ich erklärte ihr ein paar Dinge wie das Umbenennen einer Datei, und sie dankte es mir mit einer ihrer zahlreichen Umarmungen.

»Bis zur Anschaffung des Laptops war ich sehr angetan von neuen Errungenschaften und habe sie auch gern benutzt. Doch der Laptop macht mir wenig Freude, es gibt einfach zu viele Möglichkeiten, die mich unsicher machen und auch verwirren.« Trotzdem war es für sie selbstverständlich, ihn zu verwenden.

Ich fand das nicht selbstverständlich. Ich fand das bewunderns-
wert.

»Übrigens, vielleicht interessiert dich das«, sagte sie und erzählte mir davon, dass ihr Mann Hans kurz nach dem Mauerfall
ein Büro in Berlin hatte. »Am Abend standen die Autos dicht an
dicht auf der Glienicker Brücke, um mit ihrem Autoradio zu telefonieren. Das Ding war schwer, unförmig und hatte nicht überall
Empfang. Trotzdem war es eine Sensation. So war das damals!«

Kurz nach meinem Besuch schrieb ich Emma, dass ich plante,
eine Reise nur für mich zu machen – fernab meiner beruflichen
Verpflichtungen, fernab des Daueronlineseins. Der Gedanke war
mir gekommen, weil ich seit Jahren nicht auf Reisen gewesen
war, ohne ebendiese Auslandsaufenthalte mit beruflichen Verpflichtungen zu verknüpfen, die mich jedes Mal zum Handy hatten greifen lassen. Oder zum Laptop. Selbst bei einem Urlaub
mit zwei Freundinnen war ich voll ausgestattet gewesen, um
nicht nur vor Ort immer und überall schreiben zu können, sondern auch, um Texte und Fotos online zu stellen. Wirklich abzu-
schalten schien nur zu funktionieren, wenn ich das mit mobilen
Geräten ebenfalls tun würde. Etwas, das sich für ältere Generationen einfach und selbstverständlich anhören mag, für viele
Gleichaltrige, die mit dem Internet aufgewachsen sind oder sogar damit arbeiten, fast unmöglich. Ich würde also eine Reise nur
für mich machen. Im Detail hieß das: Kameraequipment zu
Hause lassen, keine Fotos bearbeiten und bereits von unterwegs
posten und auch keine Blogeinträge schreiben. Kein Aufstehen

vor Sonnenaufgang für das tolle Licht, das den Fotos zugutekam, sondern erst, wenn ich wirklich aufstehen wollte. Keine Recherche zu Hot Spots und Geheimtipps, keine Notizen am Rechner für mögliche Begleittexte und Bildunterschriften. Nichts. Einfach nur die Reise und ich. Wie würde es sich anfühlen, keiner der hektischen Stimmen lauschen zu müssen, die mir zuraunten, dass ich auch im Urlaub an meine Blogleser denken musste? Dass ich die Reise im Nachhinein als Reportage verkaufen konnte, wenn ich auch im Urlaub daran dachte, alles zu dokumentieren?

Seit ich das letzte Mal einfach nur Urlaub gemacht hatte, waren rund sechs Jahre vergangen. Um den Jakobsweg vollkommen in Ruhe und für mich laufen zu können, hatte ich damals mein Facebook-Passwort von einer Freundin ändern lassen und mein Handy nur für eine gelegentliche SMS nach Hause benutzt. Von dieser Reise habe ich unprofessionelle Landschaftsaufnahmen und verwackelte Schnappschüsse. Das dazugehörige Kapitel in meinem Buch »Gehen, um zu bleiben« schrieb ich vier Jahre später, es basiert somit ausschließlich auf meinen Erinnerungen, und ich hatte zum Zeitpunkt der Reise nie geplant, etwas darüber zu veröffentlichen. Hatte sich mein Abenteuer deshalb so fantastisch angefühlt und hatte ich es deshalb so hautnah erlebt?

Es war an der Zeit, das herauszufinden, vor allem jedoch, Arbeit und Urlaub wieder voneinander zu trennen. Und es war auch an der Zeit, das Reisebloggen, das eigentlich nur mein Einstieg ins Schreiben hatte werden sollen, grundsätzlich zu überdenken. Auch wenn es mir so sehr ans Herz gewachsen war, fühlte ich, dass es mir entglitt – und vor allem, dass das für mich in Ordnung ging.

⌛

Emma antwortete mir mit einer E-Mail, die folgendermaßen begann: »Lass mich dir von der letzten Reise, die ich alleine gemacht habe, erzählen. Ein Urlaub am Gardasee. Gebucht hatte ich sie schon, bevor ich einen Heiratsantrag von Hans bekam. Ich habe sofort Ja gesagt, aber seine Frage, ob ich die gebuchte Reise stornieren würde, verneint. Ich war der Meinung, dass die Zeit der Trennung eine gute Probe sei.«

Ich flog durch ihre Zeilen, in denen sie von Wasserski-Kursen berichtete, von italienischen Abenden bei Musik und Wein und auch, dass sie regelmäßig Liebesbriefe von Hans per Luftpost bekommen hatte. »Dazu muss man wissen: Telefonieren war Ende der 50er kein Thema und Luftpost nicht billig.«

Ich fragte sie, ob sie diese Reise in Bildern festgehalten habe, und sie antwortete, dass Fotografieren keine ihrer Leidenschaften sei. Stattdessen kaufte sie überall Kartenbriefe, um Hans zeigen zu können, wo sie Urlaub gemacht hatte. »Kennst du die noch? Es gab früher sechs bis acht Aufnahmen von einem Ort, die sich wie eine Ziehharmonika auseinanderziehen ließen.« Ich erinnerte mich, solche Kartenbriefe in Souvenirshops schon gesehen zu haben. »Nur wenige Reisende verfügten über Apparate, die solch hochwertige Bilder hervorbrachten. Aber fast jeder war bereit, Aufnahmen von mir zu machen oder mir Abzüge zu geben. Das hatte für mich den Vorteil, dass ich nur schauen und genießen konnte.«

Und genau das wollte ich auch erleben.

Nun gab es nur noch eine Frage zu klären: Welche Reise sollte es für dieses Experiment nun werden? Was wollte ich erleben mit dem Wissen im Hinterkopf, es nicht zu dokumentieren? Welcher Ort reizte mich, vollkommen losgelöst von tollen Fotomotiven und möglichen Ideen für eine Reportage?

Meine erste Wahl fiel auf einen Wanderurlaub in Österreich. Damit hätte ich es mir jedoch sehr einfach gemacht, denn diese Reise könnte ich ohne großen Aufwand wiederholen und dann auch dokumentieren. Ich wollte etwas wirklich Außergewöhnliches erleben. Etwas, das vielleicht einmalig für mich werden würde. Dann kam mir eine Fahrt mit der Transsibirischen Eisenbahn in den Kopf, denn dieses Abenteuer stand tatsächlich schon sehr lange auf meiner Liste ganz weit oben. Mit der Bahn durch fremde Länder zu fahren hätte mir viel Zeit zum Nachdenken gegeben. Doch bevor ich mich dafür entscheiden konnte, kam alles anders.

An einem Morgen im Frühling wachte ich auf, griff zu meinem Handy – ja, immer noch – und checkte meine E-Mails. Eine fiel mir sofort ins Auge, und ich setzte mich abrupt im Bett auf. Ich las »Herzlichen Glückwunsch, Burner!«, und dann: »Hallo Anika, du hast ein Ticket für den *Burning Man* bekommen. Lies nun alles, was du dazu wissen musst.« Und ich wusste plötzlich, dass das die Reise war, die ich nur für mich machen wollte.

Der Burning Man ist das wahrscheinlich außergewöhnlichste Festival der Welt. Gegründet wurde es in den 80ern von Larry Harvey, der damals zwanzig Menschen an den Baker Beach nahe San Francisco einlud und am Ende des Festivals eine Holzstatue verbrennen ließ. Irgendwann wurde das Feuer verboten, zeitgleich nahmen jedoch immer mehr Menschen an dem Festival teil, weshalb es letztendlich in die Black Rock Desert, eine Wüste im Bundesstaat Nevada, umzog. Über dreißig Jahre nach dem ersten Burning Man pilgern nun heute rund siebzigtausend Menschen aus der ganzen Welt für eine Woche in die Wüste Nevadas, um Kunst, Kultur, Musik und Spiritualität unter einem jährlich wechselnden Motto zu feiern. Der Burning Man ist vor allem für seine außergewöhnlichen Kunstwerke bekannt. Bei vielen davon handelt es sich um sogenannte Art Cars, riesige fantasievoll gestaltete Wägen, die als Tanzflächen und DJ-Pulte dienen.

Die Herausforderung bei dem Ganzen bestand nicht nur in den extremen Wetterbedingungen der Wüste, sondern auch in einem der wichtigsten Gebote des Festivals: radikale Eigenständigkeit. Alles, was man benötigt, muss organisiert werden, und zwar von der Verpflegung bis hin zum Schlafplatz, von der Anreise bis zu den Outfits, sofern man sich den meisten Festivalgängern anschließen und sich aufwendig und fantasievoll in Schale schmeißen will. Außerdem darf kein Müll hinterlassen werden. Es gibt keine Mülltonnen auf dem Gelände, es ist verboten, vor Ort Abfall zu entsorgen oder Flüssigkeiten in den Boden sickern zu lassen – nichts. Alles, absolut alles muss man selbst wieder mitnehmen, wodurch sich das Packen und der Verbrauch vor Ort automatisch minimalistisch gestalten.

Die Playa, wie die Fläche genannt wird, sieht nach dem Festival aus wie zuvor. Dass mehrere zehntausend Menschen das gemeinsam umsetzten, faszinierte mich ungemein.

Als ich das erste Mal von dem Festival hörte, schob ich die Idee, daran teilzunehmen, sofort wieder von mir. Ich fand es zu irre, zu aufwendig und zu kostspielig. Über die Jahre hinweg lernte ich jedoch immer mehr Menschen kennen, die bereits daran teilgenommen hatten und mir einstimmig vorschwärmten, wie unvergesslich und sogar lebensverändernd diese Woche für sie gewesen sei. Manche heiraten dort, andere zelten ganz alleine mitten in der Wüste. Es gibt Camps, also Zusammenschlüsse von Menschen, die sich das ganze Jahr über auf das Festival vorbereiten, temporäre Küchen, Schattenplätze und sanitäre Einrichtungen bauen, andere wiederum designen Kunstwerke und verschiffen sie dorthin. Die Bilder vom *Burning Man* wirkten auf mich immer wie eine Fantasiewelt, wie etwas, das ich nicht greifen konnte. Eine marsähnliche Umgebung, Sandstürme und dazwischen riesige, sich bewegende Kunstwerke, die tagsüber surreal wirken und nachts beleuchtet sind, um den Weg durch die Dunkelheit zu weisen. Der Mittelpunkt – neben der Statue, die am letzten Abend verbrannt wird – ist der Tempel. Ein Platz, an dem geschwiegen wird, weil er als Ort konzipiert ist, an dem sich jeder von Verstorbenen verabschieden kann. Es ist ein Ort, einzig geschaffen, um loszulassen. Der Tempel wird jedes Jahr von einem Architekten entworfen und dann mithilfe tausender Freiwilliger gebaut, er ist ein unbeschreibliches Kunstwerk. Vor Jahren habe ich eine Dokumentation gesehen, die einen Vater und seine Tochter beim *Burning Man* begleitete. Sie hatten innerhalb kurzer Zeit nicht nur die Ehefrau und Mutter an Krebs, sondern auch die Tochter und Schwester bei einem Flugzeugabsturz verloren. Um ihren Schmerz zu verarbeiten, fuhren sie gemeinsam in die Wüste. Die Dokumentation hatte mich sehr berührt und über Wochen hinweg beschäftigt. Ich verstand, warum das Festival so besonders war. Es ging nicht nur ums Feiern, ums Leben, um Selbstdarstellung. Es ging auch um Trauer, um Schmerz und darum, die Schattenseiten des Lebens mitzunehmen, zu verarbeiten und in der Wüste kollektiv loszulassen.

Anfang 2018 fühlte ich mich bereit, mich für ein Ticket zu bewerben – und bekam es in dem Moment, in dem ich gar nicht mehr damit gerechnet hatte.

An diesem Morgen, als ich aufrecht in meinem Bett saß, kämpfte in mir Kopf gegen Herz, denn natürlich wollte ich den Besuch des *Burning Man* dokumentieren. Wie konnte ich denn nicht wollen! Ich würde doch nicht ohne Fotos nach Hause kommen wollen, ich war schließlich im Begriff, in eine einzigartige Parallelwelt einzutauchen. Wer würde mir denn am Ende bestätigen, dass ich das tatsächlich so erlebt hatte, wenn nicht meine Fotos? Ich war mal wieder in die Falle der sozialen Medien getappt. Der

Ansporn, Erlebtes online zu teilen, ist genau dieses Mitteilungs-
bedürfnis. Zur Schau zu stellen, welch außergewöhnliches Leben
man lebt.

Doch darum ging es nicht. Ich würde meine Teilnahme niemandem beweisen müssen, denn es war eine Reise nur für mich.
Sie war ein Geschenk, aber auch eine Herausforderung. Denn
eine Sache musste ich mir im Vorfeld bewusst machen: Ich musste bereit sein, mich vollkommen auf das Erlebnis einzulassen.
Und ich vermutete, dass das am besten möglich war – wahrscheinlich ausschließlich möglich war – ohne die Verbindung
zur Außenwelt.

Ich las mich in die zehn Prinzipien ein, die für eine Teilnahme
nicht nur verstanden, sondern verinnerlicht werden sollten: Es
fielen Begriffe wie gemeinschaftliche Verantwortung und abso-
lutes Selbstvertrauen. Was sich im ersten Moment schräg und
übertrieben anhörte, erschloss sich mir besser, als mir die Beweggründe ersichtlich wurden. Dieses extreme Abenteuer funktionierte nur, wenn eine riesige Gruppe verschiedenster Menschen eine Gemeinschaft bildete, in der man sich aufeinander
verlassen konnte und in der alle auf eine Sache hinarbeiteten: ein
friedliches, respektvolles Fest voller Selbstliebe und gleichzeiti-
gem Verständnis für andere. Mich überschwappte eine Welle purer Glückseligkeit. Wenn das wirklich funktionierte – würde
dann diese Erfahrung nicht mein ganzes Leben verändern?

Bei der Planung der Reise wurde mir als Neuling immer wieder
empfohlen, mich einem Camp anzuschließen. Zudem machte

meine lange Anreise es unmöglich, alles, was ich benötigte, einzupacken. Ich fand heraus, dass es unglaublich viele Camps gab, die alle unter verschiedenen Mottos standen. Es gab kleine, die kaum Infrastruktur bereitstellten, und es gab große, sehr strukturierte, die das ganze Jahr über daran feilten, eine umfangreiche Basis für alle zu schaffen, die in dem Camp wohnen wollten. Wenn ich in einem von ihnen aufgenommen wurde, brauchte ich nicht meinen halben Hausrat mit in die Staaten zu nehmen, sondern musste lediglich wichtige Dinge wie Schutzutensilien für Sandstürme organisieren.

Ich landete im *PolyParadise,* das mir von einem Deutschen empfohlen worden war, der bereits seit mehreren Jahren dort seinen Wohnwagen parkte. Ich klickte auf die Website und las, was ich aufgrund des Namens bereits vermutet hatte, nämlich, dass es sich hier um Vertreter der Polyamorie handelte. Ich zögerte. Dann las ich weiter, dass es keine Voraussetzung war, polyamor zu leben. Man sollte lediglich offen und tolerant sein, und das war ich natürlich. Das Camp war gut strukturiert mit einer funktionierenden Küche (inklusive einem Abwassersystem, das in große Bottiche überging, die nach der Woche eingeladen und wieder mitgenommen wurden), gemeinschaftlichen Essensplänen, Veranstaltungen und vor allem den nötigen Schattenplätzen.

Einen Tag nach meiner Bewerbung beim Camp bekam ich die Zusage inklusive eines zwanzigseitigen Überlebens-Guides. Jetzt waren keine Fragen mehr offen. Ich war offizielles Mitglied im *PolyParadise.*

Nachdem ich meinen Flug gebucht hatte, vergingen die Tage bis zur Abreise wahnsinnig schnell. In einer Facebook-Gruppe, die von deutschen *Burning-Man*-Teilnehmern gegründet worden war, lernte ich Aurora kennen, die nicht nur wie ich aus München kam, sondern ebenfalls allein war. Wir trafen uns auf einen Kaffee und beschlossen spontan, uns zusammenzuschließen, damit wir uns einen geräumigen Van zum Schlafen teilen und somit leisten konnten. Ein Flug an die Westküste der USA, das Festival selbst, die Vorbereitungen und das Auto sprengen nämlich so ziemlich jede Reisekasse. Obwohl ich gerne für mich bin und meinen Freiraum brauche, hatte ich bei ihr sofort das Gefühl, die richtige Reisepartnerin gefunden zu haben. Wir waren, obwohl sie fast zehn Jahre jünger ist als ich, von Anfang an auf einer Wellenlänge und sprachen ganz offen und ehrlich an, was wir suchten, was wir uns wünschten, worin wir uns unterschieden und was wir gemeinsam hatten. So kam es, dass wir uns über Wochen hinweg trafen und die Vorbereitungen besprachen: Wie viele Liter Wasser benötigten wir insgesamt zum Trinken und Duschen? Sollten wir Fahrräder, die wir angesichts der Größe der Playa dringend benötigten, kaufen und danach spenden oder nur ausleihen? Welches Gericht wollten wir dem Speiseplan des Camps beisteuern und kochen? Welches Auto verfügte über Sitze, die sich umklappen ließen, um eine Liegefläche zu konstruieren? Unsere Gespräche waren immer lustig, wurden mit fortschreitendem Datum immer absurder, während ich mich gleichzeitig immer sicherer fühlte mit dem, was ich vorhatte. Und einige meiner Freunde mich für verrückt erklärten.

Mit dem Buchen des Vans sprang ich über einen von vielen Schatten, die meine Angst geworfen hatte, denn nun verreiste ich mit einer mir fremden Person, und das auf wenigen Quadratmetern. Mein Vertrauen ins Leben nickte mir freundlich zu. Das wird schon alles klappen.

Ende der Geschichte. Der *Burning Man* war toll, und dort offline zu sein hat besser funktioniert als erwartet. Für mich mitgenommen habe ich, dass ich öfter mal das Handy zu Hause vergessen oder es einfach ausschalten sollte. Super, danke!

Es wäre wohl etwas unfair, die Geschichte hier für beendet zu erklären, oder? Aber vielleicht hat sich ja der ein oder andere Leser gefragt, wie ich vom Festival berichten will, wenn ich mir doch vorgenommen hatte, es nicht zu dokumentieren?

Die Sache ist die: Der Druck, den ich mir normalerweise auferlege, existierte während meiner Zeit in der Wüste nicht. Der Druck zu posten, Fotos zu machen, Reisefragen zu beantworten. Online und erreichbar zu sein. Ich dachte mir stattdessen: Sollte ich mich entscheiden, im Nachhinein darüber zu schreiben, dann würde ich lediglich das wiedergeben, woran ich mich erinnerte und was ich noch immer fühlte. Das würde immer da sein, das würde ich immer irgendjemandem erzählen.

»Also, wie war nun deine Woche in der Wüste?«, fragte mich Emma, als ich wieder zurück in Deutschland war. Wir saßen auf ihrem Balkon und naschten Nussecken. Ich überlegte, wie ich diese surreale und gleichzeitig wunderschöne Reise in Worte fassen sollte.

Neben all den Geschichten, die ich erlebt, und den Gesichtern, in die ich geblickt hatte, blieb mir vor allem eine Sache in Erinnerung, die an jedem Ort auf dieser Welt ein bisschen anders ist: das Licht. Der alkalische Sand der Black Rock Desert war sehr hell und fein, er fühlte sich weniger wie Sand an, vielmehr wie ganz feiner Stein. Oder Asche. Wenn dann am Horizont die Sonne auf- oder unterging, erschufen die zarten Pastelltöne in Kombination mit dem hellen Sand eine geradezu unwirkliche Szenerie. Alles war hell. Alles schien erleuchtet. Ich fühlte mich nicht nur psychisch, sondern auch physisch auf einen anderen Planeten versetzt.

Bei diesem spektakulären Licht, begleitet von einem leichten Sandsturm, fuhren wir am ersten Tag auf das Gelände und parkten den Van auf einem freien Platz, der zum *PolyParadise* gehörte. Aurora und ich fielen noch vor Mitternacht todmüde ins Bett, besser gesagt ins Auto, in den Schlaf getragen von den Beats der umliegenden Partys, die uns rund sieben Stunden später auch wieder aufweckten. Auf dem *Burning Man* musste niemand einem geregelten Tagesablauf folgen, man konnte zu jeder Tageszeit zu einem Rave gehen, meditieren oder Kaffee trinken. Alles war möglich. Alles ist möglich. Ein Mantra, das zum Festival genauso dazugehört wie der feine Staub, der sich auf alles legt.

Am nächsten Morgen schob ich die Tür des Vans auf und begriff, dass ich wirklich hier war. Mitten in der Wüste Nevadas.

Normalerweise hätte ich in diesem Moment zum Handy gegriffen, den Sonnenaufgang gefilmt und auf Instagram gepostet. Ich verspürte jedoch keinerlei Bedürfnis, das zu tun. Nicht nur, weil ich mich an mein Vorhaben halten wollte, sondern, weil es einfach nicht aufkam. Ich war so weit von meinem Alltag entfernt, dass ich ihn auch nicht virtuell zu mir holen wollte. Also löschte ich alle Social-Media-Apps und legte mein Handy weg.

Aurora und ich zogen uns an – sie schlüpfte in einen lilafarbenen Zweiteiler ihrer Tante, die in den Siebzigern Bauchtänzerin gewesen war, ich in Leggins, ein Häkeltop und eine Fransenjacke, und wir machten uns auf zum Gemeinschaftszelt des Camps. Dreihundert Menschen waren dieses Jahr im *PolyParadise*, darunter viele verschiedene Nationen, doch der Kern bestand aus rund zwanzig Amerikanern, eine eingeschworene Clique, die dieses Camp jedes Jahr zum Leben erweckte. Sie waren alle um die sechzig, mal angezogen, mal nackt, wuselten sie umher oder saßen in ihren Campingstühlen. Kurios war, und das stellte ich erst im Laufe der Woche fest, dass sie ihre Zeit durchgehend im Camp verbrachten. Der *Burning Man* in seiner Vielfalt faszinierte sie vielleicht schon lange nicht mehr, es war vor allem die Gemeinschaft innerhalb des *PolyParadise*. Wie eine Woche campen in der Uckermark, nur eben in der Black Rock Desert.

Wir stellten uns bei der Essensausgabe an, bekamen Pancakes und konnten uns nur wundern, ein Zustand, der blieb, acht Tage lang. Selten habe ich mich in meinem Leben so oft gewundert. Was für ein schöner Zustand. Pancakes in Wüste. Mit Ahornsirup.

Bevor wir zum allerersten Mal mit unseren Fahrrädern das Festival erkundeten, wollten wir uns die Zähne putzen, doch so alltäglich der Gedanke war, so sonderbar die Umsetzung beim *Burning Man*. Wo den Mund ausspülen, wohin die Reste der Zahnpasta spucken? Waschbecken gab es nur in der vom Camp gebauten Küche, und sie waren nicht für die körperliche Hygiene vorgesehen. Unnatürliche Stoffe, chemische Zusammensetzungen und körpereigene Flüssigkeiten durften jedoch nicht in den Boden sickern. Wir fragten eine junge Frau aus dem Camp nach Rat.

»Ich spucke immer in ein Taschentuch«, sagte sie. Aurora warf mir einen angewiderten Blick zu. Wir probierten es aus. Doch am nächsten Tag fielen Aurora die ersten leeren Wasserbehälter auf, die wir mitgebracht hatten, und von da an spuckten wir dann in die, was jedoch nicht weniger seltsam war.

Am ersten Tag auf dem Fahrrad, in der ersten Stunde auf der Playa sah ich alles, was ich mir nicht hatte vorstellen können, und das änderte sich auch die folgenden Tage nicht. Die Kreativität, mit der Menschen riesige, statische oder sich bewegende Installationen geschaffen und an diesen abgelegenen Ort gebracht hatten, war umwerfend. Es gab sogar eine Boing 747, die entkernt und deren Dach abgenommen worden war! Ich fuhr an Menschen vorbei, die nackt waren, ich fuhr an Menschen vorbei, die aufwendige Kostüme trugen, ich fuhr an Menschen vorbei, die ganz normal gekleidet waren. Ich nahm an spirituellen Workshops teil, wie einer Kakaozeremonie, die beinhaltete zu meditieren, Wünsche zu manifestieren, zu tanzen und mit fremden Menschen intensiven Blickkontakt zu halten. Apropos intensiv, dieses Adjektiv steht für mich rückblickend für die gesamte Woche. Ich erlebte alles intensiver als jemals zuvor. Das fing bei den Pancakes an, ging über zu meiner ersten Dusche nach zwei Tagen Wüstenstaub, und wie ich es genoss, unter dem lauwarmen Wasser einer vom Camp selbstgebauten Duschkonstruktion zu stehen, die aussah wie eine aufgebockte Umkleidekabine, und ging weiter zu dem Abend, als ich Aurora zu einem DJ-Set bei Sonnenuntergang mitnahm. Es stellte sich heraus, dass er einer ihrer Lieblingskünstler war, und wir tanzten eine Stunde lang mit geschlossenen Augen, umgeben vom Geruch verbrennenden Palo Santos – des heiligen Holzes –, mit dem ein Mann hinter uns räucherte.

Ich führte unendlich bereichernde und stundenlange Unterhaltungen mit fremden Menschen, die mich einfach ansprachen, die sich die Zeit nahmen, wirklich zuzuhören. Ich meine – wann hören wir denn überhaupt noch zu? So viele von uns tun das lediglich, um sofort antworten zu können, um die eigene Meinung über das Gesagte von jemand anderem zu legen. Alles, was ich erlebte, war ein bisschen echter und lebendiger als außerhalb der Wüste. Und das lag einzig am kollektiven Miteinander.

Burning Man bringt alles zum Leben, was man sich nicht vorstellen kann. Es sprengt Glaubenssätze. Es ist eine Reise zu sich selbst, zu allen anderen, hin zu einem Kern, der uns alle vereint: Liebe. Denn das Faszinierende an diesem Festival ist, dass es aus purer Harmonie entsteht – deshalb die Auflage, nichts zurückzulassen außer Fußabdrücke – und auch Harmonie im zwischenmenschlichen Umgang. Niemand auf der Playa gibt sich die Hand. Alle umarmen sich. Das ist nicht esoterisch, das ist menschlich. Nie war ich an einem Ort, an dem man sich so offen und unvoreingenommen begegnet ist. Vor allem, weil sich jeder ein Ticket kauft, die Künstler eingeschlossen. Es wird kein Unterschied zwischen Künstlern und Besuchern gemacht – alle sind Künstler, alle sind Besucher. Vielmehr wird jeder dazu eingeladen, etwas zu schenken: Essen oder Trinken, eine Dienstleistung wie Yoga oder Wissensvorträge, Freiwilligenarbeit, Kunst oder Unterhaltung. Es ist ein Gefühl von Gleichheit und Barrierefreiheit, Vorurteile werden aufgebrochen, Unterschiede mit Liebe gefüllt. So schön ist das. Und vor allem: so einfach. Denn immer wieder im Laufe der Woche fragte ich mich Folgendes: Wenn siebzigtausend Menschen zusammenkommen, eine Stadt aufbauen, eine Woche dort harmonisch zusammenleben, alles wieder abbauen und die Wüste verlassen, als wäre nie etwas gewesen – ist das nicht genau so, wie die Welt eigentlich sein sollte? Der Prototyp dessen, wonach wir streben sollten?

Kurios war, dass ich in den acht Tagen selten an mein Handy dachte. Selten bedauerte, die Mystik eines Sandsturms oder die Kunstwerke nicht mit meiner Spiegelreflexkamera einfangen zu können. Ich war hier nicht wegen der »Instagramability« der Veranstaltung – ein Begriff, der für den Trend steht, Urlaubsziele danach auszusuchen, ob sie besonders viele gute Motive für die

Foto- und Video-Plattform Instagram bereithält –, sondern ich war hier, weil ich hier sein wollte. Offline. Und obwohl mein Handy Empfang gehabt hätte und das Camp mit WLAN ausgestattet war, traf ich viele Menschen, die es genauso machten wie ich.

Am allerletzten Abend – die Verbrennungszeremonie der Holzstatue hatte bereits am Abend zuvor stattgefunden – wurde auch der Tempel verbrannt. Der Gedanke, dass diese riesige und wirklich wunderschöne Konstruktion nach acht Tagen verbrannt werden sollte, stimmte mich zuerst traurig. Doch auch in diesem Ritual steckte eine gewisse Wahrheit: Alles ist vergänglich. Nichts bleibt für immer, und nachdem ich eine Woche lang versucht hatte, genau das zu verinnerlichen, war dieser Abschluss unausweichlich.

Aurora und ich fuhren mit den Rädern zum Tempel. Im Gegensatz zum Abend zuvor, wo ein riesiges Feuerwerk und Musik die Zeremonie begleitet hatten, war es nun mucksmäuschenstill. Alle Besucher standen in mehreren Reihen um das weiträumig abgesperrte Gelände des Tempels. Als er angezündet wurde und ganz langsam anfing zu brennen, riefen immer wieder Menschen kurze Danksagungen an Verstorbene, die ihnen nahegestanden hatten, in die Nacht hinein. Auch wenn ich glücklicherweise niemanden zu betrauern hatte, berührte mich das Spektakel ungemein, und als ich mich umsah, stellte ich fest, dass ich damit nicht alleine war. Aurora, die neben mir stand, weinte leise. Sie stellte sich hinter mich, und wir umarmten uns für lange Zeit. Irgendwann fing jemand auf der gegenüberliegenden Seite des brennenden Tempels an, einen jaulenden Wolf zu imitieren. Nach kurzer Zeit ahmten das immer mehr Menschen nach, bis schließlich alle jaulten, mitten in der Wüste unter dem Mond, den Sternen, und begleitet vom Knistern des Feuers. Gänsehaut, am ganzen Körper. Ehrfurcht vor dem Leben, wiedergewonnenes Vertrauen in die Menschheit. Das alles vermischte sich in mir und in uns allen.

Wie hätte ich dieses Gefühl in ein Bild packen sollen? Wie hätte ich dieses Gefühl online stellen können?

Emma nickte. Ich fragte sie, ob sie auch mal einen Urlaub erlebt hatte, der ihr viel bedeutete. Sie überlegte kurz.

»Eine besondere Reise war für mich die nach Waldkirch, die habe ich mit dem Stenografen-Verein unternommen. Von dort haben wir auch Ausflüge in die Schweiz gemacht, Schokolade, Kaffee und Tabak geschmuggelt – das war aufregend!« Sie lachte. »Für einen Großstadtmenschen wie mich war es beeindruckend, die hohen Berge, Wasserfälle, Seen, Rehe in freier Wildbahn sehen zu können. Oft bin ich in Waldkirch noch vor dem Frühstück auf eine nahegelegene Anhöhe gelaufen, um den neuen Tag zu begrüßen und den Sonnenaufgang zu erleben.«

»Wie fühlte sich das an?«, fragte ich.

»Wie große Dankbarkeit«, sagte sie.

Die Sonne ging hinter ihr unter, doch wir saßen noch eine Weile auf ihrem Balkon.

»Eine Geschichte habe ich noch zum Abschluss«, sagte Emma, und ich nickte. »Mir fiel gerade noch eine Begegnung mit einem jungen Mann ein, der während einer Kur im gleichen Haus untergebracht war. Wir gingen oft zusammen Wasser trinken, was damals noch ein richtiges Ritual war. Die Wasserausgabe fand im Kurgarten statt, und dort wurde es auch im langsamen Schreiten getrunken, sodass genug Zeit zum Plaudern blieb. Dabei verriet er mir, dass er sehr belesen war und gerade begann, Gedichte zu verfassen. Zum Abschied schenkte er mir folgenden Spruch: ›Allein die Natur ist makellos und rein, der Mensch aber neigt zu Verschlagenheit und Leichtsinn.‹ Dieser Spruch hat mich bis heute begleitet.«

»Hast du die Karte noch?«

»Es gab nie eine Karte«, antwortete sie. »Den Spruch hat er mir so gesagt, und ich habe ihn mir gemerkt.«

Ein paar Augenblicke später fügte sie hinzu: »Wir haben nie wieder voneinander gehört.«

Nach einer Woche heißer Tage und kühler Nächte, achtmal schlafen in einem Auto, vielen polyamoren Menschen und noch mehr Nacktheit um mich herum, kalten Nudeln um Mitternacht, unzähligen Fahrradtouren durch pechschwarze Wüstennächte und hell erleuchtete Camps, einem Konzert der Philharmonie am frühen Morgen, vielen Stunden Livemusik und einzigartigen Workshops schmiss ich noch vor Sonnenaufgang den Motor des Vans an und fuhr Aurora und mich zurück in die andere Welt. Im

Schritttempo verließen wir das Gelände, verabschiedeten uns von der außergewöhnlichsten Woche unseres Lebens, eine wärmende Sonne im Rücken. Auf meinem Handy: ein paar Schnappschüsse, die mir von neuen Freunden geschickt worden waren. Mehr gibt es nicht von dieser Woche, der Rest ist im Kopf und im Herzen gespeichert. Kein Foto auf Instagram, kein Blogbeitrag, keine Reportage werde ich dazu veröffentlichen. Der erste *Burning Man* und ich, das ist eine Erfahrung für mich alleine, die nicht wertvoller hätte sein können. Und eine junge Frau an meiner Seite, die auf wundersame Weise in mein Leben trat, das Abenteuer mit mir teilte und jetzt eine gute Freundin ist. Alles ist möglich.

Möglich war auch, offline zu bleiben. Es war, um ganz ehrlich zu sein, die einfachste Aufgabe, die mir der *Burning Man* gestellt hatte. Niemals hätte ich geglaubt, dass es mir so leichtfallen würde. Social Media war plötzlich irrelevant geworden, zumindest für diese eine Woche in der Wüste. Und als ich letztendlich die Apps wieder herunterlud und online ging, passierte genau das, was ich bereits vermutet hatte: nichts. Absolut rein gar nichts. Das Internet stand noch, und niemand hatte mich als »vermisst« gemeldet.

Darauf folgte jedoch die große Herausforderung, mit der ich nach wie vor kämpfe: den bewussten Umgang mit dem Internet aufrechtzuerhalten. So unverhofft gut das in der Wüste ging, so schwierig war es, als ich in San Francisco ankam – und zwar vom ersten Moment an. Deshalb tracke ich nach wie vor mein Handyverhalten, übe mich darin, es am Morgen nicht sofort in die Hand zu nehmen und am Abend nicht als Letztes aus der Hand zu legen. Das klappt mal gut, mal weniger gut, doch gewisse >Offline-Inseln< im Alltag baue ich mir nach wie vor. Etwas, das mir in diesem Zusammenhang auffiel, war, dass sich Social Media so stark um einen selbst dreht, dass es den wenigsten auffällt, wenn man ein paar Tage offline oder nicht erreichbar ist. Es ist vollkommen okay, sich rauszuziehen. Das Schlechteste, was einem dabei passieren kann, ist, dass ein paar Nachrichten für einige Tage unbeantwortet bleiben.

Ich blieb noch zwei Tage in San Francisco und verabschiedete mich dort von Aurora. Dann fuhr ich mit einem neuen, jedoch kleineren Mietwagen den Highway 1 entlang, eine der schönsten Küstenstraßen der Welt. Ich mietete mir ein Zimmer in einer Villa mit Blick auf die sanften Hügel des Silicon Valley und schrieb weiterhin nichts, sondern hing den Erinnerungen an den *Burning Man* nach. Das kannte ich so nicht, es war das erste Mal, dass eine Erfahrung so lange nachwirkte. Aber auch das passte zur Natur meines Experiments: Ich versuchte das Festival zumindest gedanklich festzuhalten, doch alles bewegt sich, sogar Erinnerungen. Sie bleiben, verändern sich jedoch. Jedes Jahr gibt es auf dem *Burning Man* neue Kunstwerke, es reisen wieder Menschen an, die noch nie dort waren, es gibt ein neues Motto, das ganze Wüstengelände erfindet sich neu. Am Ende bleibt nur der Sand zurück. Und das Licht.

Dass ich in Zukunft Arbeit und Urlaub strikter trennen werde, bezweifle ich jedoch. Alles, was mir Spaß macht, geht ineinander über, und demnach passt es eigentlich nicht in mein Konzept, etwas zu trennen nur um des Trennens Willen. Ich glaube, der Schlüssel liegt darin, mich zu fragen, ob ich mich mit meiner jeweiligen Entscheidung wohlfühle. Wenn ich es für nötig befinde, einmal ein Wochenende offline zu verbringen, tue ich das, und wenn ich das Bedürfnis habe, einen Trip online zu dokumentieren, dann mache ich das auch.

Der Druck, live zu berichten, ist durch mein Experiment geringer geworden, weil mir etwas Grundlegendes klargeworden ist: Es geht weniger um den Arbeitsaufwand als mehr um meine Angst davor, öfter mal Nein zu sagen. Mir bewusste Ruhephasen zu gönnen. Etwas Außergewöhnliches zu tun, das mich das Internet komplett vergessen lässt! Etwas, das größer, stärker und bedeutender ist als der Wunsch, online zu gehen.

Das Reisebloggen habe ich im Zuge dieser Erfahrung tatsächlich aufgegeben. Der Blog besteht weiterhin, doch ich befülle ihn nicht mehr mit neuen Inhalten. Durch meine Offline-Woche und die Erfahrungen auf dem *Burning Man* habe ich festgestellt, dass mir längst andere berufliche Bausteine wichtiger geworden sind und dass ich das Pflegen des Blogs und das regelmäßige Reisen schon seit Längerem aus verschiedenen Gründen hatte einstellen wollen. Stattdessen spürte ich immer deutlicher den Wunsch, Raum zu schaffen für eine berufliche Weiterentwicklung. Und für Entschleunigung.

Ich bin sehr dankbar, dass aus dieser Herausforderung so viel mehr entstand, denn die Veränderungen, die dieses Experiment nach sich zog, fühlen sich noch immer richtig und gut an. Und ich spüre einmal mehr, wie bereichernd es ist, sich manchem einfach zu stellen und dabei offen zu sein für das, was passiert.

Social Media kann den Organismus stark belasten. Dauerhaftes Standby, beruflich wie privat, laugt aus. Die nötigen Schritte, um besser damit umzugehen, leite ich tatsächlich erst seit kurzem ein. Eine Aktion hilft mir dabei am meisten: radikales Aussortieren. Profile anderer, die in mir ein ungutes Gefühl erzeugen, werfe ich aus meiner Timeline. Warum sollte ich an etwas festhalten, mit dem es mir schlecht geht? Menschen folgen, deren Wertesystem für mich nicht passt, mit denen ich im realen Leben nichts zu tun hätte, die mich weder inspirieren noch herausfordern und von denen ich auch nichts lernen kann?

Über meinem Social-Media-Verhalten hängt nun kein Damoklesschwert mehr, sondern ein Gefühl von Harmonie, von Positivität, von Zusammengehörigkeit. Denn auch das können die sozialen Medien. So war es ursprünglich einmal gewesen.

Treffen wir uns gemeinsam dort wieder? Ganz am Anfang? Wir müssen uns nur erinnern wollen und es dann tun. Und nichts hat mir das Prinzip »einfach machen« so eindrücklich vermittelt wie der *Burning Man*.

Drittes Abenteuer

Dem Tod ins Auge blicken

Was ich von den Trauerkulturen dieser Welt lernte

An einem Sommerabend stand ich am geöffneten Fenster meiner Dachgeschosswohnung, trank ein Glas Rotwein, beobachtete, wie der Regen auf die Straßen prasselte, und roch den heißen Asphalt, der nun endlich abkühlen durfte. Im Sommer fühle ich mich immer unglaublich lebendig. So auch in diesem Moment.

Ich legte Nick Drakes *Saturday Sun* auf, ich wusste ganz genau, wie sentimental mich das Lied stimmen würde, doch ich mochte das Gefühl von Melancholie, von Zwischentönen.

Ich schloss die Augen und öffnete mich der Musik. Bei Nick Drake schwingt für mich immer traurige Ruhe mit, Sensibilität und die Dunkelheit der Nacht. Der Musiker starb mit sechsundzwanzig Jahren an einer Überdosis Antidepressiva, und ich fand, dass man seiner Musik diese radikale Endlichkeit des Lebens anhörte.

Während ich dort am Fenster stand, überlegte ich, wie es sich anfühlen würde, in diesem Moment zu sterben, und erschrak, weil aus dem Nichts eine Erinnerung in mein Bewusstsein drang.

Vor einigen Jahren saß ich auf dem Rücksitz eines Autos, das durch Nordindien fuhr. In keinem anderen Land habe ich den Verkehr so chaotisch, impulsiv und vollkommen frei von Regeln empfunden wie auf dem Subkontinent. Auf einer Landstraße kamen dem Wagen, in dem ich saß, zwei riesige, nebeneinander fahrende Busse entgegen. Der eine schaffte es nicht rechtzeitig, den anderen zu überholen. Unser Auto musste demnach in der Mitte durch. In dem Moment schoss jedoch ein Roller hinter einem der Busse hervor und blockierte damit die sowieso schon schmale Spur zwischen den beiden. Das Auto, in dem ich saß, raste auf die immer kleiner werdende Lücke zu. Ich kniff meine Augen zusammen, weil ich fest davon überzeugt war, dass mein Leben gleich vorbei sein würde. Seltsam, wie sicher ich mir dessen in dem Moment war. Die Angst vor dem Aufprall steckte mir bereits in der Kehle.

Ich wurde auf der Rückbank hin und her geworfen, dann war es still. Ich öffnete die Augen. Der Fahrer saß am Steuer, als wäre nichts gewesen. Das Auto fuhr wieder auf der linken Spur einer weitgehend leeren Straße. Ich drehte mich um und sah durch den Rückspiegel die beiden Busse, sah den Roller, sah mittendrin eine Kuh, die ich zuvor ausgeblendet haben musste, und hatte keine Ahnung, was passiert war.

Als ich an diesem Sommerabend am Fenster stand, holte ich diesen verdrängten Moment aus Indien noch einmal ganz nah zu mir heran. Ich sah mein Leben nicht als Film vor meinem inneren Auge vorbeiziehen, sondern eine wahllos zusammengestellte Aneinanderreihung der lustigsten, kuriosesten, traurigsten und schönsten Momente. Als ich von einem Ruderboot in einen türkisfarbenen See sprang. Als ich mich mit meinem Freund stritt und die Tür zuknallte. Als ich durch die eisige Kälte Finnlands wanderte. Als ich meine erste Sechs in der Schule bekam. Als ich am Grab meines Großvaters stand. Als ich mich zum ersten Mal im deutschen Fernsehen sah. Als meine flache Hand auf einer heißen Herdplatte klebte. Als ich in einem Flugzeug saß, das notlanden musste. Als ich zum ersten Mal geküsst wurde. Als ich an der Schauspielschule einen Bären imitierte. Als ich auf einem Segelschiff mit meinem Papa unter den Sternen schlief.

Bei all diesen Erinnerungen empfand ich erst Nostalgie, dann Wehmut.

Während des Beinahe-Unfalls in Indien hatte ich zum ersten Mal Angst um mein Leben, und das war ein ganz neues Gefühl für mich gewesen. Zuvor hatte mich lediglich eine Angst verfolgt, die mit dem Tod zu tun hatte: die Befürchtung, mir nahestehende Menschen zu verlieren. Dass jeder Mensch erst sterben möchte, wenn er sich dazu bereit fühlt, ist ein nachvollziehbarer Wunsch. Ich ging mit meiner Angst jedoch schon immer einen Schritt weiter: Meine Furcht, die Menschen, die ich liebte, zu verlieren, war so groß, dass ich am liebsten vor ihnen sterben wollte. Es war die Angst, alleine mit meinem Schmerz zurückzubleiben und irgendwann sogar alleine zu sterben. Dabei war mir natürlich immer klar, dass dieser Wunsch unfair war, und auch, dass mich niemand nach meiner Vorliebe in puncto Abschiednehmen fragen würde, denn beim Tod anderer ging es am allerwenigsten um mich.

Und genau deshalb hatte ich Angst. Schon immer.

»Vier Wochen vor dem Geburtstermin habe ich erfahren, dass mein Sohn sterben wird. Im ersten Moment wollte ich eine Vollnarkose und einen Kaiserschnitt. Ich bin heulend eingeschlafen, heulend aufgewacht, und dachte mir: ›Das ist ein Albtraum. Irgendjemand muss mich jetzt aufwecken und mir sagen, dass mein Kind gesund ist.‹«

Ich saß auf einem Stuhl an einem Tisch in einem Raum eines Bestattungsunternehmens. Zum allerersten Mal. Mir gegenüber hatte Nicole Rinder Platz genommen, die ich für die Folge »Warum der Tod zum Leben gehört« meines Podcasts »ÜberFrauen« interviewte. Sie antwortete mir gerade auf die Frage, wie sie es schaffte, ihr Kind auf die Welt zu bringen, obwohl sie wusste, dass es entweder tot sein oder nur für einen kurzen Zeitraum leben würde.

»Ich habe mich dann mit einer Frau getroffen, die eine ähnliche Situation durchlebt hatte wie ich. Sie hat mich daran erinnert, dass ich doch eigentlich die Geburt hatte schön gestalten wollen, also warum nicht jetzt erst recht? Und dann hat es Klick gemacht. Erst dann habe ich die Tatsache angenommen, dass mein Kind sterben wird. Und dass ich die Geburt nicht im Krankenhaus einleiten lassen wollte. Den Todeszeitpunkt sollte mein Sohn ganz alleine bestimmen.«

Die Gänsehaut auf meinen Unterarmen blieb das ganze Gespräch über. Ich bewunderte Nicole für ihren Mut, aus diesem Tiefpunkt Kraft geschöpft zu haben, ihrem Leben schließlich eine neue Richtung zu geben. Denn als ihr Sohn nach vier Tagen starb, trauerte Nicole um ihn. Sie weinte viel und durchlebte die verschiedenen Phasen der Trauer ganz bewusst. Als sie feststellte, dass manche Menschen in ihrem Umfeld damit nicht umgehen konnten, machte sie sich Gedanken zur Trauerkultur. Wie trauert man richtig? Gibt es überhaupt ein Richtig oder Falsch? Und was genau passiert eigentlich währenddessen in einem selbst?

Ein Jahr nach dem Tod ihres Sohnes ließ sie sich zur Trauerpädagogin ausbilden und arbeitet seitdem bei *AETAS Lebens- und Trauerkultur,* einem Bestattungsinstitut in München, wo sie unter anderem Eltern begleitet, die ihre Kinder verloren haben.

Als ich Nicole in meinen Podcast einlud, nachdem ich in der Zeitung über sie gelesen hatte, interessierte ich mich vor allem dafür, wie unterschiedliche Kulturen mit Trauer umgehen. Doch erst, als ich ihr gegenübersaß, stellte ich fest, dass das hier über Interesse hinausging. Dieses Thema hatte mit mir zu tun. Ich wollte mich mit dem Sterben beschäftigen. Den Grund dafür hatte ich jahrelang vor mir hergeschoben.

Wie gesagt, ich fürchtete mich vor dem Tod geliebter Menschen. Vor dem, was nach meinem eigenen Tod passieren wird, habe ich bis heute lediglich Respekt und trage auch eine gewisse Neugier in mir, aber Sorgen bereitet er mir nicht. Ich glaube nicht an den Himmel oder ein Fegefeuer. Und ich glaube auch nicht, dass nach dem Tod gar nichts passieren wird. Ich glaube an einen Kreislauf des Lebens, daher ist der Tod für mich nicht nur ein Ende, sondern auch ein neuer Anfang. Meiner Meinung nach ist das Leben viel zu groß, um einfach beendet zu sein. Und seitdem ich das glaube, stehe ich meinem eigenen Tod gelassener gegenüber. Dem aller anderen jedoch nicht.

Ich wusste, dass ich damit nicht alleine war. Ich wusste, dass mir die meisten Menschen zustimmten, wenn ich ihnen von der Angst, eine nahestehende Person zu verlieren, erzählte. Ich wusste aber auch, dass es starke Abstufungen dieser Furcht gibt. Für mich war sie jedoch ein täglicher Begleiter, lauerte überall, vollkommen irrational. Wenn ich über ein paar Stunden hinweg meine Mutter nicht erreichte, spielte mir mein Kopf die schlimmsten Horrorszenarien vor. Wenn ich wusste, dass mein Freund in einem Übernachtbus saß, schlief ich nicht, aus Angst, etwas könnte passieren und ich wäre nicht erreichbar. Diese Angstzustände legten manchmal meinen kompletten Alltag lahm und waren das komplette Gegenteil von dem, was ich selbst tat, nämlich beispielsweise alleine zu verreisen und immer wieder aufs Neue Grenzen auszutesten. Das Leben spielerisch zu nehmen. Deshalb habe ich bisher mit kaum einer Person über diese andere, sehr ängstliche Seite in mir gesprochen. Doch jetzt schreibe ich sie hier schwarz auf weiß nieder, in der Hoffnung, es wird von Menschen gelesen, die sich mit ähnlichen Empfindungen isoliert und unverstanden fühlen. *Ihr seid nicht alleine.*

Als ich im Gespräch mit Nicole Rinder erneut feststellte, dass die Verlustangst meine Lebensqualität beeinträchtigte, setzte ich den Tod auf meine Liste der Herausforderungen und fragte mich, ob die Auseinandersetzung mit ihm die größte Herausforderung von allen werden würde – oder ob in Sachen Sterben vielleicht doch nicht alles so heiß gegessen wie gekocht wurde.

Ein Film zum Thema Leben, Verlust und Tod, der mich bereits als junges Mädchen wahnsinnig berührte, ist *My Girl*. Ich schaue ihn nach wie vor alle paar Jahre, lache viel dabei, und am Ende heule ich mir die Augen aus. Es geht um die elfjährige Vada Sultenfuss, die bei ihrem Vater, einem verschrobenen, aber liebenswerten Bestatter, lebt. Auch wenn Vada nicht in den Keller gehen darf, wo er arbeitet, erlebt sie den Tod als einen Teil des Lebens und bildet sich deshalb immer wieder kuriose Krankheiten ein, denkt, sie müsse sterben, und sucht regelmäßig einen Arzt auf, der ihr jedes Mal vollkommene Gesundheit attestiert. Der Film ist witzig, originell und liebevoll, nimmt jedoch eine tragische Wende, als Vadas bester Freund Thomas stirbt. Der Junge wird bei der Beerdigung offen aufgebahrt, und Vada geht zu dem Sarg und fragt, warum man ihm seine Brille nicht aufgesetzt habe, so könne er ja gar nichts sehen. Dann fängt sie bitterlich an zu weinen, und spätestens da laufen auch mir dann immer die Tränen über die Wangen.

Als ich Nicole Rinder gegenüber den Film erwähnte, nickte sie ganz euphorisch und sprach sofort genau diese Szene an. Sie erzählte mir, wie wichtig es sei, Verstorbenen das anzuziehen, was sie mochten, was sie ausmachte und was sie benötigten, damit eine Entfremdung der Hinterbliebenen gegenüber dem Toten gar nicht erst entstehen würde. Im Fall von Thomas gehörte dazu eben auch die Brille.

»Wir haben das Abschiednehmen verlernt. Und damit meine ich nicht die Beerdigung, sondern das offene Aufbahren der Toten«, sagte Nicole. »Früher ist man zu Hause gestorben, in der Mitte der Familie. Die kümmerte sich dann um alles. Heute stirbt man vor allem im Krankenhaus oder im Altenheim, und da gibt es nicht die Möglichkeit, einen Toten achtundvierzig Stunden liegen zu lassen, um sich zu verabschieden.«

Ich wollte mehr darüber wissen. Wie starb man denn in Zeiten, als es den Beruf des Bestatters noch gar nicht gab? Nicole Rinder erzählte mir, dass es Leichenfrauen gab, die ins Haus der Familie kamen, um den Verstorbenen zu waschen und anzuziehen. »Es waren oftmals die Nachbarn, die den Sarg aus dem Haus trugen, die ihn in die Erde ließen. Irgendwann wurde der Sarg dann von einem Schreiner gebaut, und man dachte sich, dass er das Sterbehemd und die Sarggarnitur gleich dazuverkaufen konnte.« Daraus entwickelte sich dann erst der Beruf des Bestatters. Das Sterben wurde aus der Hand gegeben, alles lief plötzlich schneller ab, und die Angst, einen Toten zu sehen, wuchs.

Unsere Gesellschaft hatte früher also tatsächlich weniger Berührungsängste mit dem Thema, als es heute der Fall ist. Der Tod wurde vom Leben getrennt, gestorben wird nicht mehr umringt von der eigenen Familie, sondern oftmals klinisch und einsam.

Er ist das Normalste, was uns passiert, weil er unausweichlich ist, und doch ignorieren wie ihn, so gut es geht. Oder ihm wird ein Leben lang der Kampf angesagt. Wenn heute jemand überraschend stirbt, stecken ihm nahestehende Menschen oft – manchmal für immer – in unbegreiflicher Trauer fest. Weil die wenigsten sie tatsächlich aufarbeiten. Sich die nötige Zeit nehmen, eventuell Hilfe von außen beanspruchen. Nach einem Tod im nahen Umfeld muss so vieles geregelt werden, Trauernde müssen erstmal funktionieren. Und wie oft kehren Hinterbliebene direkt nach der Beerdigung an den Arbeitsplatz zurück? Sterben macht Angst. Sich dem Leben wieder schnell zuzuwenden ist einfacher, als sich ernsthaft mit dem Verlust auseinanderzusetzen.

Wenn man in einer Gesellschaft aufwächst, in der die durchschnittliche Lebenserwartung höher ist als je zuvor und in der die meisten Menschen sich selbst verwirklichen können, schmerzt es natürlich zu wissen, dass etwas wie der Verlust anderer nicht kontrollierbar ist. Für mich war das lange schwer zu akzeptieren.

Als vor einigen Jahren mein Freund das erste Mal in meiner damaligen Wohnung zu Besuch war, zog er einen Ausschnitt aus einer Zeitung aus meinem Zeitungsständer, auf dem ein großes Bild von mir abgedruckt war. Ich erzählte ihm, dass der Artikel über meine Arbeit als Schauspielerin erst vor ein paar Monaten in der Süddeutschen Zeitung veröffentlicht worden war und dass ich an dem Tag, an dem er erschien, mit der Zeitung in der Tram saß, hektisch die Seiten umblätterte und dann ein lautes Quieken von mir gab, als ich mir selbst in die Augen blickte. Mein Freund nahm meine Erzählung zur Kenntnis, studierte das Datum der Ausgabe und steckte den Artikel wieder weg. Er sagte nichts. Ich fand die Reaktion etwas distanziert, machte mir aber keine weiteren Gedanken darüber.

Eine Woche später erzählte er mir, dass an dem Tag, als ich glücklich in der Tram saß, sein bester Freund beerdigt wurde und er danach zwei Monate nach Kuba flog, um den Schmerz mit Mojitos und Zigarren zu betäuben. Ich saß damals sprachlos neben ihm. Wir waren Mitte zwanzig und erst seit zwei Wochen zusammen. Ich fragte mich, ob wir uns nicht früher hätten kennenlernen sollen, damit ich ihn durch diese Zeit hätte hindurchbegleiten können. Wir konnten nichts daran ändern. Doch jetzt saßen wir nebeneinander, blickten uns in die Augen, und das zählte letztlich. Dass ich da sein würde, in den dunklen Momenten, die noch kommen würden, am ersten Jahrestag und auch dann, wenn die Trauer sich transformierte in Dankbarkeit und Freude darüber, dass es die gemeinsame Zeit überhaupt gegeben hat. Obwohl ich selbst bis zu diesem Zeitpunkt niemanden verloren hatte, der mir so nahestand und in meinem Alter war, fand ich die Art und Weise, wie mein Partner damit umging, sehr inspirierend. Mutig und aufrichtig und so sanft. Mit allen Phasen, die dazugehörten, ohne gegen sie anzukämpfen, um sich dann letztendlich vollkommen hineinzuwerfen ins Leben. Oft stand ich lediglich daneben und beobachtete ihn dabei. Fragte mich, ob ich das auch könnte. Und war mir nie ganz sicher.

Nach dem Gespräch mit Nicole Rinder verließ ich die Büroräume von *AETAS*. Ich trat nach draußen, die Sonne schien, es war ein angenehmer Frühlingstag im April. Ich atmete tief durch, während mein Blick an einem Grüppchen schwarz gekleideter Menschen auf der anderen Straßenseite hängenblieb. Hinter ihnen befand sich der Eingang zum Westfriedhof. Gesenkte Köpfe, zwei von ihnen rauchten. Ein paar Augenblicke ruhte mein Blick auf der Gruppe, dann wandte ich mich ab und ging zur Tramhaltestelle. Meine Sorgen und Ängste waren noch immer da, auch wenn mich Nicole Rinder tief beeindruckt zurückgelassen hatte. Es schien mir jetzt unausweichlich, mich endlich dem Thema zu stellen. Nur wie? Wo sollte ich beginnen, mit wem wollte ich darüber sprechen und welche Erfahrungen würde ich machen müssen, um Antworten zu bekommen? Ich beschloss, das gesamte Thema für mich zu konkretisieren. Die Fragen, die ich mir seit Jahren stellte, waren: Konnte ich lernen, den Tod mehr in mein Leben zu lassen? Wie konnte ich mich darin üben, die permanent in mir pochende Angst, geliebte Menschen zu verlieren, zu verringern und besser mit ihr umzugehen?

Ich beschloss, zuerst Emma anzurufen. Denn Emma hatte vor einigen Jahren ihren Mann verloren.

Das Tolle an meiner Beziehung zu Emma war, und das wurde mir bei dem großen Thema Tod noch einmal deutlich bewusst, dass bei jedem unserer Gespräche eine radikale Ehrlichkeit herrschte. Weil Emma mir schon bei unserem ersten Telefonat

gesagt hatte, dass sie jemanden suchte, der ihre Geschichte auf-
schrieb, war mir natürlich bewusst, dass sie sie mir erzählen würde. Doch ich wusste auch durch meine Erfahrungen als Journa-
listin, dass der Wunsch, etwas zu erzählen, nicht automatisch
bedeutete, sich wirklich mitteilen zu können, wenn es dann so
weit war. Und das machte den Prozess des Gesprächs und
schließlich auch die Arbeit am Text zäh und mühsam.

Mit Emma war das ganz anders. Sie war für mich ein offenes
Buch, das nur darauf wartete, gelesen zu werden. Und deshalb
wusste ich auch, dass es in Ordnung war, zum Telefon zu greifen
und die Frage zu stellen, die ich anderen Menschen wahrscheinlich nie gestellt hätte: »Emma, wie war das eigentlich, als du deinen Mann verloren hast?«

Sie fragte mich, ob sie etwas ausholen dürfe, und dann begann
sie zu erzählen.

»Viele Jahre kam mein Mann Hans mit seinem Bein, das er
sich bei einem Unfall mehrfach gebrochen hatte, gut zurecht. Irgendwann versteifte sich jedoch sein Fußgelenk, dann hatte er
eine OP am Darm, dann kam eine Lungengeschichte hinzu,
schließlich saß er im Rollstuhl... es war eine endlose Leidens-
geschichte. Ich habe ihn lange gepflegt, bevor er gestorben ist.
Hans war sehr eigen, und niemand außer mir durfte ihn waschen.
Mein Sohn hat schließlich vorgeschlagen, dass ich mich im Fitnessstudio anmelde, um meine Arme, Beine und den Rücken zu
stärken. Mein Mann wog nämlich neunzig Kilo! Also bin ich
morgens ins Fitnessstudio und habe ihm immer einen kleinen
Liebesbrief hinterlassen. Wenn ich zurück war, haben wir ge-

meinsam gefrühstückt. Solange es ging, habe ich ihn im Rollstuhl an den Herd geschoben, wo er gekocht hat, damit ich mich um den Haushalt kümmern konnte. Wir haben alles versucht, um uns das Leben gegenseitig zu erleichtern.«

»Das ist ein unglaublich schönes Bild«, sagte ich.

Sie erzählte weiter. »Bis zu seinem letzten Atemzug habe ich ihn alleine versorgt. In den letzten Wochen hing er dann vierundzwanzig Stunden am Tag an einer Sauerstoffmaschine. Drei Tage vor seinem Tod hat er aufgehört zu essen, und der Arzt sagte mir, dass man ihn nicht dazu zwingen solle. Also trank er lediglich. Am Morgen des Todestages hatte ich das Gefühl, dass es nicht mehr lange gut gehen würde. Sein Körper zuckte, und ich konnte ihn nicht mehr beruhigen. Das Sterben hat sich lange hingezogen.«

Mit so einer Geschichte hatte ich nicht gerechnet, als ich Emma nach dem Sterbetag ihres Mannes fragte.

»Weil der Totenschein erst am späten Abend ausgestellt wurde, wollte der Bestatter meinen Mann nicht mehr abholen, also sagte der Arzt zu mir: ›Sie haben so viel geschafft. Zünden Sie ein paar Kerzen an, und freuen Sie sich, dass Sie ihn noch eine Nacht bei sich haben können, ganz in Ruhe.‹ Also habe ich Bilder und Kerzen aufgestellt, das Bett mit frischer Wäsche bezogen und ein Foto gemacht. Weißt du, erst vorgestern habe ich diese Bettwäsche zum ersten Mal seitdem wieder aufgezogen und das Gefühl gehabt, wieder selbst darin schlafen zu können.« Ich schwieg beklommen, also fügte Emma hinzu. »Ja, es war eine beruhigende Nacht für mich, und ich habe mich auch nicht so fremd gefühlt wie damals, als ich als kleines Kind die ganze Nacht am Sarg meines Pflegevaters saß.«

Ich seufzte.

»Aber das war ja nicht das erste Mal, dass ich Angst hatte, ihn zu verlieren. Du kennst die Geschichte rund um seinen Unfall noch nicht, oder? Da waren wir noch ganz jung …«

Monate zuvor hatte Emma den Unfall ihres Mannes erwähnt, nicht jedoch die Details.

»Ich war damals fünfundzwanzig und hochschwanger«, begann sie. »Hans wollte zu einem Klassentreffen und fragte mich, ob er den Firmenwagen der Schokoladenfabrik nutzen dürfe. Ich bat ihn, ein Taxi zu nehmen, darauf sagte er nur: ›Hast du kein Vertrauen zu mir?‹ Also gab ich ihm den Wagen. Als er nachts nicht nach Hause kam, hoffte ich, er würde bei einem Freund schlafen, weil er vielleicht doch etwas getrunken habe. Wir besaßen damals kein Telefon, musst du wissen, er konnte mir also nicht Bescheid geben. Am nächsten Morgen fuhr ich mit dem Taxi zur Arbeit.«

Emma erzählte, dass ein Freund ihres Mannes mit einem Mädchen angebandelt und deshalb Hans auf der Klassenfeier gebeten hatte, ihn mit dem Firmenwagen zu ihr zu fahren. Hans hatte sich überreden lassen – mit über 1,0 Promille im Blut. Als er einen Lastwagen auf regennassem Kopfsteinpflaster zu spät sah, fuhr er gegen einen Baum.

»Er brach sich dreifach das Bein. Sein Beifahrer hat den Aufprall nicht überlebt«, sagte Emma. »Von alledem erfuhr ich jedoch erst von meinem Chef, da der Wagen ja auf die Firma zugelassen war.«

Meine Finger flogen über die Tastatur, während ich ihr zuhörte. »Ich fuhr zu meiner Schwiegermutter und dann mit ihr ins Krankenhaus. Als Hans ansprechbar war, warf seine Mutter ihm vor, wie er uns allen das habe antun können, und riet mir im gleichen Atemzug, mich zu trennen. Ich packte sie am Arm und zog sie aus dem Zimmer. Ich sagte ihr: ›Wenn du deinem Sohn nichts anderes zu sagen hast, dann schweig lieber!‹

Als ich ihn da liegen sah, wusste ich, dass ich viel beten musste, damit er überlebte. Er hatte zwei Liter Blut verloren.«

Irgendwann fand ich meine Worte wieder. »Kannst du dich noch erinnern, wie es dir in der Unfallnacht ging? Du hattest ja keine Ahnung, warum er nicht heimkam, oder?«

Sie zögerte nicht, antwortete sofort: »Ich weiß noch alles bis ins letzte Detail. Ich habe in der Nacht etwas für unser Baby gestrickt. Und ob du es glaubst oder nicht, aber zum Zeitpunkt des Unfalls haben meine Hände angefangen zu zittern, und ich musste aufhören. Bereits da konnte ich die Befürchtung nicht abschütteln, dass irgendetwas nicht stimmte.« Ich musste an die Geschichte eines Mannes denken, die ich kurz zuvor gelesen hatte. Er schilderte den Verlust seiner Tochter, die bei einem Autounfall im Urlaub ums Leben gekommen war. Zum Zeitpunkt des Geschehens war er aus dem Schlaf hochgeschreckt und hatte von da an nicht mehr einschlafen können.«

»Wie ging es dann weiter für euch? Du hast Hans ja glücklicherweise in der Nacht nicht verloren.«

Emma überlegte einen Moment. »Kurze Zeit später wurde ich für meine Entbindung ins gleiche Krankenhaus eingeliefert. Eigentlich durfte ich ihn nicht besuchen, aber am Tag nach der Geburt schlich ich mich auf seine Etage und zeigte ihm seinen Sohn.« Hörbares Schmunzeln an beiden Enden der Leitung. »Damals musste man noch lange nach der Entbindung im Krankenhaus bleiben, doch ich hatte von einer Freundin in Schweden gehört, dass das dort viel schneller ablief, also dachte ich mir: Wenn die das können, kann ich das auch. Also entließ ich mich nach fünf Tagen selbst und saß dann alleine mit unserem Baby zu Hause, während mein Mann sich langsam erholte.«

Meine Bewunderung für Emma wuchs bei dieser Geschichte noch mal ein ganzes Stück. Ich fand kaum Worte für das, was ich ihr sagen, und das, was ich sie noch fragen wollte. Und es stimmte mich traurig zu wissen, dass ihr damals kaum jemand unter die Arme hatte greifen können – oder sie einfach mal auffangen. Umarmen. Für sie da sein, damit sie nicht immer ins Kostüm der Starken schlüpfen musste.

Nach einer Weile fügte sie hinzu: »Ich muss sagen, dass meine Angst, ihn zu verlieren, geringer war als meine Angst, vielleicht alles alleine bewältigen zu müssen. Mit dem Baby. Ich hatte ja keine Zeit, den Unfall zu verarbeiten. Ich hatte nie in meinem Leben die Ruhe, irgendetwas zu verarbeiten.«

Ich sagte nichts. Ich schrieb ihre Sätze auf und ließ sie so stehen. Der Cursor blinkte, und Emma sagte: »Du kannst dir vorstellen, dass die Geschichte um den Unfall noch weiterging. Er hatte ja getrunken, und sein Freund hatte den Aufprall nicht überlebt. Aber das erzähle ich dir ein andermal.«

Nachdem ich Emmas Lebensgeschichten hatte sacken lassen, versuchte ich, meine eigenen Emotionen unter Kontrolle zu bekommen. Ich sagte mir: »Rational betrachtet ist die Angst vor dem Tod vollkommen sinnlos. Er ereilt uns alle, ich fürchte mich also vor etwas, das unausweichlich ist. Damit wird meine Angst zu purer Zeit- und Energieverschwendung, sie erfüllt nicht mal den archaischen Zweck, mich zu schützen oder vor einer unmittelbaren Gefahr zu warnen. Alles, was sie tut, ist, mich an Gelassenheit zu hindern. Nüchtern betrachtet macht sie also keinen Sinn, vielmehr sollte ich verstehen lernen, dass ich wenig Einfluss auf mein eigenes Sterbedatum nehmen kann – und auf das anderer überhaupt keinen.« Ich beschloss, mein nächstes Gespräch zu diesem Thema mit jemandem zu führen, der den Tod ganz sachlich anging.

»**Meinen Beruf kann** ich nicht von meinem Leben trennen, er reicht bis ins Private hinein«, antwortete Professor Graw, Leiter der Münchner Rechtsmedizin, auf meine Frage, ob so eine Trennung möglich sei oder nicht. »Ich habe gelernt, den Moment zu genießen, denn kein Mensch weiß, was morgen passiert. Schließlich habe ich mit so vielen plötzlichen Todesfällen zu tun, die auch innerhalb der eigenen Wohnung passieren.«

Ich saß auf meiner Bettkante und stellte mir den Mann an der anderen Leitung vor, wie er hinter einem großen Schreibtisch saß und versuchte, meine emotionalen Fragen zu beantworten.

»Haben Sie durch Ihre Arbeit die Angst vor dem Tod verloren?«

»Der Tod im privaten Umfeld verändert sich nicht durch meine Arbeit. Wenn ein Freund stirbt, ist man immer persönlich betroffen. Doch in meinem Beruf liegt nichts Emotionales.«

Das war verständlich. Auf andere Weise war es wohl kaum machbar, Rechtsmediziner zu sein.

Ich bedankte mich für das Gespräch, legte auf und dachte nach. So klar Professor Graw sprechen und kategorisieren konnte, so verworren und wackelig waren meine eigenen Emotionen. Der Mensch war, um das Leben etwas spannender zu gestalten und den Unterhaltungswert zu garantieren, mit so vielen Empfindungen ausgestattet, dass es zumindest mir persönlich unwahrscheinlich schwer erschien, den Tod auf rationale Weise zu erfassen. Und würde das wirklich funktionieren? Wenn man den Tod und alles, was mit ihm zusammenhing, wirklich bewusst wahrnehmen und als etwas kategorisieren könnte, das schlichtweg zum Leben dazugehörte, dann wäre das Sterben nicht so ein Tabuthema. Dann würden wir über den Tod genauso reden wie über die Geburt: Anfang und Ende. Auf beides haben wir keinen Einfluss, es passiert einfach, und, Überraschung, es wird weiterhin passieren. Menschen werden geboren, Menschen werden sterben. Beides ein Wunder. Eigentlich.

Ich suchte online nach einer evangelischen Pfarrerin, die ich um einen Austausch zum Thema Tod bitten wollte. Schnell entschied ich mich für eine sympathisch wirkende Frau, schrieb ihr eine E-Mail und bekam noch am selben Tag eine Antwort von ihr, die genau so begann:

»Liebe Frau Landsteiner,
ja, warum nicht?«

Sie schrieb mir, dass sie zum jetzigen Zeitpunkt keine Angst vor dem Tod habe, jedoch davor, andere zu verlieren. Eine universelle Angst. Eine, die mir sehr bekannt vorkam.

Die Pfarrerin schlug vor, dass ich sie bei ihrer nächsten Beerdigung begleiten solle, vorausgesetzt, ich war spontan, denn, nun ja, Beerdigungen kamen schnell ums Eck. Ich sagte zu. Und befand mich in der kuriosen Situation, auf den Tod eines fremden Menschen zu warten.

Doch der Tod machte sich rar. Nach fünf Wochen schrieb sie mir, dass es seit unserem E-Mail-Austausch nicht eine Beerdigung gegeben habe, und ich wusste nicht, was ich darauf antworten sollte, also sagte ich: »Von außen betrachtet ist das doch recht erfreulich.« Sie sagte mir, dass ihre Vikarin demnächst eine Urnentrauerfeier von Amts wegen halten würde, die nur rund fünf bis zehn Minuten dauerte. Ob ich trotzdem Interesse hätte? Ich sagte erneut zu.

Es war bereits am Morgen irrsinnig heiß, als ich mich auf den Weg zum Ostfriedhof machte. Vor der Trauerhalle wartete ich auf die junge Vikarin Julia Sollinger. Kurz bevor wir uns begrüßen konnten, sprachen vier ältere Frauen die Vikarin auf die bevorstehende Trauerfeier an. Ein paar Minuten später kam Julia zu mir, bot mir gleich das Du an und sagte: »Nun ist das passiert, wovon selten auszugehen ist. Es sind doch noch Freunde des Verstorbenen gekommen, also wird es eine kurze Ansprache geben.« Ich nickte. Die Vikarin ging hinein, um sich umzuziehen, die vier Frauen betraten die Trauerhalle, und ich ging hinter ihnen her und setzte mich in die letzte Reihe.

Erst einmal zuvor hatte ich die Trauerfeier eines mir unbekannten Menschen besucht. Vor über zehn Jahren, als der Vater einer Schulfreundin starb. Obwohl ich ihn nicht kannte, war das damals eine sehr emotionale Erfahrung für mich, weil ich zwar nicht den Verlust, jedoch den Schmerz meiner Freundin teilte. Hier, in der Trauerhalle des Münchner Krematoriums, kannte ich niemanden. Nicht den Verstorbenen, nicht die vier Frauen in der ersten Reihe, nicht den Mann, der die Tür schloss, die Musik einspielte und dann sein Handy aus der Tasche zog. Und trotzdem legte sich während dieser fünfzehnminütigen Andacht eine gewisse Schwere um mich. Der Tod war hier. Er hatte Platz genommen, und ich spürte ihn. Er war präsenter als der Verstorbene selbst, dessen Asche sich in der Urne auf einer Stele befand.

Wenn die vier Frauen nicht gekommen wären, hätte es gar keine Worte zu dem Mann gegeben. Eine Trauerfeier von Amts wegen bedeutet, dass der Verstorbene keine Familie mehr hat, die eine Bestattung übernimmt oder die Angehörigen sie nicht ausrichten können oder wollen. Also übernimmt der Staat. Und das heißt wiederum: Nur das Nötigste wird getan.

Beim Sterben ist jeder allein, dachte ich mir, als ich die Urne betrachtete. Und auch diese Geschichte konnte jemanden ereilen: von niemandem verabschiedet zu werden.

Nach der Trauerfeier setzten Julia Sollinger und ich uns auf eine Bank im Schatten. Der Ostfriedhof strahlte an diesem Morgen eine angenehme Ruhe aus, die guttat abseits der lauten Stadt, die sich unter einer Hitzewelle bog. Dreißig Hektar Gelände, gehegt und gepflegt, mit majestätischen Bäumen, die schöne Alleen bildeten. Dazwischen Platz für knapp fünfunddreißigtausend Grabstätten. Angesichts dieser Zahlen konnte ich kaum glauben, wie wohl ich mich hier fühlte.

Julia zündete sich eine Zigarette an, und ich fragte sie, warum sie Pfarrerin werden wollte. Sie lächelte. Ehrlich und aufrichtig. »Ich mag Gott, und ich mag Menschen. Ich höre mir gerne ihre Geschichten an, und für das alles werde ich auch noch bezahlt.« Sie zuckte die Achseln. *Ich kann einfach nicht anders.*

Ich ging die Fragen in meinem Notizbuch durch. »Glaubst du an ein Leben nach dem Tod?«

»Kürzlich habe ich mich mit einem Freund darüber unterhalten, und er meinte: Was wäre, wenn unsere Wünsche und Sehnsüchte einfach wahr werden im Leben danach?« Sie hielt inne, und ich ließ den Gedanken auf mich wirken, und überlegte, was das für mich bedeuten würde. »Ich glaube, da kommt was richtig Gutes.« Wir redeten nicht über das im christlichen Glauben verankerte Jenseits oder gar das Fegefeuer, sondern über die Möglichkeit, dass irgendetwas weitergehen würde. Und darin sogar etwas Schönes liegen könnte. Für jeden Menschen.

Julia Sollinger ist unkonventionell. Und sie ist eine der authentischsten Personen, die ich in den letzten Jahren kennengelernt habe. Sie hat Überzeugungen, die mit dem Institut Kirche nicht immer Hand in Hand gehen. Und sie wagt den Blick über den Tellerrand, denn sie findet die Trauerkulturen anderer Länder genauso spannend wie ich.

»Für mich ist das Vergleichen mit anderen Kulturen wie das Lernen aus einem kollektiven Menschheitsgedächtnis heraus. Wir sitzen schließlich alle im selben Boot.«

Sie lächelte mich an. »Warum beschäftigt dich das Thema so, dass du darüber schreibst?«, fragte sie mich schließlich, und da sprudelte es aus mir heraus. Sie ließ mich reden, dann sagte sie: »Du betreibst also präventive Trauerarbeit.« Ich überlegte einen Moment. Sie hatte vollkommen recht. Genau das war es. Ich wollte die Angst vor dem Tod verlieren, bevor der Tod auch in mein Leben Einzug halten würde.

»Wobei ich sagen muss«, fügte ich hinzu, »dass meine Angst sich vor allem darauf beschränkt, andere zu verlieren. Das ist sehr egoistisch. Und auch sehr irdisch, denn eine Angst vor meinem eigenen Tod und dem, was danach kommt, habe ich weniger. Also sollte ich sie doch in den Griff bekommen. Was irdisch ist, ist klein.« Wir schwiegen wieder, und das war richtig schön. Mit Julia Sollinger war es möglich, ein so schweres Thema erfrischend leicht und ohne Umschweife anzusprechen. Wir schlugen verschiedene Themen an, tauchten in andere Glaubenssätze und Vorstellungen ein, redeten über verstorbene Ahnen und wie schön die Vorstellung doch war, sich einzureihen, mit anderen verbunden zu sein und darin einen eigenen Platz zu finden.

»Wie funktioniert es für dich, dass du diese weltoffenen Ansichten hast und gleichzeitig für so eine konventionelle Einrichtung wie die Kirche arbeitest?«

Sie lachte laut. »Es ist wichtig, seine eigene Meinung zu kennen, um die von anderen stehen lassen zu können. Meine Meinung ist privat.« Ich nickte. Dem hatte ich nichts mehr hinzuzufügen. Als wir uns verabschiedeten, sagte ich: »Eine letzte Frage, Julia. Was ist denn deine Lieblingsstelle aus der Bibel in Bezug auf das Sterben?«

Sie zögerte keinen Moment. »Lasst uns essen und trinken, denn morgen sind wir tot.«

Das Gespräch mit der jungen Vikarin hallte noch lange in mir nach. Im Anschluss spazierte ich noch durch den Ostfriedhof und freute mich über die älteren Menschen, die vereinzelt auf den schattigen Parkbänken saßen und in Bücher oder Magazine vertieft waren. Sie nutzten den Friedhof als Park und machten den Tod so zum Teil ihres Lebens. Selten hatte ich mich in den vorhergehenden Wochen so ruhig und geerdet gefühlt wie an diesem Vormittag im Ostfriedhof.

Ich lief durch den Park und dachte über meine bisherigen Erkenntnisse nach. Hatte ich bereits einen Fortschritt gemacht, ging es mir schon besser mit dem Thema? Ich wusste nun, dass ich mit meinen Ängsten nicht alleine war. Das schaltete zwar mein emotionales Karussell einen Gang runter, half mir auf lange Sicht jedoch nicht weiter. Wie auch? Lediglich zu wissen, mit einer Empfindung nicht alleine zu sein, lässt die Empfindung nicht verschwinden – so funktioniert es leider nicht, weder mit Liebeskummer noch mit dem Sterben. Schön wäre das aber schon.

Weil ich mit Julia Sollinger über die Trauerkulturen in anderen Ländern gesprochen hatte, kam mir der Gedanke, dass manche meiner Fragen vielleicht nicht in Deutschland, sondern ganz woanders beantwortet werden konnten. Dort, wo das Sterben wahrhaftig ein Teil des Lebens war. Weil ich jedoch dem Tod nicht einmal um die ganze Welt hinterherfliegen wollte, fing ich an, mich um den Globus zu lesen. Und landete als Erstes in Indonesien.

Im Landesinneren von Sulawesi spielt sich ein einzigartiger Totenkult ab. Die Einwohner von Torajaland bahren die Verstorbenen Wochen, Monate oder Jahre in den eigenen vier Wänden auf. Perfekt einbalsamiert, versteht sich. Sie bleiben vorerst Teil der Familie, und wer zu Hause ist, gilt nicht als tot, sondern lediglich als krank. Oma Ilse könnte also zwei Monate einbalsamiert im Wohnzimmer sitzen, man würde weiterhin mit ihr Fotos machen, ihr Essen und Trinken bereitstellen, sie umziehen und ihr eine Geschichte erzählen. Aber warum?

In vielen Fällen hat Geld in Indonesien einen großen Einfluss auf den Zeitpunkt der Beisetzung, denn sie ist meist sehr kostspielig. Gestorben wird also erst, wenn das Geld dafür reicht. Wichtig ist vor allem das Opfern eines Büffels, der gilt nämlich als unverzichtbarer Gefährte für den Weg nach Puya, dem Reich der Toten. Es darf dem Verstorbenen auf der anderen Seite an nichts fehlen, doch die oftmals kostbaren Opfergaben müssen erst finanziert werden, und so lange und manchmal auch viel länger verbleibt der Verstorbene unter den Lebenden.

Als ich über die Rituale der Toraja las, war ich überwältigt von den Bildern, die sich vor meinen Augen abspielten. Unsere Gesellschaft neigt dazu, schnell zu bewerten, vor allem das, was fremd und andersartig erscheint. Ich war mir bei meiner Recherche schon bald sicher, dass meine Erzählungen von den Totenritualen verschiedener Urvölker mir viele gerümpfte Nasen einbringen würden. Viel zu stark sind wir in dem Glauben verwurzelt, dass das Gewohnte richtig ist, was uns andere Möglichkeiten oftmals von vorneherein ausschließen lässt. Ein natürlicher Schutzmechanismus, der sich jedoch oftmals als Überheblichkeit äußert. Nach einunddreißig Jahren Leben in dieser Gesellschaft, die sich von der indonesischen komplett unterscheidet, konnte ich sicher sagen, dass ich es befremdlich und beunruhigend finden würde, meinen verstorbenen Freund oder meine verstorbene Mutter jahrelang im eigenen Haus zu wissen. Ihre körperliche Anwesenheit würde mir den Abschied nicht erleichtern. Doch mir gefiel es zu erfahren, dass es eben auch ganz andere Möglichkeiten, ganz andere Herangehensweisen gab, dem Tod gegenüberzutreten. Denn ihn totzuschweigen und mit meinen Ängsten alleine durchs Leben zu gehen hatte mich bisher nicht weitergebracht. Und wenn ich etwas auf Reisen gelernt hatte, dann, mich von anderen Kulturen inspirieren zu lassen – und dass ein Richtungswechsel manchmal die beste Entscheidung ist.

Von Indonesien ging es weiter nach Mexiko, zum *Dios de los Muertos*, dem Tag der Toten. Dieser Totentag fällt auf das christliche Allerheiligen, den ersten November, der lange der dunkelste Tag des Jahres für mich war, weil ich an diesem Abend immer an der Grabstätte meiner Familie stehen musste. Ich fror fürchterlich, war umgeben von schwarz gekleideten Menschen in gebückter Haltung, während die Worte eines Pfarrers, die ich nie verstand, durch den Nebel waberten und eine unglaubliche Schwere auf meinen Kinderschultern lag. Es war der traurigste und furchteinflößendste Tag des Jahres für mich. Das Sterben an sich kam mir schrecklich genug vor, aber die Verstorbenen zu ehren ist in unserer Kultur eine so immens freudlose Angelegenheit, dass ich meine heutige Angst in einem neuen Licht sah, als ich Allerheiligen mit dem Días de los Muertos verglich.

Bei meiner Recherche lernte ich, dass es sich bei dieser Fiesta um viel mehr handelt als eine alkoholträchtige Feier in bizarren Skelett- und Totenkostümen. Das Fest der Toten erstreckt sich nämlich über drei Tage, und im Mittelpunkt steht das Warten auf die Rückkehr der Verstorbenen. Nicht die ihrer Körper, sondern die ihrer Seelen. Hierfür bauen die Mexikaner große Altäre in ihren Häusern auf, schmücken sie opulent mit Blumen und richten darauf Essen an, das tagelang vorbereitet wird. Und dann warten sie. Während die Rückkehr der Toten herbeigesehnt wird, bevor man sie nach drei Tagen wieder verabschiedet, wird nachts auf den geschmückten Gräbern der Friedhöfe getanzt. Warum? Der Tod wird ausgelacht, sagen die Mexikaner, das soll die Sache mit dem Sterben einfacher machen. Und während ich der Idee, dem Tod ins Gesicht zu lachen, skeptisch gegenüberstand, las ich in einem Artikel von Octavio Paz genau das, was ich ebenfalls glaubte: »Eine Kultur, die den Tod verleugnet, verleugnet auch das Leben.«

Immer mehr überkam mich das Gefühl, dass Kulturen, die sich zu Lebzeiten intensiv mit dem Tod beschäftigten, besser mit ihm umgehen konnten. Egal, ob sie ihn letztendlich auslachten oder fürchteten oder beides.

Unglaublich spannend fand ich einen Aspekt des Dios de los Muertos, der mir bislang nicht bekannt gewesen war: Es wird weniger das Sterbedatum der Toten gefeiert als vielmehr ihr Geburtstag. Mich faszinierte, wie die Mexikaner dadurch den Anfang und das Ende kombinierten. Natürlich wird getrauert. Aber es wird eben auch getanzt, gelacht, gegessen – und richtig gefeiert.

Emma hatte ihre ganz eigene Meinung zu Gräbern und wie die Grabpflege für Hinterbliebene geregelt werden sollte: »Viele junge Leute ziehen in eine andere Gegend oder sogar ins Ausland. Wieso haben die Alten das Recht, Hinterbliebenen eine Aufgabe zu übertragen, die zeitraubend ist? Trauern kann man meines Erachtens sowieso nur mit dem Herzen«, sagte sie zu mir, als wir eines Tages über Friedhöfe sprachen. »Ich habe entschieden, dass ich verbrannt und anonym beigesetzt werde, genauso wie mein Mann. Meinem Sohn wird dann vom Institut der Urnenplatz gezeigt.« Als ich Emma zuhörte, stellte ich fest, dass ich mir zum Thema Friedhof oder gar Grabpflege selten Gedanken gemacht hatte. Außer, dass mir die Friedhöfe, die ich noch aus meiner Kindheit kannte, immer befremdlich und dunkel vorkamen.

»Um meinen Mann trauere ich in meiner Wohnung, wenn ich vor einem seiner Bilder stehe«, fuhr Emma fort. »Dort stört mich niemand, während ich auf dem Friedhof schon mal angesprochen werde. Mein Fazit zum Trauern ist also, dass es jeder so machen soll, wie es ihm guttut, und sich davon lösen muss, was andere von ihm erwarten.«

Das sah ich genauso. Trauer hat viele Gesichter, und es ist keine gute Idee, sie in eine einzige Maske gießen zu wollen.

Schließlich traute ich mich, Emma zu fragen, ob sie Angst vor ihrem eigenen Tod hatte.

»Ein klares Nein«, lautete ihre schnelle Antwort. »Ich wünsche mir zwar, dass ich noch lange am Leben teilhaben darf, und darunter verstehe ich, nach Möglichkeit ohne fremde Hilfe zurechtzukommen. Aber natürlich bin ich darauf vorbereitet, dass es zu weiteren Einschränkungen kommen wird. Wenn man das wirklich verinnerlicht hat, muss man eigentlich keine Angst haben.« Ich wünschte mir, dass sie noch lange leben würde.

»Aber jetzt muss ich erstmal zu meinem Knochenbrecher.«

Ich lachte. »Eins nach dem anderen, Tag für Tag«, sagte ich zu ihr.

»Ja. Das muss ich noch lernen«, antwortete sie, und ich konnte nicht anders, als über diese Bemerkung voller Anerkennung zu staunen.

⧗

Mittlerweile hatte ich mich über Wochen hinweg mit dem Tod beschäftigt und stellte rückblickend zwei wesentliche Dinge für mich fest. Erstens, es tat mir generell gut, mich endlich aktiv mit dem Thema auseinanderzusetzen. Zweitens, die Gespräche hatten mir geholfen, einen klareren Kopf zu bekommen. Was nun jedoch fehlte, war, dass auch mein Herz hinterherkam, denn das war wichtig, um meine Verlustangst besser in den Griff zu bekommen.

Ich kam zu dem Entschluss, dass ich weniger reden, lesen und recherchieren, sondern mehr spüren wollte, um mich dem Thema auf eine ganz andere Weise zu nähern. Ich musste ihn spüren. Ich musste den Tod in mein Leben lassen.

Dafür gab es einen geeigneten Ort auf der Welt, der mich gleichermaßen anzog wie abstieß. Er faszinierte mich, und zeitgleich fürchtete ich mich vor ihm. Weil ich jedoch für eine ganz andere Herausforderung in das gleiche Land fliegen würde, nahm ich die Gelegenheit wahr, mich dem Ort zu stellen. Ich wusste, dass ich den Tod vor allem dort erleben und vielleicht auch nur da einen Teil meiner Angst loslassen und verabschieden konnte.

Rauch lag in der Luft. Der Duft von Salbei, von aufgekochten Gewürzen in heißer Milch, von Fett. Der Tuk-Tuk-Fahrer hatte den Mund voll rotem Gutka, Kautabak. Er spuckte während der Fahrt auf die Straße, ich sah weg.

Zwanzig Minuten dauerte die Fahrt durch die engen Gassen einer vollkommen überfüllten und lebendigen Großstadt.

Varanasi ist heilig. Für gläubige Hindus ist sie die bedeutendste Stadt Indiens. An den Ghats, den Stufen entlang des heiligen Ganges, werden seit Jahrtausenden die Toten verbrannt und dann ihre Asche dem Wasser übergeben. In Varanasi umarmt das Leben den Tod. Hier sind Tote, die üppig geschmückt auf Holzbahren durch die Straßen zum Wasser getragen werden, ein alltäglicher Anblick. Wer spüren möchte, wie es sich anfühlt, dem Tod auf würdige und friedvolle Weise zu begegnen, ist in Varanasi am richtigen Ort. Und genau das hatte ich getan.

Ich bezahlte den Tuk-Tuk-Fahrer, der mich in der Nähe eines Ghats absetzte. Drei Jahre war es nun her, dass ich das letzte Mal in Indien gewesen war. Das Land, das mich am meisten beeindruckt, berührt, geschockt und geformt hatte. Nirgendwo sonst auf der Welt fühlte ich mich so ausgeglichen und von Einheimischen so willkommen wie hier.

Nachdem ich in einem Café gefrühstückt hatte, lief ich durch eine Gasse zu den Stufen, die hinab zum heiligen Fluss führten. Es war später Vormittag, und obwohl die Stadt bereits in dem für sie typischen Chaos und Lärm versank, herrschte hier entlang der Ghats absolute Ruhe. Meditative Stille.

Der Ganges, Mutter Ganges, wie die Hindus sagen, ist heilig. In Varanasi wird nicht nur die Asche der Toten dem Wasser übergeben, die Menschen nutzen den Fluss auch, um sich selbst rein-zuwaschen, innen wie außen.

Als ich entlang der Ghats spazieren ging, beobachtete ich im-mer wieder Menschengruppen, die im Wasser standen und die-sem heiligen Ritual nachgingen. Obwohl der Ganges gerade auf Höhe dieser Stadt immens verschmutzt ist, wird er im Glauben des Hinduismus als rein und heilig verehrt. Der Wert der Co-li-Bakterien im Ganges übersteigt jedoch den gerade noch un-bedenklichen um das 3000-fache. Etwas, das mein Verstand kaum begreifen konnte, etwas, das mir das Herz brach, lebe ich doch in einer Stadt, die über das beste Leitungswasser Europas verfügt und dessen Stadtfluss Trinkwasserqualität hat.

Der Glaube ist im Leben der Hindus stark verwurzelt. Überall sah ich Abbildungen der Götter Shiva, Vishnu und Ganesha, die eine heilige Dreifaltigkeit bilden. Es gab unzählige Tempel, über-all hörte man das Singen heiliger Lieder, der Geruch von Räu-cherstäbchen, vor allem jedoch Weihrauch und Salbei hing in der Luft. Zur Begrüßung faltete man die Hände vor der Brust und sagte »Namaste«, was übersetzt so viel heißt wie: Das Gött-liche in mir grüßt das Göttliche in dir. Ich hole so weit aus, um deutlich zu machen, wie tief der Glaube in Indiens Gesellschaft und über alle Kasten hinweg verwurzelt ist. Und warum es gera-de in Varanasi so normal ist, an den Ghats des Ganges das Leben durch rituelle Waschungen und heilige Zeremonien zu spüren, aber auch den Tod, durch das Verbrennen der Körper und die demütige Ehrung der Verstorbenen.

Am ersten Verbrennungsghat, das ich erreichte, sprach mich ein schmächtiger Inder in meinem Alter an. Er stellte sich als Raj vor und schob sofort hinterher, dass er kein Geld wolle. »Ich erkläre gerne alles, was hier vor sich geht«, sagte er zu mir, und ich nickte. »Mir ist bewusst, dass Geld ein Teil des Lebens ist. Aber ich nehme keins für mein Ehrenamt. Geld hat an heiligen Orten keinen Platz.« Raj gehörte mit seiner ehrenhaften Einstellung einer seltenen Spezies an. Gerade in Indien war es oftmals gang und gäbe, ein paar Rupien für die allerkleinsten Gefälligkeiten zu verlangen.

Raj begleitete mich und erzählte mir, dass das größte Glück für einen Hindu darin bestand, in Varanasi zu sterben, da man dadurch den Kreislauf der Wiedergeburt unterbrach. Moksha nennt man das, Erlösung. Deshalb gibt es in Varanasi extrem viele Unterkünfte, viele davon auf das Sterben ausgelegt: Gläubige, die ahnen, dass es Zeit ist zu gehen, machen sich auf die Reise in die Heilige Stadt und mieten sich ein Zimmer mit einem Bett. Ein aktives Ja zum Sterben, dachte ich mir. So viel Kraft, Demut und Vertrauen, nicht nur dem Tod gegenüber, sondern vor allem dem Leben.

»Wer nicht hier stirbt, möchte zumindest hier verbrannt werden. Diesen Wunsch erfüllen die nächsten Angehörigen«, sagte Raj, und wir blickten gemeinsam auf ein kleines Feuer, das einige Meter entfernt brannte. Ich konnte weder einen Leichnam darin erkennen noch den Geruch verbrannten Fleisches ausmachen. Das Feuer musste schon sehr lange brennen und der Prozess der Kremierung fast vorbei sein.

»Und was passiert dann? Wenn der Tote hier ist?« Asche flog über uns hinweg, sie legte sich auf mein Haar und meine Kleidung. Raj bemerkte das und bat mich, einen Schritt zur Seite zu treten. »Alte Menschen werden in goldene, Frauen in orangefarbene und Kinder in weiße Tücher gehüllt und dann auf einer Bahre zu den Ghats getragen. Die Familie muss das Feuerholz zahlen, ungefähr zweihundertfünfzig Kilogramm werden benötigt. Die männlichen Angehörigen rasieren sich das Haar ab und auch den Bart, als Zeichen von Trauer entsagen sie körperlicher Schönheit. Der Leichnam wird erst mitsamt der Bahre mehrmals im Wasser untergetaucht und schließlich zurück zu den Stufen gebracht. Erst dann wird das Feuer vom ältesten Sohn umrundet und schließlich entzündet.«

»Wo sind die Frauen?«, fragte ich.

Raj lächelte. »Sie bleiben im Hintergrund, weil sie zum Weinen neigen. Die Tränen machen den Toten unglücklich und dadurch ist es schwieriger für ihn zu gehen.«

Ich strauchelte. »Bist du denn nicht traurig, wenn jemand stirbt, der dir nahesteht?«

»Ich bin sehr traurig. Das ist vollkommen normal. Aber ich weine nicht.«

Ich wandte meinen Blick von Raj ab und ließ ihn über die Gesichter der Menschen um mich herumwandern. Viele saßen hier einfach, nutzten die Ghats als Promenade, hatten keine direkte Verbindung zu dem, was hier geschah. Oder etwa doch? Woher konnte ich wissen, was die Menschen, die hier saßen, aufs Wasser schauten, sich unterhielten oder ein Brettspiel spielten, wirklich fühlten? Ich las absolut nichts in ihren Gesichtern. Und auch nicht in denen der kahlgeschorenen Männer, die in weiße Kleidung gehüllt waren und auf und ab gingen. Sie wirkten nicht emotionslos, aber auch nicht direkt traurig oder glücklich. Es war schwer, irgendetwas herauszulesen und zu deuten. Ich bedankte mich bei Raj und ging dann alleine weiter. Eine innere Ruhe begleitete mich dabei.

Am nächsten Tag stand ich um viertel vor fünf auf und fuhr zum Dashashwamedh-Ghat. Noch nie hatte ich so früh am Morgen so viele Menschen gesehen, denn am Ghat wimmelte es von Bootsfahrern, Sadhus, die als heilig gelten und sich einem streng religiösen und asketischen Leben verschrieben haben, Bettlern und vor allem Menschen, die zur morgendlichen Waschung kamen.

Ich stieg in ein altes Holzboot, das wenig später über den Ganges glitt und mir den Blick auf die von Menschen überfüllten Ghats, verfallende Paläste und die langsam erwachende Stadt im Hintergrund ermöglichte. Ich jedoch konzentrierte mich ganz auf die Wasseroberfläche, ich wartete nämlich darauf, irgendetwas zu sehen.

»Hüft- und Beckenknochen bleiben nach der Verbrennung übrig, sie werden dem Wasser übergeben«, hatte Raj gesagt, und das bekam ich jetzt nicht mehr aus dem Kopf. Doch das Wasser, trüb und dreckig und verseucht mit Bakterien, offenbarte nichts. Es schwappte leise vor sich hin, während eine glutrote Sonne über seiner Oberfläche aufging und die ganze unwirkliche Szenerie der Stadt in verwaschenes, pinkfarbenes Licht tauchte.

Als ich am Nachmittag erneut in dem Café saß, in dem ich ge-frühstückt hatte, gestand ich mir ein, dass ich wenig Veränderung in mir spürte. Mein fast schon wissenschaftliches Vorgehen, den Ablauf der Verbrennungen und den dahinterstehenden Glauben zu untersuchen, stand meinen Gefühlen und mir im Weg. Ich fühlte mich außen vor, beobachtete, was ich sah, fand jedoch keinen wirklichen Zugang. Es berührte mich, es berührte mich unheimlich, doch es änderte nichts in mir. Oder war ich einfach zu ungeduldig?

Ich bat den Besitzer des Cafés um einen Kontakt. Ich suchte jemanden, der in Varanasi aufgewachsen war und gut Englisch sprach. Chris, ein liebenswerter Mann, der seit sechzehn Jahren mit einer deutschen Frau liiert war, deutete auf die gegenüberliegende Straßenseite und sagte, dass sich dort ein Unternehmen befinde, dessen Tourguides ihre Sache gut machten. Ich bedankte mich bei ihm und buchte eine dreistündige Führung entlang der Pilgerroute der Ghats.

»Die allerletzte Verabschiedung soll keine traurige sein. Wir sind wahnsinnig traurig, wenn unser Bruder stirbt oder andere Angehörige, doch wenn wir das zeigen, wenn wir weinen und am Boden zerstört sind, halten wir ihre Seele fest. Die Trauer ist ein Teil unseres Lebens, doch der Tote hat sein Leben verloren, deshalb soll er damit nicht belastet werden. Vielmehr soll er gefeiert werden. Aber leicht ist das natürlich nicht.«

Ich saß mit Tati, meinem Tourguide, auf den Stufen und sah einer Verbrennungszeremonie zu. Der Rauch des Feuers mischte sich mit dem der Räucherstäbchen, die überall brannten. Aus allen Himmelsrichtungen hörte ich Trommeln und Gesänge, die Abendsonne legte sich über die Ghats. Wasserbüffel entstiegen dem Fluss und liefen direkt an mir vorbei, eine Ziege ließ sich neben mir nieder. Ich war wie in Trance.

Über zwei Stunden waren wir auf den Pilgerrouten entlang des Flusses gelaufen, hatten uns durch enge Gassen geschoben und hatten vor winzigen Tempeln gestanden, die ich ohne seine Hilfe übersehen hätte. Und nun saßen wir hier, und ich konnte die Verbrennungszeremonien auf mich wirken lassen.

»Siehst du den weißgekleideten Mann? Er ist ein naher Angehöriger. Er geht während der Kremierung die ganze Zeit auf und ab und setzt sich kein einziges Mal. Das tut er, um sich nicht in unnötigen Gedanken zu verstricken. Stattdessen versucht er, in Bewegung zu bleiben, um mit der Trauer umzugehen.«

Lange beobachtete ich den Mann und das Feuer. Die Atmosphäre war so friedlich, und die Zeit verstrich, ohne dass ich es merkte. Das Feuer hatte sicher schon lange vor unserer Ankunft gebrannt, denn es gab nichts mehr zu sehen außer den immer kleiner werdenden Flammen. Als ich irgendwann aufstand und mich umdrehte, entdeckte ich einige Stufen über mir eine Holzbahre, darauf ein in bunte Tücher eingehüllter Körper. Ich ging mit Tati weiter, und nur wenige Minuten später standen wir in Varanasis lebendigster Gasse, voll mit Verkaufsbuden, Restaurants, Tempeln und Straßenständen. Ich spürte, wie hier in Varanasi das Leben und der Tod untrennbar verknüpft waren.

Lange dachte ich über meine Erfahrungen am heiligen Fluss nach. Erst, als ich abgereist war und sich die vielen Eindrücke sortiert hatten, begann sich in mir etwas zu verändern. Ich machte ganz langsam einen Schritt in eine Richtung, die mir gefiel. Hin zu mehr Gelassenheit und weg von zu vielen Sorgen.

Etwas, das sich durch meinen Besuch in Varanasi verändert hatte, war, dass ich den Körper immer mehr als Hülle verstehen konnte. Denn wenn wir trauern, trauern wir nicht um schöne Augen, einen gut geschwungenen Schnurrbart, gepflegte Hände oder glänzendes Haar. Wir trauern um den Menschen im Körper, um seine Seele.

Heute denke ich, dass ein großer Teil meiner Angst auf der Vorstellung beruhte, einen vertrauten Körper, den ich mal umarmt und vielleicht geküsst habe, plötzlich kalt und steif unter der Erde zu wissen. Das passte in meinem Kopf einfach nicht zusammen, und das machte mir Angst. Aber, und auch das hatte mich Varanasi gelehrt: Wo ein Pol, da ein Gegenpol. Wo Licht, da auch Schatten. Und wo Trauer, da auch Freude, und beide durften gemeinsam tanzen. Es war in Ordnung, nicht schwarz gekleidet an einem Grab stehen zu wollen, es war okay, Fröhlichkeit zu verspüren, anstatt sich durch lähmende Trauer hindurchzubeißen, es war gut, an einem Tag zu weinen und am nächsten zu lachen. Vielleicht war es ein Schritt in die richtige Richtung, wenn ich lernte anzuerkennen, dass im Tod auch etwas Schönes liegen kann. Mehr Leben im Tod. Und mehr Tod im Leben.

Zuletzt entdeckte ich noch etwas, das sich als würdiger Abschluss meiner Reise ins Reich der Toten entpuppte:

Wenn nicht nur ich, sondern auch meine Freunde und Familie gesund altern wollten, dann mussten wir wohl gemeinsam in einen kleinen Ort namens Roseto im US-Bundesstaat Pennsylvania ziehen. Berühmtheit erlangte die italienisch-amerikanische Gemeinde, als Dr. Stewart Wolf Anfang der sechziger Jahre untersuchte, warum es in diesem Dorf so wenige Herzerkrankungen gab. Während im ganzen Land der Herzinfarkt vor allem bei Männern zu einer immer häufigeren Todesursache wurde, gab es in Roseto kaum jemanden, der an einer Herzkrankheit litt. Der Arzt begann zu forschen und stellte fest, dass auch die Zahl der Todesfälle aufgrund anderer Erkrankungen deutlich unter dem Landesdurchschnitt lag.

Was konnte diese Gemeinde besser als alle anderen im ganzen Land? Ernährten sie sich gesünder, tranken sie keinen Alkohol, trieben sie mehr Sport?

Nein, zumindest nicht unbedingt. Eine Sache hatten sie jedoch dem Rest der Welt voraus: Sie lebten in purer Harmonie. Innerhalb der Gemeinschaft gab es kein Streben nach sozialem Status, die Nachbarn gingen einem ähnlichen Lebensstil nach wie man selbst, oftmals wohnten mehrere Generationen unter einem Dach, alte Menschen wurden respektiert. Missgunst, Neid und vor allem Materialismus hatten keinen Platz. Folglich war Stress bei jedem Einzelnen kaum messbar und Kriminalität fast nicht existent.

Der Abenteurer Dan Buettner ging noch einen Schritt weiter und untersuchte auf dieser Grundlage, inwiefern wir es selbst in der Hand haben, lang und glücklich zu leben. Er bereiste die ganze Welt und fand vier Regionen, in denen Gemeinschaften ähnlich lebten wie in Roseto: auf der japanischen Halbinsel Okinawa, die costa-ricanische Halbinsel Nicoya (wo ich bereits war und nach vielen Pancakes am Morgen bestätigen kann, mich nicht gesünder ernährt zu haben, dafür umso glücklicher gewesen zu sein), ein Dorf auf Sardinien und die kalifornische Kleinstadt Loma Linda. Es waren kleine Gemeinden oder abgeschiedene Regionen, die diesen Zusammenhalt nicht nur aufbauten, sondern auch halten konnten.

Über den Roseto-Effekt zu lesen, machte mich glücklich. Davon zu wissen, entspannte mich sehr. Ich ließ die Vorstellung zu, mit den mir nahestehenden Menschen in meinem Leben alt werden zu dürfen. Niemanden zu früh verlieren zu müssen. Nicht, weil ich es mir nun einfach einredete, sondern, weil ich mittlerweile die Stärke in mir hatte, den positiven Gedanken zulassen zu können, dass eben genau das möglich war.

Seit rund zehn Jahren scherze ich mit meinen engsten Freunden darüber, im Seniorenalter eine Wohngemeinschaft zu gründen. Die Jahre vergingen, und der Scherz wurde zu einer greifbaren Idee, mittlerweile reift sie zum Plan. Ich persönlich sehe immer deutlicher ein Haus in der Toskana vor mir, Platz für vielleicht zehn Menschen, die gemeinsam glücklich und zufrieden altern. Vielleicht wird um dieses Haus herum ein neuer Ort entstehen, und der Roseto-Effekt bekommt eine Region mehr auf dieser

Welt? Denn das war es, was meine Auseinandersetzung mit dem Tod mich tatsächlich lehrte: das Leben in vollen Zügen zu genießen.

Viertes Abenteuer

Schweigen lernen im Ashram

Warum im Stillsitzen die größte Bewegung liegt

»O je«, entfuhr es mir, als Tulsi mein Zimmer aufschloss und zur Seite trat. Gleichzeitig hoffte ich, dass er nicht deuten konnte, welche Gefühlsregung sich hinter diesen Worten verbarg.

Ich blickte in einen kleinen Raum, dessen kühle Luft auf nicht isolierte Wände hindeutete. Zwei Holztische standen darin, darauf lagen dünne Matratzen. Die Betten. Auf der gegenüberliegenden Seite der Tür waren Ablageflächen in die Wand betoniert und mit Zeitungspapier ausgelegt. Das war's. Mehr gab es nicht zu sehen.

»Komm mit, ich gebe dir jetzt so viele Decken, wie du brauchst«, sagte er in seinem gebrochenen Englisch, und ich nickte. Wir gingen die steilen Treppen nach unten, zurück in den Hof des Ashrams, wo er mir bedeutete zu warten. Er verschwand um die Ecke, und ich stand allein in der Mitte des Hofes und hörte lediglich den Ganges, der nicht weit von hier, am Fuße des Himalaya, entsprang und ins Tal rauschte. Klar und frisch war das Wasser hier oben, ganz anders als in Varanasi, wo ich meine Reise zwei Wochen zuvor begonnen hatte. Hier gab es kein Hupen von Tuk-Tuks, Autos oder Rollern, das meine Ohren klingeln ließ, hier pries niemand lautstark seine Gerichte, Waren oder Dienstleistungen an. Bis auf das Rauschen des Wassers war es vollkommen still.

Mein Blick wanderte über den kleinen Shiva-Tempel zu meiner Rechten nach oben zum hellblauen Himmel, der sich langsam rosa verfärbte. Kein Smog. Es würde eine sternenklare Nacht werden. Und eine kalte dazu.

Tulsi kam mit mehreren dicken, quietschbunten Decken zurück und drückte sie mir in den Arm. Während ich versuchte, den Stapel zu balancieren, sagte er: »Wenn dir kalt ist, dann gib Bescheid, ich habe genügend für dich!« Ich bedankte mich bei ihm, dann ging ich wieder die Treppen nach oben zu meinem Zimmer im zweiten Stock. Die Decken rochen stark. Nach Lagerung ohne Lüftung, nach nie gewaschen werden. Ich legte den Stapel auf einem der Betten ab, dann setzte ich mich daneben. »In einer halben Stunde beginnt die Puja-Zeremonie am Tempel, danach singen wir Kirtan, dann gibt es Abendessen«, hallte die Stimme Lavanya Jis durch meinen Kopf. Sie war die Leiterin des Ashrams und des Programms, zu dem ich mich angemeldet hatte und das am nächsten Tag beginnen würde.

Ich blickte durch die offene Tür nach draußen. Der sattgrüne Berg gegenüber wurde immer schneller von der einbrechenden

Dunkelheit verschluckt. Meine Gedanken rasten. In meinem Inneren stürmte es. Ich atmete tief durch und zog meine Jacke enger um mich. Dann stand ich auf und schloss die Tür von innen.

⏳

»Emma, hast du mal Urlaub in einem Kloster gemacht?«

»Nein«, sagte sie. »Mit Klöstern oder gar Schweigeklöstern habe ich gar keine Erfahrung.« Sie überlegte kurz.

»Aber der erste Kindergarten, in dem ich war, wurde von Nonnen geleitet. Ich war fünf Jahre alt und hatte gerade meinen geliebten Pflegevater verloren. Ich kann mich noch gut erinnern, wie behutsam und liebevoll eine von ihnen versuchte, mich zu trösten.«

Ich erzählte Emma von einem Wunsch, den ich bereits lange hegte. Aufgekeimt war er schon bei meiner allerersten Indienreise, als ich mit den tief in der hinduistischen Kultur verankerten Ashrams in Berührung kam: spirituelle Zentren, wo man Meditation erlernen, Ruhe finden und Yoga praktizieren kann. Wer dem Glauben des Hinduismus folgt, kann sich im Ashram auch auf Moksha vorbereiten, die Befreiung vom Kreislauf der Wiedergeburten.

Was mich an der Aussicht auf einen Aufenthalt im Ashram anzog, war weniger die hinduistische Lehre, sondern vielmehr die Disziplin, die es brauchte, mehrere Stunden am Tag zu meditieren und vor allem nicht zu sprechen. Mauna, was so viel wie Stille oder Schweigen bedeutet, ist in vielen Ashrams ein Angebot, um den Aufenthalt zu vertiefen, und genau darum geht es. Um

Tiefe. Um ein Hineingehen in sich selbst. Wer hier schmunzeln muss, war wohl noch nie wirklich drinnen.

Davor hatte ich einen gehörigen Respekt. Schweigen, das wusste ich von verschiedenen Meditationslehrern, bedeutet nicht einfach nur, nicht zu sprechen. Wobei das schon als Herausforderung reicht, wenn man sein Leben in Ballungszentren verbringt und sich auch in der Freizeit vielen äußeren Reizen aussetzt. Stille ist kaum noch jemand gewohnt, geschweige denn, mit ihr umzugehen. Ein einfaches Experiment: nach Hause kommen und in Stille kochen und essen, Hausarbeit verrichten oder sich in die Badewanne legen. Keine Musik anmachen, keinen Fernseher, keinen Podcast hören oder mit anderen kommunizieren. Wer wird hibbelig? Einen Schritt weiter kann man gehen, indem man sich hinsetzt und meditiert. Nicht nur schweigt und sich nicht bewegt, sondern sich gleichzeitig darin übt, nicht zu denken. Oder zumindest das, was man denkt, nicht zu bewerten und zu vertiefen.

Im aktiven Schweigen liegt die Herausforderung, den Fokus nach innen zu richten und sich nicht davor zu fürchten, was dadurch erlebbar wird. Verdrängte Emotionen. Vergessene Erlebnisse. Die eigene Wahrnehmung. Stille kann ohrenbetäubend laut werden.

Ich konnte mir also vorstellen, auf was ich mich einließ, doch diese Erfahrungen kannte ich bisher lediglich aus der Theorie und wenn ich es zu Hause probierte, brach ich Mediationen manchmal ab, sobald es psychisch unbequem wurde oder mich Müdigkeit übermannte. Im Ashram hieß es nun: eine Woche lang in den frühen Morgenstunden aufstehen, meditieren, Yoga machen und dabei durchweg zu schweigen. Nicht nur für ein paar Minuten oder Stunden, sondern einen ganzen Tag lang. Und noch einen. Und noch einen.

»Oh, das würde ich auch gerne mal machen«, war Emmas Kommentar zu meiner Idee. Sie war einer der wenigen Menschen, die neugierig auf mein Experiment reagierte. Viele andere hatten mir gestanden, dass sie sich einen Aufenthalt im Ashram nicht zutrauen würden. »Meine körperlichen Beschwerden haben mir leider in den letzten Jahren deutlich gezeigt, dass es für mich besser ist, ohne große Pläne in der Gegenwart zu leben. Das schließt allerdings nicht aus, neugierig zu bleiben!«

Ich lächelte. Nein, das schloss sich nicht aus. Ich nahm mir vor, die Woche im Ashram für Emma mitzuerleben, ihr danach detailliert davon zu berichten und ihr, für den Fall, dass es mir gutgetan hatte, ein Schweigekloster in Deutschland vorzuschlagen. Es gibt welche, die schön gelegen waren, die meisten abgeschieden in der Natur. Ich wusste, dass sie das mochte, sie ist sehr naturverbunden. Als ich sie einmal fragte, auf welche Art und Weise sie vom Alltag abschalten konnte, antwortete sie, dass ihr das am besten bei Waldspaziergängen gelang. »Oder in der Nacht auf meinem Balkon. Dann schaue ich in den Himmel, mein Fühlen und Denken gehört dann den Sternen«, sagte sie.

Die Dichte an Ashrams in Indien war überwältigend. Das Land ist riesig, die Menschen unzählbar, also mussten die spirituellen Zentren genauso zahlreich vertreten sein. Um mich und meine Nerven vor einer vollkommenen Überforderung zu bewahren, ging ich die Sache pragmatisch an. Ich beschloss rasch, einen Ashram im Norden des Landes zu besuchen, weil mich dieser Teil des Subkontinents zum Zeitpunkt der Vorbereitung am meisten interessierte. So konnte ich den Aufenthalt mit anderen Ausflügen kombinieren. Als mir jemand erzählte, dass die Stadt Rishikesh am Fuße des Himalayas als Welthauptstadt des Yoga gilt, war mein Reiseziel beschlossene Sache. Jetzt musste es dort nur noch einen Ashram geben.

Es gab nicht nur einen, sondern viele. Ich entschied mich für einen, der etwas abgeschieden von der Stadt in den Bergen lag. Die Bilder und Beschreibungen vermittelten mir ein gutes Gefühl, und auch das Programm, die Erfahrungen anderer Reisender und die Angaben zum Hygienestandard überzeugten mich. Mauna stand auch hier an der Tagesordnung, allerdings war es nur ab dem frühen Morgen bis nach dem Mittagessen Pflicht, danach war es den Kursteilnehmern bis zum Abend freigestellt.

Ein paar Tage später erhielt ich eine sehr freundliche Bestätigungsemail für einen siebentägigen Kursaufenthalt, die mit den Worten »Namaste Anika!« begann. Jetzt musste ich nur noch meinen Flug buchen. Und dann würde meiner Reise zu mir selbst nur noch ich ganz alleine im Wege stehen.

Das Taxi holte mich in der benachbarten Stadt Haridwar ab, und kurze Zeit später schnaufte es die Serpentinen der Berge hinauf. Ich ließ den Lärm und Dreck der Großstadt hinter mir und tauschte ihn gegen die üppige Natur Uttarakhands. Eine knappe Stunde später hielt das Taxi vor dem Ashram, ich stieg aus und fröstelte.

Ich bezahlte den Taxifahrer und wurde sofort von drei Hunden begrüßt, als wäre ich jemand, der hier lebte und nur kurz weggewesen. Der Jüngste von ihnen, Chapati, wie ich später erfuhr, sprang immer wieder an mir hoch, ich kraulte ihn und stellte dabei fest, wie angespannt ich die ganze Fahrt über gewesen war.

Lavanya Ji, die den Ashram leitete und das Programm vor vielen Jahren zusammengestellt hatte, kam auf mich zu. Ich schätzte sie auf Anfang sechzig, ihr schwarzes Haar war zu einem Zopf geflochten. Sie begrüßte mich auf Englisch, an ihren starken indischen Akzent würde ich mich in den kommenden Tagen noch gewöhnen und sie dann irgendwann problemlos verstehen. Sie erklärte mir, dass am nächsten Morgen das Programm beginnen würde und ich mich bereits heute bei Sonnenuntergang den Abendzeremonien im Hof anschließen konnte.

Nachdem ich ausgepackt hatte, ging ich zurück in den Hof des Ashrams, um an der Puja teilzunehmen, einem hinduistischen und buddhistischen Ritual, das der Götterverehrung dient. Ich stand vor dem Tempel, zusammen mit immer mehr eintreffenden Gästen des Ashrams und den Menschen, die hier lebten. Bei einer Puja wird neben kleinen Opfergaben gebetet, in diesem

Ashram wurde zusätzlich eine brennende Kerze herumgereicht, die heiliges Licht symbolisierte.

Nach der Puja ging Lavanya Ji mit einem Swami – ein hinduistischer Titel für Meister – ins Musikzimmer, um dort die Kirtans anzustimmen. Mein erster Abend sollte sofort mit einer Herausforderung beginnen, denn der Kirtan, das Singen spiritueller Lieder, die sich oftmals nur aus Namen einzelner Götter zusammensetzen, lag mir nicht besonders. Der Grund war, dass bei diesen Liedern der Fokus auf den Wiederholungen liegt. Das kann man mit dem Beten des Rosenkranzes vergleichen. Erst durch die Wiederholung soll sich die Bedeutung des Gesagten manifestieren können. Man selbst kann dabei Stress abbauen und den Alltag hinter sich lassen. Das immerwährende Singen von spirituellen Liedern oder Mantren – einzelne Silben oder Verse – über Stunden hinweg dient der Manifestation: Hingabe, Fokus und gleichzeitiges Fallenlassen in die Worte gehen ineinander über. Nur mein Kopf machte da nicht so recht mit, denn für ihn war es wichtig, jederzeit die Kontrolle zu behalten. Ich brauchte einen Anfang und ein Ende, ich musste wissen, ob ein Kirtan für zehn Minuten oder eine Stunde angesetzt war. Doch das wusste ich nicht, als ich mich setzte, und das Singen begann. Abgesehen davon fiel es mir schwer, mich in Versen zurechtzufinden, die in einer mir fremden Sprache verfasst worden waren. Das war ungefähr so, als würde man versuchen, ein Lied im Radio mitzusingen, das man weder kennt noch versteht.

Nach dem Kirtan folgte das Abendessen. Als ich die Treppen zum Speisesaal hinaufstieg, musste ich feststellen, dass er zwar über Rundbögen mit Blick nach draußen verfügte, jedoch nicht über Fensterscheiben. Alles war offen, und der kalte Wind der Berge pfiff durch den Saal. Ich setzte mich und beobachtete die mittlerweile knapp vierzig anderen Besucher, die angekommen waren. Viele waren in meinem Alter, ein paar wesentlich jünger, ein Mann schien Anfang sechzig zu sein. Die meisten trugen genauso viele Kleiderlagen wie ich, andere waren tatsächlich barfuß.

Eine so große Gruppe hatte ich nicht erwartet. Niemand sprach, im Speisesaal war das Reden zu allen Tageszeiten untersagt. Ich nahm mir eine blank geputzte Nierenschale aus Edelstahl und stellte mich bei der Essensausgabe an. Tulsi und Lavanya Ji teilten Reis, Chapati, Linsendaal und Gemüse aus, dazu gab es wahlweise heißes Ingwerwasser oder würzigen Chai. Obwohl das Essen duftete und heiß war, wartete jeder, bis alle ihre gefüllte Nierenschale vor sich stehen hatten, dann sprach Lavanya Ji ein kurzes Gebet, und wir setzten uns. Ich fand das wunderbar. Das Anstellen, das Entgegennehmen der Speisen, das Warten und die damit verbundene Geduld und dann, schließlich, das Essen im Stillen. Niemand sprach ein Wort. Ich hörte lediglich die Löffel, die das Daal oder den Reis von der einen Ecke der Schale in die andere schoben. Das Ingwerwasser legte beim Trinken einen heißen Schleier über mein Gesicht, die scharfen Chilis im Gemüse erwärmten jede Zelle meines Körpers. Ich las kein Buch, mein Handy lag auf dem Zimmer, und niemand um mich herum versuchte, ein Gespräch zu initiieren. Ich überlegte, wann ich mich das letzte Mal nur auf das Gericht vor mir konzentriert hatte, und konnte mich nicht erinnern. Zu Hause sah ich mir beim Essen eine Serie an oder hörte einen Podcast. Außerdem neigte ich zum Schlingen, wenn ich hungrig war, was ich hier im Ashram zu unterlassen versuchte, weil ich jeden Moment wirklich genießen wollte. Ich liebte diese Einfachheit. Ich liebte es, von der Dunkelheit der Natur umgeben zu sein, dabei zu schweigen und mich satt zu essen. Mehr war es nicht. Und doch war es so viel und genau das, wofür wir alle hierhergekommen waren.

Als ich zurück in mein Zimmer ging, erwartete mich eine Eiskammer. Es war nicht wesentlich wärmer als draußen, und dort waren es jetzt, um neun Uhr abends, vielleicht noch sieben Grad. Ich hatte geahnt, dass es nachts kalt werden würde, doch da die Temperatur tagsüber um die Mittagszeit noch auf sommerliche dreiundzwanzig Grad anstieg, war ich davon ausgegangen, die Zimmer würden sich erwärmen. Fehlanzeige, denn der Ashram lag so dicht am Berg und bekam nur wenige Sonnenstunden am Tag ab. Ich zog zwei Leggins übereinander, dazu ein T-Shirt, einen Pullover und eine Fleecejacke, deren Kapuze ich mir über den Kopf zog. Dann kroch ich in meinen Hüttenschlafsack, legte die beiden Decken über mich und schaltete das Licht aus. Meine Nasenspitze war kalt, der Rest meines Körpers begann sich zu erwärmen. Ich schloss die Augen. Und begann, zum ersten Mal in meinem Leben, vollkommen bewusst zu schweigen.

Tag 1

Stimmung am Morgen: Prima!
Schwierigkeitsgrad des Schweigens auf einer Skala von 1 (einfach)
bis 10 (schwierig): 1
Stimmung am Abend: Prima!
Erkenntnis des Tages: Ich bin jetzt Frühaufsteherin! Und so
motiviert, dass ich alle meine Sätze mit einem Ausrufezeichen
beende!

Um fünf Uhr dreißig weckten mich mehrfache Gongschläge, die sich ganz sanft vom Hof in den zweiten Stock und schließlich in mein Ohr schlichen. Ich war hellwach. Und lauschte. Der Ganges rauschte unverändert, das Wasser war das Einzige, was ich hören konnte, als der Gong verstummt war. Ich zögerte kurz. Hellwach, ich, um halb sechs am Morgen? Ohne die Hilfe eines magischen Sonnenaufgangs irgendwo an einem paradiesischen Strand?

Meine Augen gewöhnten sich erst langsam an die Dunkelheit, die mich noch immer einhüllte. Mein Körper war warm, ich hatte die Nacht nicht nur gut überstanden, sondern durchgeschlafen. Ich war vollkommen ausgeschlafen!

Ich kletterte vom Holztisch und ging nach draußen. Ein kalter Wind pfiff, und ich erlebte plötzlich eine ganz neue Form des Wachseins. Ich ging den Flur entlang zum Badezimmer, wusch mir das Gesicht mit eiskaltem Wasser, putzte die Zähne und machte mich auf den Weg zum Yogaraum.

Es saßen bereits ein paar der knapp vierzig Kursteilnehmer auf den Sitzkissen und Yogamatten, doch es war schwer zu erkennen, ob sie schon wieder schliefen oder bereits meditierten. Ich nahm mir einen Meditationsstuhl – ein niedriges Holzbänkchen, mit dem es sich wesentlich bequemer und länger sitzen lässt als ohne –, wickelte mich in zwei Decken und schloss die Augen. Lavanya Ji begann eine geführte Meditation, die ich mochte und die mich in einen Zustand versetzte, für den ich zu Hause unfassbar lange brauchte, um ihn zu erreichen: wach sein, jedoch ohne aufgekratzt, abgelenkt oder nervös zu werden. Einfach da zu sein. Gedanken zu beobachten, sie weiterziehen zu lassen. Dabei nicht müde zu werden, sondern fokussiert zu bleiben. Das war Meditation. Das klappte bereits am ersten Morgen des Programmes! Danach sangen wir für eine Viertelstunde ein Mantra, das mich, wie der Kirtan, ungeduldig werden ließ. Aber angesichts der Tatsache, dass noch sieben volle Tage vor mir lagen, war es gut, dass ich etwas hatte, an dem ich während dieser Zeit arbeiten konnte.

Es war sieben Uhr, als die Morgendämmerung einsetzte und wir uns im Garten zum zweiten Programmpunkt versammelten: die Nasendusche. Ich kannte diese Übung bereits von meinem ersten Yogakurs und wusste daher, welche Kuriosität auf uns zukam. Lavanya Ji gab jedem ein kleines Plastikkännchen, die von einem noch müde dreinschauenden Tulsi mit einer warmen Salzwasserlösung aufgefüllt wurden. Lavanya Ji ging in die Hocke, schob die Öffnung des Kännchens in ein Nasenloch und neigte den Kopf leicht zur anderen Seite, wodurch das Wasser bei einem Nasenloch hinein und zum anderen wieder herausfließen konnte. Das sah lustiger aus, als es tatsächlich war, denn die Nasendusche reinigt die Schleimhäute und transportiert Krankheitserreger und Sekrete ab. Danach putzte sie die Nase und zeigte uns mit vollem Enthusiasmus, wie sie ihre Nasenhöhlen komplett freimachte: Sie hob die Arme in die Luft, atmete hörbar ein, ließ die Arme nach unten sausen und atmete hörbar durch die Nase aus. Das praktizierte sie mehrmals hintereinander. Irgendwann machte sie sogar kleine Hüpfbewegungen dabei. Mein Blick begegnete dem eines Engländers, er grinste mich skeptisch an, und ich konnte mich auch nicht mehr zurückhalten. Fast vierzig Menschen aus unterschiedlichen Ländern standen um sieben Uhr morgens im Garten eines Ashrams in Indien und schauten einer Frau dabei zu, wie sie durch Stoßatmungen ihre Nase säuberte. Irgendwann lachten alle. Als Lavanya Ji fertig war, hob sie den Kopf und lachte auch.

Auf die Nasendusche folgte eine entspannte Yogaeinheit, die sich vor allem aus Dehnübungen zusammensetzte, was ich am frühen Morgen sehr begrüßte. Als es um neun Uhr Zeit für das Frühstück, die erste Mahlzeit des ersten Tages, war, war ich bereits dreieinhalb Stunden wach. Und so aktiv wie schon lange nicht mehr. Ich hatte Hunger und war neugierig auf das Essen. Als ich den Speisesaal betrat, standen Lavanya Ji und Tulsi bereits hinter den großen Wärmebehältern, die ich schon vom Abendessen kannte, und wir Kursteilnehmer stellten uns erneut brav an und bekamen eine große Portion Obstsalat, dazu Porridge und eine Kelle voll scharfer Nudeln. Wenn man es selbst noch nicht probiert hat, mag einem diese Zusammenstellung seltsam vorkommen, doch ich liebte die Kombination aus klassischem Frühstück und herzhafter Beilage. Ich stürzte mich zuerst auf die scharfen Nudeln, die unglaublich lecker waren. Dann aß ich den Obstsalat mit Porridge, trank das heiße Ingwerwasser und dachte kurz wehmütig an meinen geliebten Kaffee zu Hause. Ich stellte aber auch fest: Wenn Kaffee gar nicht erst verfügbar war, konnte ich gut mit seinem Fehlen umgehen. Ich hatte keine Entzugserscheinungen, auch wenn ich ihn mir sehr herbeisehnte. Es ging ohne, und das war eine Erkenntnis, die ich in den folgenden Tagen auch in Bezug auf andere Dinge hatte: Es ging ohne.

Ich schwieg bereits seit ganzen vier Stunden, das Singen der Mantren ausgenommen. Und es war so einfach! Wahrscheinlich lag es daran, dass ich fast ununterbrochen in Kursen und somit beschäftigt war. Außerdem war ich es gewohnt, manchmal stundenlang in Stille zu arbeiten, denn das Schreiben ist ein Prozess, den ich lediglich mit mir selbst teile. Ich war gespannt, ob das Schweigen eine so einfache Herausforderung bleiben würde, und auch, wie viele der Kursteilnehmer am Nachmittag reden würden. Das war zwar geduldet, ich hatte mir jedoch vorgenommen, es nicht zu tun.

Der nächste Programmpunkt nach dem Frühstück war Karma Yoga. Darunter versteht man den Gedanken, aus freiem Willen heraus etwas Gutes zu tun. Nicht nur für sich, sondern auch für andere, und das ohne Dank oder etwas anderes dafür zu erwarten. Etwas Gutes tun, um etwas Gutes zu tun. Ein gutes Beispiel dafür, dass sich Yoga nicht nur um schweißtreibende Körperübungen dreht, sondern eine Lebensphilosophie ist, die über die Yogamatte hinausgeht.

Wir trafen uns dazu im Hof, dort lagen bereits Putzutensilien bereit. Je drei Kursteilnehmer, die sich auch ein Badezimmer teilten, wurden zum Putzen für eben dieses eingeteilt. Wer übrigblieb, kehrte den Hof, legte die Yogamatten in der Halle zusammen oder fand eine andere Tätigkeit. Ich ging mit zwei anderen Frauen zurück zu unserem gemeinsamen Stockwerk und fragte mich, wo Schweigen anfing und wo es aufhörte. Es war die offiziell vorgeschriebene Schweigezeit, doch ich hatte keine Ahnung, ob das auch mit einschloss, beim Verteilen der Putzaufgaben nicht zu kommunizieren. Ich war unsicher, senkte den Kopf und beschloss, Taten sprechen zu lassen, indem ich anfing, den Boden des Bades zu wischen. Die beiden sagten ebenfalls nichts und suchten sich stattdessen andere Aufgaben. Während ich meine Arbeit verrichtete, suchte ich nach einer Antwort auf meine Frage. Was war Schweigen überhaupt? Umfasste es nur das Sprechen? Wenn in der Meditation die Gedanken Ruhe finden konnten, war Schweigen dann nicht auch der Frieden in den Gedanken? Und was genau umfasste eigentlich der Begriff Kommunikation? Wenn ich jemanden anlächelte, trat ich in Kontakt mit ihm. Ich schwieg zwar, kommunizierte aber. Indem ich jemanden anlächelte, indem ich verschämt wegschaute, indem ich jemandem den Vortritt ließ. Alles war Kommunikation. Was war also erlaubt, was nicht, und wenn ja, warum?

Meine Gedanken rasten schon wieder, und als ich den Boden gewischt hatte, war ich mir einer Sache sicher: Das Zerdenken strengte mich an. Und das hatte, auch wenn ich kein Wort verlor, recht wenig mit Schweigen zu tun.

Mit den ersten Sonnenstrahlen, die über die umliegenden Berge in den Ashram fielen, wurde es endlich wärmer. Ich zog mich schnell um, denn das Programm war straff, und ein Spaziergang in der umliegenden Natur stand an. Ines, die im Ashram arbeitete und ihre letzte Woche mit uns verbrachte, bevor sie sich in den Süden des Landes aufmachte, leitete diesen Programmpunkt. Ursprünglich im ehemaligen Bosnien-Herzegovina geboren, hatte sie danach in Deutschland und den USA gelebt, bevor sie sich in Indien niederließ. Auf den ersten Blick wirkte sie distanziert, doch nach ein paar Minuten kam ihre warmherzige und lustige Art zum Vorschein. Sie erzählte uns, dass sie das Programm und den Ashram selbst beim ersten Mal gehasst hatte. Sie war konstant müde und erschöpft gewesen, hatte keinen Zugang gefunden und sich durch alle Kurse gequält. Erst beim dritten Mal hatte sie sich vollkommen darauf einlassen und es genießen können. Niemand fragte, warum sie es überhaupt wiederholt hatte, und so fügte sie augenzwinkernd hinzu: »Falls ihr es also hasst, dann denkt dran, dass ich euch verstehen kann. Es gibt immer wieder Leute, die wir an den ersten Tagen samt Gepäck durch das Tor nach draußen rennen sehen. Die ersten beiden Tage sind hart, danach geht es bergauf.«

Unser Ausflug führte uns den smaragdfarbenen Ganges entlang. Die Sonne schien heiß auf uns herunter, und ich fand es erstaunlich, wie schnell sich die Luft erwärmte, obwohl es im Schatten so kühl war. Ich saugte die Wärme auf und versuchte, sie in mir zu speichern, als Vorbereitung auf die kalten Räume, in denen wir uns am Nachmittag aufhalten würden. Wir liefen eine Weile schweigend das Flussbett entlang, dann setzte sich jeder in großem Abstand zu den anderen in den Kies am Ufer des Wassers und meditierte. Oder machte ein Nickerchen. Beides war jedoch gar nicht so einfach, da dieser Flussabschnitt bei Raftern sehr beliebt war, die im Minutentakt vorbeikamen, winkten und uns Dinge zuriefen. Dabei fiel mir auf, wie weit ich mich bereits vom Alltag entfernt hatte. Ich hatte das Gefühl, zwischen den Raftern und mir bestehe eine unsichtbare Wand. Ich war im Ashram, ich schwieg, ich meditierte, während sich nur ein paar Meter von mir entfernt eine Gruppe Menschen kreischend und lachend in einem Schlauchboot flussabwärts in die Strömungen des Ganges warf. Für die einen war der Fluss heilig, für die anderen nicht.

Nach dem Mittagessen standen zwei Stunden Freizeit auf dem Programm. Es war ein Uhr, und ich hatte das Gefühl, schon ewig wach zu sein. Die Morgenmeditation sieben Stunden zuvor schien Wochen zurückzuliegen. Weil die Sonne bereits wieder hinter den Bergen verschwunden war und ich nicht lesen wollte, gab es nicht viel zu tun. Ich schmiss den Boiler an und wartete auf warmes Wasser, doch auch nach fünfzehn Minuten schenkte mir der Duschhahn lediglich einen müden, eiskalten Strahl. Verdammt. Dass Duschen in Indien nie wirklich heiß wurden, war nichts

Neues, das Problem hier war jedoch, dass es keine Möglichkeit gab, sich danach richtig aufzuwärmen. Ich drehte einen zweiten Hahn auf, der wesentlich niedriger montiert war und lediglich dazu da war, sich die Füße zu waschen. Kurioserweise plätscherte angenehm heißes Wasser heraus. Not macht erfinderisch, dachte ich mir, zog mich aus und setzte mich unter den Hahn.

Mit nassem Haar ging ich in mein Zimmer, setzte mich aufs Bett und schaute auf die gegenüberliegende Wand. Ich nahm mein Handy in die Hand. Eine Gewohnheit. Im Ashram gab es kein WLAN und ich hatte bewusst keine indische SIM-Karte. Damit war mein Handy nutzlos, und auch wenn ich das im Voraus so gewählt hatte und bereits von meiner *Burning-Man*-Erfahrung kannte, wurde ich etwas unruhig. Ich vermisste nicht die sozialen Netzwerke, sondern die Kommunikation mit mir nahestehenden Menschen. Am liebsten hätte ich meinen Freund angerufen, ihm gesagt, dass ich gut angekommen war und der erste Tag besser verlief als erwartet. Ich spürte den Drang nach einer Unterhaltung. Doch wenn ich schon Schweigen wollte, dann nicht nur dann, wenn es mir passte. Ich wollte es lernen, es studieren, mich dabei kennenlernen. Die Konturen meiner Umwelt schärfer zeichnen können.

Ich legte das Handy weg, und weil mich plötzlich eine unbändige Müdigkeit überkam, kroch ich unter die Decken und schlief ein.

Das Schweigen wurde gebrochen. Nicht meins, jedoch das einer Vielzahl der Kursteilnehmer. Wie auch sonst sollte die Diskussionsrunde am Nachmittag funktionieren? Ich blieb standhaft, denn ich wollte versuchen, den ganzen Tag in Stille zu verbringen. Also kuschelte ich mich in eine Decke und hörte zu, wie Lavanya Ji und Ines fragten, wie es uns gehe und was ein paar darauf antworteten. Ich sagte nichts und beobachtete amüsiert, wie sich auch in dieser Gruppe schnell herausstellte, wer die wissbegierigen Nerds mit Block und Stift waren, die coolen Kids, die live ihr Ashram-Erlebnis auf Social Media dokumentierten, die spirituellen Alleswisser, die bereits seit Jahren Mantren sangen, die alternativen Aussteiger, die schon ewig reisten und sich unabhängig von Zeit und Raum bewegten, die Mittvierziger, die in einer Midlifecrisis steckten und das auch gerne zugaben. Und ich mittendrin. Wo gehörte ich hin? In welche Schublade würde ich gepackt werden? Die Deutsche, die nicht sprach? Und wie sollte ich meine Gedanken zum Schweigen bringen, wenn ich mir ständig einerseits existenzielle und andererseits verdammt unnötige Fragen stellte?

Lavanya Ji riss mich aus meinem gedanklichen Herumdriften. »Wenn ihr schweigt, fällt euch schnell auf, wie viel Unnützes ihr nicht nur denkt, sondern auch sprecht.« Amen, beziehungsweise Om. Gedanklich strich ich Small Talk aus meinem Leben, ich mochte ihn sowieso nicht. Von nun an würde es ausschließlich Schweigen oder bereichernde Gespräche in meinem Leben geben! All dem unsinnigen Quatsch meines Alltags lag lediglich ein Mitteilungs- und auch Geltungsbedürfnis zugrunde. Das fiel mir vor allem beim Thema Kälte auf. Wie oft lag mir heute bereits auf der Zunge, wie sehr ich fror? »Oh, ist dir auch so kalt?

Ich habe das Wetter komplett falsch eingeschätzt. Frierst du nachts, tagsüber, abends? Hat deine Wetter-App auch gelogen, als du gepackt hast? Wie viele Jacken trägst du gerade?« Wozu immer auf Dauersendung sein, wozu sich konstant mitzuteilen? Es war kalt, ja, das wussten wir alle, es stand uns ins Gesicht geschrieben. Aber es war ja nicht zu ändern, warum also lange darüber reden? *Moving on.*

Als Nächstes kamen wir zum Thema Mantren. Aha, dachte ich mir, mein zweitliebstes Thema. Ines fragte uns, ob wir wussten, warum sie wiederholt wurden, und ich stöhnte innerlich auf. Ein junger Inder, der vor mir saß, antwortete, dass die Vibrationen des Gesangs durch die Wiederholungen in den Körper übergingen. Ines nickte. Daraus ergab sich ein lebhaftes Gespräch über Geräusche, Klangtherapien und wissenschaftliche Erkenntnisse, wie sich das Hören auf den Körper auswirkte. Ines sagte, dass es bei Mantren nicht um Religion ging, sie aber dennoch gerne die Bibel zitieren würde. Und Gott sprach: Es werde Licht, stand da geschrieben. Damit war der Ton zuerst da. Darüber hatte ich noch nie nachgedacht.

Eine Stunde saß ich schweigend da und hörte allen anderen zu. Gewohnt war ich das nicht, denn ich diskutiere gerne, liebe es, mich auszutauschen, meine Meinung kundzutun. Ausschließlich zuzuhören, das war eine völlig neue Erfahrung für mich.

Die Yogastunden im Ashram fühlten sich anders an, als ich sie von zu Hause und auch auf Reisen gewohnt war. Lavanya Ji ließ uns über dreißig Minuten aufwärmen, was wirklich guttat, danach folgten immer einzelne Übungen und weniger die in Deutschland boomenden Flows, in denen die Asanas ineinander übergingen. Dadurch empfand ich den Unterricht immer als etwas abgehakt und unterbrochen, staunte aber jedes Mal aufs Neue, wenn Lavanya Ji sich auf eine Weise verbog, von der die meisten von uns nur träumen konnten.

Einer meiner Lieblingsmomente war, als sie im Schneidersitz dasaß und die sogenannte Telefon-Übung ankündigte. Dann nahm sie ihr rechtes Bein in den Arm, wiegte es wie ein Baby hin und her und hielt es sich schließlich an ihr rechtes Ohr. Dann begann sie zu reden, so als würde sie telefonieren.

»Wenn das so bei euch aussieht, habt ihr eine gute Verbindung«, sagte sie dann. »Und wenn ihr keine gute Verbindung habt, dann probiert es lieber mit dem Handy.«

Nach dem Yoga folgte das abendliche Ritual Puja und der Kirtan. Ich dachte an Ines' Worte, an die Vibration des Gesangs von so vielen Menschen, schloss die Augen und sang mit. Obwohl mein Magen knurrte, übte ich mich darin, mich in die Unendlichkeit der Wiederholungen fallen zu lassen. Und siehe da, es fiel mir leichter. Und die vierzig Minuten, die es letztendlich dauerte, gingen ebenfalls schneller vorbei. Meine innerliche Unruhe verschwand fast vollständig.

Der letzte Punkt des Tages war die Meditation nach dem Abendessen um halb neun. Was mich vollkommen überraschte, war, wie sehr ich mich darauf freute. Eigentlich war ich davon ausgegangen, müde und ausgelaugt zu sein. Es war ein langer und anstrengender Tag gewesen, und selbst zu Hause in Deutschland, an wesentlich entspannteren Tagen, versuchte ich mich vor dem Meditieren zu drücken. Denn mit dem Stillsitzen ging es mir wie mit so vielem anderen, von dem ich wusste, dass es gut für mich war: Es gestaltete sich schwierig, mich zu überwinden, und es dauerte lange, bis es klappte, nur damit ich im Nachhinein jedes Mal feststellte, wie gut es mir tat. Doch durch die Struktur dieses straffen Programms und die Abwesenheit jeglicher Ablenkungsmöglichkeiten war die abendliche Meditation ein Highlight vor dem Zubettgehen. Eine leise Verabredung mit mir selbst, bei der nicht Unmengen an Reizen des Tages verarbeitet werden mussten. Meine Gedanken und mein Körper wurden ganz langsam träge. Das Licht wurde ausgeschaltet, eine Kerze angezündet, das Om – die vor allem im Hinduismus und Buddhismus als heilig geltende Silbe – dreimal hintereinander gesungen. Dann war es still. Ich liebte es, um diese Uhrzeit zu meditieren. Und deshalb gelang es mir wieder einmal um Welten besser als zu Hause. Ich schlief dabei nicht ein, sondern konzentrierte mich auf meinen Atem, fühlte mich entspannt, aber nicht zu müde.

Als es vorbei war, war auch der Tag schlagartig zu Ende. Ich putzte die Zähne, ging den Korridor zu meinem Zimmer entlang, begleitet vom Rauschen des Ganges. Dann hüllte ich mich in meinen Hüttenschlafsack und die Decken, schloss die Augen und dachte mir: Tag 1, check. Hätte nicht besser laufen können. Die Woche schaffe ich mit links.

Tag 2

Stimmung am Morgen: nicht so prima
Körperliche Verfassung: alles tut weh
Schwierigkeitsgrad des Schweigens: 5 (eigentlich...)
Stimmung am Abend: Wieder prima!
Erkenntnis des Tages: Einschlafen und Singen schließen sich nicht
aus. Keine Ausrufezeichen.

Fünf Uhr dreißig. Das war wohl nichts. Ich war hundemüde und hatte irrsinnigen Muskelkater von den zwei Yogaeinheiten am Vortag. Da ich mir in den Wochen vor dem Abflug wenig Zeit für Sport genommen hatte, bekam ich die ausgiebigen Dehn-, Kraft- und Halteübungen richtig zu spüren. Ich kämpfte mich aus dem Bett und schleppte meinen Körper in den Yogaraum. Wo konnte ich gleich noch mal auschecken? Ich sah mich ins Taxi steigen, mit dem Zug ans Meer fahren und auf die Massageliege eines Spas fallen.

Stattdessen saß ich in der Yogahalle. Und sah allen anderen an, dass auch ihre Körper steif, kalt und müde waren. Ines war nicht zu sehen. Die schlief aus, die machte alles richtig, die fuhr nächste Woche in die Sonne, während ich den Rückflug ins vorweihnachtliche Deutschland antreten würde. Sogar Lavanya Ji gähnte. Ich war unbeeindruckt beeindruckt.

Als wir nach der Meditation anfingen, ein neues Mantra zu singen, stellte ich fest, dass ich etwas konnte, ohne mir dessen je bewusst gewesen zu sein. Ich konnte beinahe immer und überall schlafen, das war nichts Neues für mich. Ich war sogar mit sechzehn in einem Jugendzentrum direkt neben den dröhnenden Boxen auf dem Sofa eingeschlafen, weil ich nicht mehr hatte feiern wollen. Aber das hier war eine ganz neue Erfahrung: Ich schlief beim Mantrensingen ein, während mein Mund sich weiterbewegte. Ich sang mit, doch meine Augen waren fest geschlossen. Ich fiel in einen Dämmerschlaf, irrte zwischen Tagträumen umher, wachte auf, nur, um sofort wieder wegzudösen, während mein Körper in alle Himmelsrichtungen schwankte und mein Mund leise vor sich hin sang.

Mittlerweile schwieg ich schon seit über vierundzwanzig Stunden. Und stellte fest, dass es in Ordnung war. Zwar sah ich am Nachmittag manchmal Kursteilnehmer reden und hätte mich gerne aus Interesse dazugesellt – schließlich kamen sie aus der ganzen Welt und hatten sicherlich einiges zu erzählen –, aber ich widerstand der Versuchung. Nichts gegen einen Plausch in der Mittagspause, aber war ich dafür hergekommen? Das konnte ich zu Hause auch haben.

Ich nahm mir also weiter vor, es zu probieren. Nicht zu forcieren, denn auch dafür war ich nicht hergekommen, aber meine Grenzen auszutesten und sie im besten Fall zu überwinden.

Die kleine Wanderung am zweiten Tag führte zwanzig Minuten einen relativ steilen Weg hinauf zu einem wunderschönen Wasserfall. Die Feuchtigkeit in der Luft erinnerte mich an kalte Regenwälder, wie ich sie in Australien das erste Mal erlebt hatte. Ich war warm angezogen, stand bewundernd vor dem Wasserfall und staunte über einige Kursteilnehmer, die ins Becken liefen und sich unter das herabstürzende Wasser stellten. Besonders fielen mir dabei ein paar amerikanische Jugendliche auf, die im Rahmen einer Studien-Reisegruppe bereits drei Monate durch Indien und Tibet gereist waren und nun hier im Ashram ihre Reise beendeten. Auch wenn sie manchmal mürrisch wirkten und zu dem ein oder anderen Kurs gar nicht erschienen, bewunderte ich sie sehr. Als ich achtzehn war, hätten mich keine zehn Pferde in einen indischen Ashram gebracht. Wozu auch? Um halb sechs aufstehen, den ganzen Tag den Blick nach innen richten, sich an strenge Regeln halten, um neun Uhr abends so fertig sein, dass man direkt ins Bett fällt, und das eine Woche lang? Keine Chance.

Auf dem Weg nach unten lief ein älteres indisches Paar vor mir. Sie gingen langsam, und weil ich sie nicht bitten wollte, mich überholen zu lassen, musste ich mich an ihr Tempo anpassen. Unten angekommen, klatschte die Inderin laut in die Hände, und ich zuckte zusammen. Sie drehte sich um und sagte zu mir: »Geschafft. Alles ist schwierig, bis man es einfach macht.« Als Antwort schenkte ich ihr ein Lächeln.

Am Nachmittag warf ich aus alltäglicher Gewohnheit heraus einen Blick auf mein Handy. Ein verpasster Anruf von meinem Vater blinkte auf, und plötzliche Aufregung schoss durch meinen ganzen Körper. Meine Familie wusste, dass ich hier war, sie wusste auch, dass ich schwieg und dass ich nur in absoluten Notfällen kontaktiert werden wollte. Es musste ein absoluter Notfall sein. Ich warf alles, was ich mir vorgenommen hatte, über Bord, drückte auf Rückruf, und mein Papa ging ran.

»Hallo?«, sagte ich schnell.

»Ja? Wo bist du?«

»Im Ashram?«, antwortete ich, und Angst hatte das Kommando über meinen Körper übernommen.

»Und da rufst du an?«

Ich zögerte. »Du hast mich doch angerufen, ist was passiert?«

Er wurde verlegen. »Ne, ich bin da irgendwo draufgekommen. Das war ein Fehler. Ich will dich doch nicht stören.«

Ich schloss die Augen. Meine Atmung beruhigte sich, die Anspannung verließ meinen Körper.

»Lass dich nicht ablenken. Entspanne und erhole dich gut«, schob er nach, und mir lag auf der Zunge, dass es hier weniger um Erholung ging, dass es manchmal hart war und ich müde, gleichzeitig jedoch total aufgekratzt, aber auch erleichtert, dass alles in Ordnung war, ich aber nun, wo ich ihn schon dran hatte, gerne wissen würde, wie es ihm und Mama gehe, ob es in Deutschland noch schneite und welcher Wochentag überhaupt war.

Stattdessen sagte ich »Danke« und legte auf. Ich war wütend. Nicht auf meinen Vater, nicht auf mich, sondern darauf, einzig darauf, dass ich mein Schweigen gebrochen hatte. Das hatte nicht passieren sollen, meine Pläne waren mal wieder vom Leben durchkreuzt worden.

Tag 3

Stimmung am Morgen: okay
Körperliche Verfassung: Muskelkater vorhanden, wird besser;
(noch) nicht erkältet
Schwierigkeitsgrad des Schweigens: 7
Stimmung am Abend: großartig
Erkenntnis des Tages: Stillsitzen ist die größte Bewegung.

Ich gestand mir ein, dass ich viel mehr erwartet hatte. Ganz selbstverständlich war ich im Vorfeld davon ausgegangen, die Tage im Ashram würden mir die Arbeit abnehmen, die ich selbst nicht hatte tun wollen. Ein Gefühl, das jeder kennt, der schon einmal einen Selbsthilferatgeber gekauft hat, um dann am Ende festzustellen, dass er nicht alle Probleme löst, sondern man die eigentliche Arbeit schon selbst leisten muss.

Ich kam mir ein wenig albern vor, als ich mir eingestehen musste, dass ich in die gleiche Falle getappt war. Ich war mit ein paar Entscheidungsfragen und innerlichen Wehwehchen angereist und hatte wohl gehofft, jemand würde mich sanft in den Arm nehmen, um sie mir genauso federleicht abzunehmen. Natürlich passierte das nicht, und natürlich hatte ich das schon geahnt, und trotzdem merkte ich, wie ich innerlich auf etwas wartete. Wie ich unterbewusst etwas erwartete, während mein Bewusstsein die Regeln kannte: Machen musst du es immer selbst. Den Weg, wohin auch immer, gehst du ganz alleine.

Ich bekam hier die Werkzeuge, den Rest musste ich selbst erledigen. Doch weil ich nach den langen Tagen erschöpft und ausgelaugt war, hatte ich dazu immer weniger Lust. Mein Kopf sagte am dritten Tag: Okay, bringen wir die Woche einfach hinter uns. Und das fühlte sich nicht gut an, denn ich hatte gerade erst die Hälfte geschafft.

Und was sagte mein Herz? Etwas, das ich nach wie vor liebte und genoss, war das Meditieren. Noch nie war es mir so leicht gefallen wie hier. Zu Hause quälte ich mich nicht vor sieben Uhr aus dem Bett und schaffte es kaum, den Morgen in fokussierter Stille zu beginnen. Im Ashram stand ich um halb sechs auf, goss mir heißes Wasser in meine Flasche und lief zur Yogahalle. Und dabei freute ich mich sogar! Eine halbe Stunde Meditation. Nur ich, das Rauschen des Ganges und meine Gedanken, die am Morgen noch angenehm leise waren. Lauter wurden sie erst im Laufe des Tages. Und wie.

Lavanya Ji riet uns, die eigenen Gedanken bewusst zu kategorisieren. Gut, beängstigend, fröhlich, zerstörerisch. Der Sinn dahinter war, grundsätzlich zu erkennen, was man den ganzen Tag lang dachte, und dadurch überprüfen zu können, ob die Wahrheit der eigenen Empfindung entsprach.

Der Mensch neigt meiner Meinung nach oft dazu, Zweifeln und Ängsten mehr Aufmerksamkeit zu schenken als positiven Emotionen, weil er Ersteren eher traut. Er ist es gewohnt, dass Dinge schieflaufen oder Situationen schmerzen. Und weil er es sich selbst oftmals gar nicht zugesteht, dass Dinge eine positive Wendung haben können.

Das Experiment haute mich um. Ich musste feststellen, das obwohl es mir gut ging, starke Ängste in mir ausgeprägt waren und dass sie, vor allem in der Stille, in der ich mich befand, unkoordiniert in mir tobten. Wo ich zu Hause mal einen miesen Tag hatte, weil ich einen negativen Gedanken nicht abschütteln konnte, kamen hier plötzlich alle zusammen: Die Angst, nicht zu genügen. Beruflich nicht gut genug zu sein, mich nicht schnell genug weiterzuentwickeln. Alleine zu sein. Nicht verstanden zu werden. Meinen Fokus im Leben zu verlieren. Nicht gesehen zu werden. Die Ziele in meinem Leben nie zu erreichen und mich selbst damit am meisten zu enttäuschen. All das baute sich plötzlich in einem Negativkollektiv vor mir auf. Eine Wand aus Selbstanschuldigungen, die sagte: »Hallo. Wir wären dann jetzt hier. Schön, dass du dir endlich mal Zeit für uns nimmst. Wir würden dir gerne zeigen: Das, was du da tust, ist nicht gesund.« Das beunruhigte mich sehr. Ich wusste von den starken Gegensätzen, die ich in mir trug, doch ich hatte all meine Ängste noch nie zuvor auf dem Silbertablett serviert bekommen wie nun hier im Ashram. Es stimmte mich traurig, wie wenig Aufmerksamkeit ich tatsächlich einer Bewegung der Gedanken, einer Veränderung der Gedanken schenkte, obwohl ich mich so oft als glücklich, beschwingt und positiv empfinde.

Das alles festzustellen und am eigenen Körper zu spüren schmerzte mich. Gleichzeitig konnte ich es jedoch nach und nach als Geschenk empfinden, nun davon zu wissen. Diese Erkenntnis allein war es wert, hierhergekommen zu sein.

Der Höhepunkt des dritten Tages war ein einfaches Ritual. Wir bekamen die Möglichkeit, an einer traditionellen Zeremonie teilzunehmen, die daraus bestand, ein Mantra zu Ehren des heiligen Ganges zu singen und währenddessen Stück für Stück ins Wasser zu gehen, um schließlich dreimal unterzutauchen. Als Ines uns den Ablauf erklärte, stellten sich mir die Nackenhaare auf. Ich würde ganz sicher nicht in das eiskalte Wasser springen. Ines las meine Gedanken und fügte hinzu, dass es jedem freigestellt war mitzumachen und dass es auch vollkommen in Ordnung war, nur die Beine, Arme und das Gesicht zu waschen. Wunderbar.

Wir liefen – alle so bekleidet, dass Knie und Schultern bedeckt waren – zum hauseigenen Ghat. Dort durfte sich jeder aus einem Korb eine der Blüten nehmen, die vorher im Garten gesammelt worden waren, und sie dem Fluss übergeben. Ein Symbol des Loslassens, und das konnte alles sein: eine Angewohnheit, eine Person, einen Job, einen Gedanken – was auch immer. Wir stellten uns nebeneinander und gingen einen Schritt hinein. Das eiskalte Wasser schwappte über meine Füße, und ich quiekte innerlich, gab jedoch keinen Ton von mir. Immer wieder überraschte ich mich selbst dabei, wie gut ich mich dem Schweigen hatte anpassen können und wie angenehm es war, Empfindungen für mich zu behalten und sie nicht konstant nach außen zu tragen. Wir begannen zu singen und wiederholten das Mantra viele Male, und Lavanya Ji ging dabei Schritt für Schritt ins Wasser. Die amerikanischen Jugendlichen folgten ihr schnell, sie waren nicht zimperlich, und ich glaubte, sie mochten die Abwechslung. Ich ging ebenfalls weiter hinein, mittlerweile hatten sich meine Füße und Waden an die Temperatur gewöhnt, und ich konnte schmerzfrei im Ganges stehen. Schließlich übergab ich die Blume der Wasseroberfläche, wusch meine Beine und Arme ab, goss mir etwas Wasser über den Kopf und drehte mich wieder um. Während einige bereits untergetaucht waren, meldete sich eine Stimme in mir. Willst du nicht reingehen? Willst du etwa die Einzige sein, die sich nicht traut? Ich antwortete der Stimme, dass ich sicherlich nicht die Einzige war und dass ich es nicht tun würde, nur, weil alle anderen es taten. Ich wollte es spüren, ich wollte es wollen – und das war nicht der Fall. Aus diesem und vielen anderen gesellschaftlichen Zwängen wollte ich im Ashram schließlich ausbrechen. Also ging ich zurück zu dem Korb mit den Blüten und nahm mir eine zweite, die stellvertretend für eine verstorbene Person aus der Familie stehen durfte. Man konnte sie verabschieden, für sie beten oder einfach an sie denken. Ich ging zurück ins Wasser und lief hinein. Als ich knietief in dem klaren, grünen Wasser stand, ließ ich die rote Blüte los. In dem Moment liefen mir stumme Tränen über das Gesicht. Ich wusste nicht, woher sie kamen und warum, ich betrauerte niemanden, ich dachte lediglich an einen Menschen aus meiner Familie, den ich nie kennengelernt hatte. Es war, als würde das Wasser mich überschwemmen, und ich fühlte mich dabei nicht verloren oder ängstlich, sondern lebendig und vollkommen klar. Ich war wach. Und ich weinte. Warum, war nicht so wichtig, ich ließ die Tränen einfach laufen. Und dann, als keine der Stimmen in meinem Kopf mich störte und ich niemanden um mich herum mehr wahrnahm, sagte ich mir plötzlich selbst: Und jetzt gehe ich rein. Und dann tauchte ich unter.

Tropfnass und mit schweren Kleidern, die an meinem Körper klebten, lief ich durch die langsam hinter den Bergen verschwindende Mittagssonne zurück zum Ashram. Mich fröstelte, doch es war okay. Ich war da. Zurück in der Gegenwart. Was ich an solchen Ritualen sehr liebe: Sie katapultieren einen ins Hier und Jetzt. Die Gedanken werden leise, die Gegenwart nimmt endlich wieder ihren Platz ein, denn da gehört sie hin. Ins Jetzt.

Alles war in Ordnung, auch, dass es noch so viele offene Fragen gab, die ich mit in den Ashram genommen und von denen ich mir gewünscht hatte, sie würden beantwortet werden. Die Kraft des Ganges, das Untertauchen, die stechende Kälte hatten etwas in mir freigesetzt.

Tag 4

Stimmung am Morgen: gut
Körperliche Verfassung: fast muskelkaterfrei; mehr Kraft in den Armen; (immer noch) nicht erkältet
Schwierigkeitsgrad des Schweigens: 10
Stimmung am Abend: sehr gut
Erkenntnis des Tages: Zeit ist relativ.

Am vierten Tag schnappte ich mir nach dem Mittagessen meine Kamera, ging die Treppen hinunter zum Fluss und genoss die wärmende Sonne. Ich knipste Fotos der unwahrscheinlich schönen Landschaft und versuchte auch, die versteckt gelegene Anlage des Ashrams auf ein Foto zu bekommen. Als die Sonne verschwunden war, ging ich zurück und durchstreifte die dazugehörigen Gärten, den Hof, die Korridore und Dachterrassen. Ein Swami schlief auf einem Stuhl, jemand fütterte Tauben, und als ich oben in meinem Zimmer angelangt war und von dort einen guten Blick auf die privaten Wohnbereiche unter mir hatte, beobachtete ich einen alten Mann, der sich seelenruhig mit einer langen Klinge rasierte. Daneben saß seine Frau, die strickte. Chapati lief schwanzwedelnd umher, in der Ferne hupte ein LKW. Dann war es wieder still. Ich glitt jeden Tag auf ganz wundersame Weise in die Ruhe hinein. Und diese Sogwirkung war unglaublich angenehm.

An diesem Abend unterbrach Troy mein Schweigen. Der 19-Jährige gehörte der Studienfahrt an, und er fragte, ob der Platz neben mir frei war. Ich nickte, und er setzte sich an meinen Tisch. Troy wirkte wie ein ganz alter Mann im Körper eines jungen Menschen. Er hatte Ticks, wie das Zupfen an seiner Unterlippe, außerdem zitterte er leicht, doch ich hatte keine Ahnung, ob er das selbst wusste. Er war meist für sich, schien manchmal überfordert und zog sich dann mit Bleistiften und seinem Notizbuch zurück, um zu zeichnen.

Troy fragte mich, woher ich kam, und ich sagte es ihm. »Cool, alle sind aus Deutschland«, bemerkte er, ohne von seiner Zeichnung aufzusehen. Ich schmunzelte, wir waren insgesamt fünf Deutsche in der Gruppe. Ich wollte ihn nicht ignorieren, und ich wollte ihn auch nicht darauf hinweisen, dass ich mich in Mauna befand. Es war ein Moment, in dem ich das Gefühl hatte, sprechen zu können.

Also fragte ich: »Und woher kommst du?«

»Aus den Staaten. Utah«, antwortete er, und ich sagte: »Ah, deshalb deine Leidenschaft fürs Klettern.« Davon wusste ich, weil er das zuvor in einem Kurs erzählt hatte. Ich empfand seine Studienreise als eine unglaubliche Leistung und sagte es ihm. Er lächelte schüchtern, und bevor er etwas antworten konnte, kam Lavanya Ji in den Raum, das Essen wurde verteilt, und alle schwiegen. Als ich bei der Essensausgabe anstand, fragte ich mich, ob das nun in Ordnung gewesen war. So oft hatte ich mir ausgemalt, wie es sein würde, das Schweigen offiziell zu brechen. Wie würde es sich anfühlen zu sprechen, würde ich mich erstmal räuspern müssen? Und dann kam Troy und gab mir das Gefühl, es jetzt einfach mal tun zu können. Nicht so streng mit mir und mit anderen zu sein.

Der Raum war still, nur die Natur war zu hören. Ich fand einen Gedanken, den ich mochte: Um wahrhaftig das Schweigen zu lernen, ist es wichtig, zwischen lückenfüllenden Gesprächen und erfüllenden Gesprächen zu unterscheiden. Ein Schritt nach dem anderen.

Nach dem Essen ging ich beschwingt zur Abendmeditation, die immer für eine halbe Stunde angesetzt war. Lavanya Ji saß auf ihrer kleinen Bühne und verkündete, dass sie nicht sagen konnte, wie lange wir heute meditieren würden. Verwirrung in allen Gesichtern.

»Mich beschäftigte lange die Frage, warum manche Menschen stundenlang vollkommen regungslos in einer Position sitzen können. Drei Stunden, vier oder länger. Immer wieder bin ich gereist und habe herumgefragt, bis ich eine Antwort bekam. Und ich zeige euch heute, wie es geht.«

Sie sang uns in Abschnitten ein Mantra vor, damit wir es wiederholen und es uns einprägen konnten. Dann erklärte sie, dass es eins der kraftvollsten sei, die es gibt, und auch, dass aufgrund unserer großen Gruppe die Energie so vieler Stimmen spürbar werden würde. »Nach dreißig Minuten werde ich aufhören, das Harmonium zu spielen, das Singen geht aber weiter. Ihr werdet gar nicht mehr merken, dass ihr schon lange sitzt und euch nicht bewegt. Aber jeder darf natürlich gehen, wann er mag.« Dann fing sie an, das für den Kirtan typische Harmonium, ein Tasteninstrument, zu spielen, und wir begannen zu singen.

Erst konzentrierte ich mich auf die Worte. Als ich das nicht mehr musste, als mein Mund die Silben ohne Mühe formte, verlor ich mich in den Zeilen. Für eine Weile vergaß ich die Zeit. Fast vierzig Menschen sangen gleichzeitig die immer gleichen vier Zeilen, und es war unglaublich schön zuzuhören. Sich selbst und den anderen. Als Lavanya Ji aufhörte zu spielen, war ich überrascht, dass bereits eine halbe Stunde vergangen war. Über die nächsten Minuten hinweg hörte ich immer wieder, wie einzelne Stimmen verschwanden. Mal fehlte plötzlich die männliche Stimme links von mir, dann die weibliche hinter mir. Als ich aus dem Mantra herausfiel und die Augen öffnete, stellte ich fest, dass ich vollkommen mühelos über eine Stunde gesungen hatte. Ohne mich zu langweilen, ohne die sonst aufkommenden Schmerzen im Rücken oder in den Knien zu spüren, ohne mich bewegt zu haben.

Am nächsten Tag erfuhr ich, dass die letzten Kursteilnehmer bis halb elf gesungen hatten, also insgesamt über zwei Stunden. Sie meinten, erst zum Schluss hätten sie gemerkt, dass es immer schwieriger wurde, weil mit den nach und nach gehenden Menschen auch ihre Stimmen und damit ein Stück der gemeinsamen Energie durch die Tür verschwunden war.

Tag 5

Stimmung am Morgen: gut, aber aufgekratzt und unruhig
Körperliche Verfassung: muskelkaterfrei, gesund
Schwierigkeitsgrad des Schweigens: 4
Stimmung am Abend: sehr gut
Erkenntnis des Tages: Ich lebe in der Zukunft.

Der Engländer fehlte. Der, der mich am ersten Tag im Garten während der Nasendusche belustigt angegrinst hatte. Er schlief nicht einfach nur aus, er erschien nicht mehr, und irgendwann stellten das auch andere fest. Wieder erinnerte ich mich an Ines, die am ersten Tag gesagt hatte, dass es häufig vorkam, dass Gäste der Alltag im Ashram überforderte. Das Schweigen, das frühe Aufstehen, die fehlende Ablenkung und vor allem das ständige Mit-sich-allein-Sein. Er war tatsächlich abgereist.

Als ich an diesem Morgen aufgewacht war, hatte ich festgestellt, dass nur noch zwei Tage vor mir lagen. Am Mittwoch nach dem Mittagessen würde alles vorbei sein. Unruhe kitzelte mich überall, meine Gedanken hangelten sich an der Zeitachse entlang. Ich hatte bisher keinen Programmpunkt verpasst, war zu allen Kursen pünktlich erschienen, sowohl am frühen Morgen wie auch am Abend. Ich war die Vorzeigedeutsche, mit ein paar anderen die Einzige, die den Tagesplan straff durchzog. Ich hatte mich oft gut dabei gefühlt und mich selten wirklich zwingen müssen, etwas zu tun, und doch: Jetzt, da ich spürte, dass der Mittwoch, der Abreisetag, zum Greifen nahe war, streckte ich meine Hand aus und konnte es kaum erwarten, in die Welt außerhalb des Ashrams zurückzukehren. Ich baute mir Brücken wie: Morgen, am letzten ganzen Programmtag, gebe ich noch mal Gas. Da werfe ich mich ein letztes Mal in einen traditionellen Ashram-Tag. Da werde ich all meine negativen Gedanken erst liebevoll umarmen und ihnen dann den Garaus machen! Diesen einen letzten Tag brauche ich. Ich werde kein Wort sprechen, mit niemandem! Und auf den Mittwochnachmittag, den Zeitpunkt der Abreise, fieberte ich plötzlich hin wie auf den Tag der allerletzten Abiturprüfung. Ich brauchte ihn so dringend – nur warum so plötzlich, und warum musste es genau dieser sein, warum nicht ein Tag später? Bei der Vorstellung, mich vielleicht verrechnet zu haben, kippte ich fast aus den Latschen. Es war kurios, wie ich mich auf dieses Datum fixierte. Der Mittwoch war mein Tor zum echten Leben. Ein Taxi würde mich abholen, ich würde zurück nach Haridwar fahren, ins Hotel einchecken, heiß duschen (im Stehen!), in frische weiße Bettwäsche fallen, meine Eltern, meinen Freund anrufen. Zimmerservice bestellen und einen Film schauen. Halleluja! Hatte ich mir die ganze Zeit etwas vorgemacht? Warum raste ich plötzlich der Zielgeraden entgegen und ließ mir selbst dabei kaum noch Zeit zum Innehalten und Verschnaufen?

Ich war nicht hier. Ich war dort. Zumindest in Gedanken. Und ich musste den ganzen Tag über erhebliche Mühe aufwenden, mich immer wieder in die Gegenwart zurückzuholen. Mir zu sagen: »Das da vorne ist die Zukunft. Ich muss nicht jetzt schon nach ihr greifen, sie kommt von ganz allein.«

Tag 6

Stimmung am Morgen: okay
Körperliche Verfassung: beschwerdefrei
Schwierigkeitsgrad des Schweigens: 10
Stimmung am Abend: ausgelassen und vorfreudig
Erkenntnis des Tages: Fröhlichkeit kann man erlernen.

Ich hatte also vor, mich voller Disziplin in diesen letzten Tag zu werfen. Was ich jedoch nicht wusste, war, dass kurz vor Schluss das Programm gelockert werden sollte.

Nach der Nasendusche folgte eine Yogaeinheit. Die ersten Dehnübungen waren gerade vorüber, als Lavanya Ji uns alle bat, näher zusammenzurücken und die Yogamatten aneinanderzureihen. »Heute zeige ich euch etwas Besonderes. Lach-Yoga!« Kollektives Aufatmen ging durch den Raum, überall glänzende Augen, alle freuten sich auf diese Abwechslung wie Kleinkinder auf den Weihnachtsmann.

Hinter Lach-Yoga verbirgt sich das grundlose Lachen. Um vom müden, vielleicht sogar trägen Zustand am Morgen ins Lachen zu verfallen, benötigt es etwas Anlaufzeit. Mithilfe von Musik fingen wir an, im Takt zu klatschen und den eigenen Körper zu spüren, in den ich mich gerade am Morgen immer erst einfinden musste. Ziel bei den verschiedenen Übungen des Lach-Yoga ist es, durch Techniken das anfangs künstliche, willentlich erzeugte Lachen in vollkommen reines, freies und unbeherrschtes Lachen zu transformieren.

So weit die Theorie. Nach einigen Übungen fühlte ich mich energetischer als zuvor, ich glaubte, ein paar Gedanken abgeschüttelt zu haben und Leichtigkeit in mir aufkommen zu spüren. Wir legten uns schließlich alle auf den Rücken und formten dabei einen großen Kreis, die Köpfe nach innen, die Füße nach außen. Und dann begannen wir zu lachen. Einfach so. Anfangs teilweise verhalten, prusteten plötzlich die ersten vollkommen ungehemmt los, und ich bewunderte ihre Zügellosigkeit. Manche lachten so unglaublich komisch und witzig, dass es ansteckend war, und spätestens, als eine Frau neben mir minutenlang in einem Lachanfall steckte und ihr sogar Tränen übers Gesicht liefen, konnte ich mich nicht mehr retten. Ich lachte so laut und frei und vor allem so lange am Stück wie noch nie zuvor in meinem Leben. Selbst jetzt, während ich diesen Text tippe, muss ich immer wieder grinsen, weil ich mich an diesen frühen Morgen im November zurückerinnere, als wir alle für einige Minuten unsagbar glücklich waren. Und vollkommen unseren Verstand verloren!

Nach dem Lach-Yoga war die Stimmung wie ausgewechselt. Beschwingt und vollkommen ausgelassen. Aus einigen Kursteilnehmern brachen die Worte nur so heraus, und kurz vor der Frühstücksausgabe sprachen alle im Speisesaal miteinander. Die Regeln waren plötzlich vergessen, und erst als Lavanya Ji hereinkam und alle ermahnte, still zu sein, kehrte Ruhe ein, und ich fühlte mich wie in einem Ferienlager. Ich löffelte mein Porrdige und grinste darüber hinweg. Gleichzeitig kam ich nicht umhin, mich über den perfekten Ablauf des Programms zu wundern. Auf anfängliche Disziplin folgte, weil es menschlich war, bei uns allen ein Tief, welches durch das Ritual im Ganges spielerisch aufgefangen worden war. Als wir uns auf der Zielgeraden befanden, bekamen wir die Belohnung des Lachens und fühlten uns plötzlich so gut wie nie. Das gesamte Programm war nicht wahllos zusammengestellt, sondern extrem gut aufeinander abgestimmt. Blieb nur noch die Frage, was am letzten gemeinsamen Abend stattfinden würde.

Um das herauszufinden, versammelten wir uns um die Mittagszeit im Hof. Lavanya Ji sprach von einer Party, während Ines augenzwinkernd »mit Chai und Cookies« hinzufügte. »Und jeder soll stellvertretend für das Land, aus dem er kommt, ein Lied singen.« Seltsam. Nach einer stillen, meditativen und bewussten Woche sollte der letzte Abend in völligem Klamauk enden? Ich fand, dass das nicht zum Programm passte, schon gar nicht, weil es sich nicht nach einer freiwilligen Aktivität anhörte. Glücklicherweise gab es mit mir insgesamt fünf Deutsche, die sich kurz nach dieser Ankündigung zusammenfanden und beschlossen, ein Medley aus drei Weihnachtsliedern zu singen. Damit konnte ich leben, das ging schnell vorbei, war charmant und benötigte keine besonders aufwendige Vorbereitungszeit.

Am Abend kamen wir dann alle zu einem riesigen Lagerfeuer im Garten zusammen. Ich stand mit zwei Deutschen, einem Engländer, der in Berlin lebte, und einem Brasilianer, der gerade von London nach Berlin zog, in einer Gruppe zusammen, und wir unterhielten uns über die zurückliegende Woche. Wir lachten viel, das taten alle, es schwebte eine unglaublich friedliche Stimmung über der ganzen Gruppe. Wir erzählten aus unseren Leben, tauschten Nummern aus und schmiedeten Pläne, uns in Berlin oder München zu treffen. Als Lavanya Ji ankündigte, dass das Singen nun beginnen würde, setzte sie sich mit seelenruhiger Erwartungshaltung in einen Stuhl und blickte uns an. Die drei Engländer machten den Anfang mit einem selbstgeschriebenen Rap über die zurückliegende Woche, und ich fragte mich, wie es möglich war, so eine irrsinnig witzige und pointierte Darbietung innerhalb kürzester Zeit vorzubereiten. Alle bogen sich vor Lachen, und ich wünschte, ich hätte mitgeschrieben, um es hier zumindest schriftlich wiedergeben zu können. Danach stimmten sie, wie sollte es auch anders sein, *All you need is love* an, und mit dem liebevollen Programm, das nun hinter uns lag, und der Weihnachtszeit, die sich in der Heimat längst angekündigt hatte, wurde allen ganz warm ums Herz.

Meinen größten Respekt hatten jedoch diejenigen, die alleine waren und sich nicht vor der Aufgabe drückten. Da war der Koreaner, der einen Popsong schmetterte, oder, mein Highlight, eine Walisin, die mit einer großen Portion Selbstironie ihre Nationalhymne anstimmte. Während wir jeden Einzelnen mit Zurufen und Klatschen unterstützten, begann ich den Sinn dieses Abends zu begreifen. Er war locker, unterhaltend und witzig. Darin steckte, zumindest für mich, weil ich mich die ganze Woche über zurückgezogen hatte, eine weitere Herausforderung, die jedoch im Lachen und Zusammenspiel mit so vielen anderen Nationen zu bewältigen war. Die junge amerikanische Gruppe sang etwas von den Backstreet Boys und hatte auch Teile der Choreografie in petto, die Inder gaben einen Bollywood-Song zum Besten, die Finnen sangen ein altes Volkslied über einen Troll in den tiefen Wäldern, und so erfüllten wir alle ein wenig die Klischees unserer Heimatländer. Lange nachdem wir Deutsche unser kleines Medley gesungen hatten, war die Stimmung in die einer Karaoke-Bar umgeschlagen, und viele sangen mehrfach – alleine oder in neu zusammengewürfelten Gruppen. *Das* hätte ich niemals erwartet.

Tag 7

Stimmung am Morgen: Wo bitte geht's hier zum Ausgang?
Körperliche Verfassung: Vollkommen gesund und beschwerdefrei!
Schwierigkeitsgrad des Schweigens: Schweigen?
Stimmung am Abend: Netflix und Zimmerservice sind eine
unschlagbare Kombination.
Erkenntnis des Tages: Ich bin stolz, und das darf auch mal gesagt
werden.

Das Ende der Woche. Ich war mittlerweile acht Tage im Ashram,
acht Tage komplett abgeschnitten vom Rest der Welt. Abgesehen
vom Anruf meines Vaters und der fünfminütigen Unterhaltung
mit Troy hatte ich fast sechs Tage geschwiegen. Der Aufenthalt im
Ashram war ein so intensives Erlebnis gewesen, dass es mir vorkam, als würden meine ersten Stunden dort ewig zurückliegen.
Ich dachte zurück an die Entwicklung, die ich durchgemacht hatte. Am Anreisetag war ich verloren und unsicher gewesen, steckte
zwischen zwei Welten fest. Über die Zeit hinweg war das Leben
im Ashram plötzlich normal geworden, und ich hatte die Woche
besser gemeistert als erwartet. Das Schweigen war mir leichter-
gefallen als gedacht. Mein Gedankenkarussell in den Griff zu bekommen dafür umso schwerer.

Der letzte Tag verlief bis zum Mittagessen ähnlich wie die Tage
zuvor, nur etwas straffer. Es war schwierig für mich, das bevorstehende Ende auszublenden und wirklich in die einzelnen Pro-

grammpunkte einzutauchen. Nach der Morgenmeditation folgte die allerletzte Nasendusche (ich machte mir eine gedankliche Notiz, ein Kännchen zu kaufen und es zumindest bei Erkältungen auch in Deutschland weiterhin zu praktizieren), eine sanfte Yoga-Stunde und das Frühstück. Als ich das letzte Mal mein Porridge aß, fiel mir auf, dass der Himmel voller Wolken hing. Zum ersten Mal in dieser Woche schien nicht die Sonne. Ich wollte mir gar nicht vorstellen, wie es gewesen wäre, hätte es die wenigen Sonnenstunden am Tag gar nicht gegeben. Es war also wirklich Zeit zu gehen.

Das Karma Yoga wurde zeitlich vorgezogen, und ich schnappte mir die Eimer, in denen sich das Klopapier befand – in Indien wurde es grundsätzlich nicht in die Toilette geworfen –, und lief zum hauseigenen Kompost. Dann zog ich mir zum ersten Mal in dieser Woche saubere, noch nicht getragene Kleidung an und traf mich mit der gesamten Gruppe im nach allen Seiten offenen Speisesaal, wo ein kleines Feuer brannte, um das viele Sitzkissen verteilt lagen. Wir würden ein Mantra singen. Zum allerletzten Mal. Und wir alle kannten es mittlerweile in- und auswendig:

om tryambakaṃ yajāmahe
sugandhiṃ puṣṭi-vardhanam
urvārukam iva bandhanān
mṛtyor mukṣīya māmṛtāt

Wir sangen das Heilmantra, wie die Mala, die Gebetskette, es vorgab, 108 Mal, was ungefähr fünfundvierzig Minuten dauerte.

Ich war wahnsinnig unruhig, und es fiel mir wieder schwer, mich fallenzulassen. Einmal mehr wurde mir bewusst, dass ich dazu neige, durch mein Leben zu rasen, dass ich zu viel Zeit mit meinem zukünftigen Ich verbringe, statt mich auf mein aktuelles zu fokussieren.

Als ich einmal während des Singens die Augen öffnete, brach die Sonne durch die Wolken, und im Laufe der fünfundvierzig Minuten kam sie schließlich vollends zum Vorschein. Als wir fertig waren, fühlte sich der Raum nicht nur heller und wärmer an, er war es auch.

Und dann ging plötzlich alles sehr schnell. Es wurde ein Gruppenfoto geschossen, danach ging es zur Essensausgabe, dann huschten alle auf ihre Zimmer, packten, tauschten Nummern aus, manche umarmten sich, andere verabredeten sich für den Abend im nahegelegenen Städtchen. Ich schnallte meinen Rucksack auf, stellte mich vor den Tempel und bat jemanden, ein Foto von mir zu machen. Ich hatte es geschafft, und ich war stolz. Ich verabschiedete mich von Lavanya Ji, die erzählte, dass sie schon oft in München gewesen sei und den Englischen Garten kannte. Mir gefiel die Vorstellung, sie vielleicht irgendwann meditierend auf einem Stein am Eisbach sitzen zu sehen. Dann stieg ich mit vier anderen in ein großes Taxi und fuhr davon.

⧗

»Ich habe so oft an dich gedacht, du musst jeden Tag Schluckauf gehabt haben«, sagte Emma, als ich sie anrief.

»Und ich bin so gespannt, was du zu erzählen hast. Ich verspreche, ich werde dich nicht unterbrechen«, fügte sie hinzu, da sie bei Aufregung gerne dazu neigte, ins Wort zu fallen.

Ich lief in meiner Küche auf und ab. Draußen schneite es. »Ich weiß gar nicht, wo ich anfangen soll«, sagte ich und versuchte, meine Woche im Ashram in Worte zu fassen. Dann platzten viele Fragen aus Emma heraus.

»Das mit dem Schweigen habe ich noch nicht ganz verstanden. Wie ist das nun genau abgelaufen? Und wie war das mit anderen Kommunikationsformen? Durftet ihr euch zum Beispiel umarmen?«

Das fand ich eine sehr spannende Frage. Über Körperkontakt hatte ich die ganze Zeit kein einziges Mal nachgedacht, und erst, als Emma mir die Frage gestellt hatte, fiel mir auf, dass ich eine Woche lang nicht berührt worden war. Keine Umarmung, kein Kuss, kein Händchenhalten, kein Schulterklopfen.

»Das war erlaubt. Im Prinzip war alles erlaubt, solange es andere nicht störte oder einschränkte«, sagte ich und ließ meine Erkenntnis, nicht berührt worden zu sein, nachhallen. Es hatte mir nichts ausgemacht, sonst wäre es mir sicherlich aufgefallen. Berührungen im Alltag waren mir jedoch wichtig, und ich war mir sicher, dass mir ihre Abwesenheit zu Hause aufgefallen wäre. Was für eine traurige Vorstellung das nun plötzlich war.

Wir redeten noch eine Weile über meine Erfahrung, und ich zog das Resümee, dass ich Mauna zwar nicht volle acht Tage durchgezogen hatte, mich das aber wenig störte, denn eine Sache, die ich mir erhofft hatte, war eingetreten. Durch das Schweigen und die darauffolgende achtsame Kommunikation habe ich viel über mich selbst gelernt. Gerade in Bezug auf meine Gedanken. Wie sie sich zusammensetzen, was sie mir zeigen und wie ich damit umgehen kann. Gedanken wahrzunehmen, ihnen Raum zu geben, anstatt sie wegzuschieben, herauszufinden, was sich hinter ihnen verbirgt und wie ich sie schlussendlich in etwas Positives wandeln kann, ist Arbeit.

»Und diese Arbeit fängt jetzt erst an«, sagte ich abschließend zu Emma.

»War das nun eine einmalige Erfahrung für dich?«, fragte sie.

»Gemäß dem Motto, dass man immer haben möchte, was man gerade nicht haben kann, wünsche ich mich schon wieder zurück in die kleine, strukturierte und leise Welt des Ashrams.«

»Wirklich?« Sie wirkte tatsächlich erstaunt. Vielleicht weil ich mit so vielen Hausaufgaben nach Deutschland zurückgekehrt war.

»Absolut. Ich kann es kaum erwarten.«

Fünftes Abenteuer

Roadtrip mit Papa

Wie mein Vater und ich uns wieder annäherten

Als Emma mir von den Vaterfiguren in ihrem Leben berichtete, kam ich nicht umhin, an meinen eigenen Papa zu denken. Ich wurde nie in eine solche Identitätskrise gestürzt wie Emma, weil meine leiblichen Eltern immer in meinem Leben waren und es nach wie vor sind. Ich wusste zu jedem Zeitpunkt, dass ich einen Papa hatte und dass auch er von meiner Existenz wusste. Dass er mich kannte und liebte, und das vom ersten Tag an.

Mit dieser Erkenntnis sollte meine Vater-Geschichte jedoch noch nicht zu Ende sein. Damit sollte sie beginnen. Denn zu realisieren, dass mein Papa eine Rolle in meinem Leben spielte, dass er aktiv daran teilnahm, zeigte mir gleichzeitig, wie unzureichend das tatsächlich war.

Das Verhältnis zwischen meinem Vater und mir ist kompliziert und zugleich ganz simpel. Er liebt mich, ich liebe ihn, das ist der einfache Teil. Doch irgendwo haben wir uns verloren. Irgendwann fiel mir auf, dass unsere Gespräche sich nur noch um die Leben anderer drehten und nicht mehr um uns. Statt ernsthafter Unterhaltungen tauschten wir nur noch Geplänkel aus. Erschwert wird das Ganze auch von der Tatsache, dass wir abgesehen von unseren Genen nicht viel gemeinsam haben. Ich reise unwahrscheinlich gerne. Es war lange Zeit einer der wichtigsten Bestandteile meines Lebens, während mein Vater noch nie außerhalb Europas war und generell schwer nachvollziehen kann, warum es mich so sehr in ferne Länder zieht. Ich liebe es, Bücher zu lesen und zu schreiben, während er mit Literatur nicht viel am Hut hat. Mein Vater ist Mitglied in Vereinen, hat Hummeln im Hintern und ist immer auf dem Sprung, während ich viel Zeit für mich brauche und gerne allein bin. Viele Dinge, auf die ich emotional reagiere, lösen in ihm nichts aus und umgekehrt. Unsere Werte gehen an vielen Punkten auseinander. Wir müssen suchen, um uns zu finden, und meist ist das anstrengend, zumindest fühlt es sich für mich so an.

Mein Vater spielte über Jahre hinweg in einer Bigband, die regelmäßig zusammenkam und übte. Damals saß er hinter dem Schlagzeug und trommelte auf Congas, bei einigen Liedern übernahm er auch den Gesang. Manchmal war ich bei Konzerten dabei, manchmal musizierten wir auch zu zweit zu Hause, und wenn ich heute zurückblicke, dann empfinde ich die Musik als den Mittelpunkt unserer Beziehung. Vielleicht die einzige Schnittmenge, die uns immer verbunden hat.

Je älter ich wurde, desto öfter fiel mir die für meinen Vater typische ruppige Art auf, die er an den Tag legte. Der Ausdruck *Harte Schale, weicher Kern* trifft auf niemanden, den ich kenne, so sehr zu wie auf ihn. Als Kind konnte ich jedoch nicht hinter diese harte Schale sehen. Oftmals neckte er mich, und während es für ihn Spielereien waren, taten sie mir jedoch weh.

Lange Zeit stand bei uns zu Hause auf einer Kommode neben vielen anderen Kinderbildern eins, das mich auf der Toilette sitzend zeigt. Ich muss zwei oder drei gewesen sein. An den Moment, in dem mein Vater das Foto machte, kann ich mich nicht erinnern. Das Bild ist an sich vollkommen unschuldig, ich lache in die Kamera, so frei und wild, dass man meinen könnte, meine Fröhlichkeit zu hören. Mit den Jahren schämte ich mich jedoch immer mehr für dieses Bild, und manchmal versteckte ich es hinter einem anderen, wenn Verwandtschaft oder Freunde sich ankündigten. Jahre später, ich feierte meinen Geburtstag, zeigte mein Vater meinen Freunden das Foto, und alle lachten sich schlapp. Ich habe bis heute keine Ahnung, warum er das getan hat, und kann es mir nur damit erklären, dass er Spaß daran fand, mir einen Streich zu spielen. Er fand es lustig. Wahrscheinlich ist ihm nie in den Sinn gekommen, dass es mich tatsächlich verletzen könnte, doch als Kind hielt ich meinen Vater für allwissend, deshalb sah es für mich so aus, als hätte er mich absichtlich kränken wollen.

Ein anderes Erlebnis trug sich ein paar Jahre später zu. Ich hatte schreckliche Angst vor der Fahrt mit dem Skilift und nahm ihm noch in der Schlange das Versprechen ab, mit mir gemeinsam zu fahren. Er versicherte mir, dass er neben mir bleiben werde, und als wir an der Reihe waren, half er mir auf den Bügel und trat zur Seite. Ich fuhr alleine den Berg nach oben, rang nach Luft und fing an zu weinen. Mein Papa hatte nicht Wort gehalten. Ich weiß, dass er mir helfen wollte, den Bügellift alleine zu meistern, damit ich später nicht auf ihn angewiesen sein würde, aber was für mich zurückblieb, war einzig, dass ich ihm nicht vertrauen konnte.

Zwei von vielen Erinnerungen, die tief in mir verankert sind. Viele seiner Handlungen ließen mich ratlos und verletzt zurück, vor allem, weil es lange Zeit keinen Gegenpol dazu gab. Keine gemeinsamen Fahrradtouren oder Spieleabende, keine Vater-Tochter-Erlebnisse, an die ich mich erinnern kann, abgesehen vom Musizieren. Mein Vater war in meinem Leben, doch ich nahm ihn vielmehr als Randfigur wahr, anstatt als jemanden, der sich mit mir beschäftigte.

Spätestens als mein Leben von der Kindheit in die Pubertät überging, teilte ich nur noch wenig mit ihm, was über Schulnoten, Tagesabläufe und Oberflächliches hinausging. Ich hatte mein Vertrauen zu ihm vollkommen verloren. Immer wieder wenn ich mich geöffnet hatte, war ich auf seine ruppige Härte gestoßen. Damals dachte ich, die Distanz zwischen uns wäre dem ganz normalen Abnabelungsprozess geschuldet, den alle Jugendlichen durchmachen. Als Teenager hatte ich wesentlich mehr Geheimnisse als heute und wollte sie auf keinen Fall mit meinen Eltern teilen, am wenigsten jedoch mit meinem Vater. Wenn ich mich heute in ihn hineinversetze, kann ich mir gut vorstellen, dass das schmerzhaft für ihn war. Und auch wenn mein Papa mir nie deutlich signalisierte, dass ihn meine Abweisung verletzte, las ich es irgendwann in seinem Gesicht. In seinen Versuchen, wieder Kontakt herzustellen. Es gelang fast nie.

Außer wenn wir über Musik sprachen. Oder selbst gemeinsam musizierten. Die Songs fungierten als Bindeglied, wir tauschten uns über Musik aus und sprachen viel miteinander. Zu Schulzeiten, als ich längst wusste, später künstlerisch arbeiten zu wollen, und mein Papa sich selbst das Gitarrespielen beibrachte, saßen wir abends oft stundenlang im Proberaum unseres Hauses. Er spielte, ich sang. *I got you, Babe* von Sonny und Cher spielten wir rauf und runter, und wenn ich mir den Song in Erinnerung rufe, dann höre ich oft die Stimme meines Vaters und nicht die von Sonny. Diese Proben definierten außerdem meinen Musikgeschmack, ich begeisterte mich für die Woodstock-Ära, liebte Rockmusik, und durch seine Bigband fand ich einen Zugang zu Blues und Jazz. Wir konnten beide ganz gut singen, unsere Stimmen harmonierten.

Das ging so lange gut, bis er begann, mich zu kritisieren. Sicherlich wollte er mich nur fördern, aber Kritik von den eigenen Eltern trifft einen oft schwerer als die von Fremden. Bei meinem Vater kommt hinzu, dass er Kritik nicht gut verpacken kann, oft nimmt er sich erst Zeit für Sensibilität, wenn es schon zu spät ist. Wir musizierten immer seltener, bis wir schließlich ganz aufhörten.

Mein Vater kann charmant und lustig sein, er ist hilfsbereit und sorgt sich um alle, die er liebt. Demgegenüber steht, dass er oft ruppig ist, sich distanziert, wenn ihm etwas nicht passt, und gerne mal ohne Rücksicht auf andere seinem Ärger Luft macht. Das war für mich als Kind und Jugendliche oftmals nicht einfach. Vor kurzem habe ich gelesen, dass es immer schmerzhaft ist, wenn Kinder verstehen lernen, dass ihre Eltern auch nur Menschen sind. Und das war es bei mir auf jeden Fall.

Manche seiner Eigenschaften stören mich bis heute, weil ich sie selbst übernommen habe und sie an mir genauso wenig leiden kann. Wer sich seine Eltern genau anschaut, blickt oftmals in einen Spiegel. Das kann schmerzhaft sein, schließlich haben wir doch so viele Jahre damit verbracht, uns zu sagen, dass wir alles anders machen würden. Dass wir besser werden würden. Heute kann ich mich damit besser abfinden, denn mein Vater hat auch so vieles richtig gemacht hat. Ohne zu zögern, haben er und meine Mutter meinem Eintritt in die Schauspielschule zugestimmt und mir nicht ein einziges Mal nahegelegt, etwas *Richtiges* zu studieren. Ohne zu zögern, griff er mir immer wieder finanziell unter die Arme, als mein Nebenjob nicht ausreichte und auch später, als ich mich mitten im Quereinstieg in den Journalismus befand und mich schämte, immer wieder Engpässe zu haben.

Ich habe das Glück, meinen Vater bis heute in meinem Leben zu haben, doch ich wusste es lange nicht zu schätzen. Oft empfand ich Mitgefühl für Freundinnen, die lange keinen Kontakt mehr zu ihrem Vater hatten, ihn gar nicht kannten oder ihn sogar ganz verloren hatten. Ich weinte mit ihnen, gab Ratschläge, um am Ende des Tages nach Hause zu fahren, einmal tief durchzuatmen und nicht weiter darüber nachzudenken. Ich hatte die

Schicksale anderer nie über mein eigenes Leben gelegt und mir bewusst gemacht, was wirklich da war. Wer wirklich da war. Das wurde mir erst bewusst, als ich vor meinem Notizbuch saß und mir überlegte, was ich dieses Jahr anders, besser oder neu machen wollte.

Warum war mir mein Vater entglitten? Wo würden wir am Ende stehen, wenn wir unser Verhältnis aufarbeiteten?

Ich überlegte nicht lange, sondern folgte einem Impuls, von dem ich wusste, dass ich ihm vertrauen konnte. Ich griff zum Telefon und überraschte mich dabei selbst.

»Hallo Papa. Hast du Lust, diesen Sommer irgendwo hinzufahren? Zu einem Festival oder einem Konzert?«

Nach diesem ersten Schritt auf meinen Vater zu wollte ich von Emma wissen, wie das damals war, als sie versuchte, ihren leiblichen Vater kennenzulernen. Wir unterhielten uns über die verschiedenen Vaterrollen in ihrem Leben und wie es dazu kam, dass sie sich eines Tages in den Zug setzte, um den Mann, der sich von ihrer Geburt an von ihr abgewandt hatte, zu treffen.

Ihr erster Pflegevater, den sie über alles liebte, verstarb, als sie gerade fünf Jahre alt war. Der zweite Pflegevater, der Bauer, zu dem sie von einem Hitlerjungen gebracht worden war, war ihr genauso wohlgesinnt wie der erste. Beide hatten sie gut behandelt, etwas, das nicht selbstverständlich war, schon gar nicht in der damaligen Zeit. Dann kam der dritte Pflegevater, mit dem sie in den ersten Jahren gut zurechtkam, der ihr aber in der Pubertät so viele Verbote auferlegte, dass sie sich immer mehr von ihm distanzierte. Die drei Männer traten nacheinander ganz automatisch an die Position ihres Erzeugers, und ich stelle es mir unendlich anstrengend und verwirrend vor, bei so vielen verschiedenen Menschen aufzuwachsen.

Als Emma mit achtzehn Jahren zum ersten Mal ihre eigene Akte beim Jugendamt einsah und dort nicht nur die Daten ihrer leiblichen Mutter, sondern auch die ihres Vaters las, beschloss sie, ihn aufzusuchen. Als sie erfuhr, dass er nach wie vor in seinem Heimatort lebte, setzte sie sich in den Zug und fuhr hin.

»Ich ging ins Rathaus, um die Adresse und den Familienstand herauszufinden. Dort sagte man mir, dass er erst vor kurzem geheiratet habe. Bei einem Spaziergang dachte ich alles in Ruhe durch und fuhr schließlich zurück nach Hannover, ohne mich bei ihm zu melden.«

»Warum?«, fragte ich, und Emma sagte: »Ich befürchtete, ein plötzlich auftauchendes, uneheliches Kind könnte die junge Ehe zerstören. Jahre später, als ich selbst bereits verheiratet war, ließ ich mich unter meinem neuen Nachnamen telefonisch zu ihm durchstellen«, sagte sie dann. »Als ich ihm meinen Geburtsnamen nannte, beendete er das Gespräch mit den Worten: ›Damals war Krieg, das ist lange her, und damit möchte ich nichts zu tun haben.‹«

Als ich bereits zu rechnen begann, fügte Emma hinzu: »Ich wurde 1934 geboren. Kriegsbeginn war 1939.«

Ich war schon oft mit meiner Mutter verreist, allerdings noch nie mit meinem Papa. Obwohl mein Vorschlag ihn überraschte, fand er die Idee gut und stimmte zu. Ein paar Wochen schickten wir uns gegenseitig Links zu verschiedenen Festivals in ganz Europa, von Jazz über Blasmusik bis zu Klassik war alles dabei. Am Ende fiel die Wahl jedoch auf etwas ganz anderes.

»Wäre doch super, oder?«, stand unter der Anzeige, die er mir geschickt hatte: eine Busfahrt nach Prag inklusive Übernachtung und Tickets für ein Konzert der *The Rolling Stones*.

»Ja, das können wir machen«, schrieb ich zurück und stellte amüsiert fest, dass es mich zum zweiten Mal in diesem Jahr in die Tschechische Republik verschlagen würde. Zum zweiten Mal aus familiären Gründen.

Papa antwortete: »Aber mit dem Auto und nicht so eine Busreise!«, und ich atmete erleichtert auf.

Ich kaufte die Karten für das Konzert der *Stones* und sagte mir, dass ich zwar nicht früh genug, aber auch nicht zu spät beschlossen hatte, meinen Papa wieder in mein Leben zu lassen und ihm zu zeigen, dass ich auch gerne mehr an seinem teilhaben wollte. Also öffnete ich eine Tür, die lange verschlossen oder zumindest angelehnt gewesen war – und hatte keine Ahnung, wie viele Emotionen über die Schwelle treten würden.

Drei Wochen vor unserem Kurztrip schrieb er mir, dass wir umplanen müssten. »Auf der Burg Clam in Oberösterreich finden zwei Tage lang verschiedene Konzerte statt. Johnny Depp spielt auch.« Ich googelte und konnte kaum glauben, was ich las. Alice

Cooper, Joe Perry – der Gitarrist und Mitbegründer von *Aerosmith* – und Johnny Depp hatten eine Band gegründet. Der Name: *Hollywood Vampires.*

»Das ist eine Altherrenveranstaltung«, schrieb ich an eine Freundin, die bei einer Plattenfirma arbeitet, und sie lachte und stimmte mir zu.

Wenig später telefonierte ich mit meinem Vater, und wir legten die Route fest. Er würde mich ein paar Tage früher als ursprünglich geplant in München abholen, um zur Burg Clam zu fahren und dort das Festival-Wochenende zu verbringen. Danach würde es weiter nach Prag gehen, vier Tage Sightseeing mit abschließendem Konzert der *The Rolling Stones.*

Aus dem geplanten Kurztrip wurde plötzlich eine siebentägige Reise. »Das wird ja ein richtiger Roadtrip«, sagte ich zu meinem Vater und wies ihn darauf hin, dass in dem Fall eine Sache besonders wichtig war: die Musik.

Ich packte *The Velvet Underground, Nick Drake* und *Janis Joplin* in dieselbe Playlist wie *The War On Drugs, Leif Vollebekk* und *James Vincent McMorrow.* Meine Helden aus vergangenen Zeiten, die ich nie hatte live sehen können, mischte ich mit einigen zeitgenössischen Künstlern, die ich heute bewundere. Das Mixtape nannte ich: *Roadtrip mit Papa.*

Als ich die Wohnungstür öffnete und meinen Vater umarmte, merkte ich, wie aufgekratzt ich war. Sofort erzählte ich ihm davon, dass ich am Vorabend nach langer Zeit mal wieder an die Band *die ärzte* gedacht und mich dann über eine Stunde durch sämtliche YouTube-Videos von ihnen geklickt hatte. Als Jugendliche und auch noch bis Mitte zwanzig hatte ich die Band regelmäßig gehört und mehrere Male live gesehen, auch gemeinsam mit ihm. Ich habe sogar mal eine persönliche Antwort von Farin Urlaub auf eine Fan-E-Mail von mir bekommen – da war ich fünfzehn, und danach explodierte vermutlich ganz kurz das Internet, weil ich in Raketenschnelligkeit zurücktippte.

»Und weißt du, was das Beste ist?«, fragte ich meinen Vater. »Die geben 2019 endlich wieder Konzerte!«

»Weiß ich«, antwortete er vollkommen unbeeindruckt und lehnte mit verschränkten Armen an meiner Küchenzeile. »Ich habe auch schon eine Karte.«

»Wirklich?«

»Nein, aber ich hol mir eine.« Er grinste. Ein Hauch Überheblichkeit huschte über sein Gesicht. Ich schwieg. *Die Ärzte* war lange Zeit eine der Bands, die meinen Vater und mich verband. Wenn ich mich an diese Zeit zurückerinnerte, wurde ich innerlich ganz glücklich und hibbelig, während mein Vater weiterhin dastand, als wäre es das Normalste der Welt, kommenden Sommer die Band nach vielen Jahren wieder live zu sehen. *Too cool for school.*

Beim Gehen rief er meinem Freund, der in der Tür stand, zu: »Eine Woche Urlaub!« Da rutschte mir heraus: »Das wird kein Urlaub«, und mein Freund musste lachen, dann musste ich lachen, und dann glücklicherweise auch mein Vater.

Auf der Fahrt redete ich, bis ich einschlief. Hinter Altötting holte mich die Müdigkeit ein, ich döste zwanzig Minuten, dann wachte ich auf. Die Sonne schien ins Auto, und meine Playlist lief noch immer. Als wir schließlich die Donau entlangfuhren, umringt von sattem Grün und malerischen Orten, lehnte ich den Kopf an die Fensterscheibe und schwieg, bis wir schließlich vor der Pension parkten, die ein Bekannter meines Vaters für uns gebucht hatte, da er im Umkreis wohnte.

Unsere Zimmer lagen nebeneinander. Eine Minute, nachdem ich den Schlüssel im Schloss umgedreht hatte, stand mein Papa wieder in der Tür. Ich hatte mich auf das kleine Sofa gegenüber dem Bett gesetzt und den Blick durch den Raum schweifen lassen. Das Zimmer war eingerichtet wie das Schlafzimmer meiner Großeltern. Altmodische Möbel, an den Wänden Bilder mit verwirrenden Motiven, ein dicker Teppichboden, auf dem weitere Teppiche lagen. Die Matratze des Bettes weich und vollkommen durchgelegen.

»Und? Zimmer passen, oder?«, sagte mein Vater.

Ich grinste.

»Sie sind sauber!«

»Ja, sie sind sauber«, sagte ich und packte aus.

Als ich Freunden von meinem Roadtrip mit Papa erzählte, bekam ich fast ausschließlich die gleiche Reaktion: anerkennendes Nicken. Viele sagten mir, wie toll sie es fanden, dass wir beide darauf Lust hatten und dieses Abenteuer gemeinsam angingen, andere berichteten mir im gleichen Atemzug, dass sie niemals mit ihren Eltern verreisen könnten, geschweige denn so lange. Ich bin mir sicher, dass es viele Menschen gibt, die gerne mit ihren Eltern wegfahren. Manchmal haben diese Leute aber selbst schon Kinder, auf die Oma und Opa dann hin und wieder aufpassen. Eine Konstellation, die unterstützend wirkt und auch jedem einen Platz zuweist, was hilfreich sein kann. Als Jugendliche fanden wir es jedoch fast alle ab irgendeinem Punkt uncool, mit den Eltern zu verreisen, und konnten es gar nicht abwarten, alleine loszuziehen zu dürfen. Bei mir war das mit sechzehn der Fall, ich fuhr mit einer Jugendorganisation und zwei Freunden nach Rimini und fühlte mich zwischen heißen Strandtagen, langen Diskonächten und vollklimatisierten Hotelzimmern unglaublich erwachsen.

Und jetzt, mit einunddreißig, packte ich in einer Pension im Nirgendwo meine Klamotten aus und realisierte zum ersten Mal, dass ich eine ganze Woche mit meinem Vater verbringen würde. Es gab keine Enkelkinder, mit denen er sich ablenken konnte, es gab keine gemeinsamen Freunde, die uns begleiteten. Wir hatten noch nie zuvor so viel Zeit am Stück miteinander verbracht. Im Hinblick darauf, dass wir uns oftmals bereits nach wenigen Stunden Gemeinsamkeit stritten, war ich sehr nervös.

Am frühen Abend fuhren wir zur Burg Clam, einer ehemaligen Festung, die nicht nur schön gelegen, sondern auch ein toller Ort für Open-Air-Veranstaltungen ist. Die *Hollywood Vampires* spielten zwar erst am nächsten Tag, wir kauften aber trotzdem heute schon zwei Tageskarten für das *Clam Festival*, bei dem mehrere

Bands ihre Musik zum Besten gaben. Wir betraten das Gelände – links die Bühne, versetzt daneben ein recht steiler Hügel, der hinauf zur Burg führte, rechts Stallungen mit Weinschenken – und schauten uns ein wenig um, während bereits eine Band auf der überraschend großen Bühne stand. Wir entschieden uns, den Hang zur Burg hinaufzulaufen, um die letzten Strahlen der Abendsonne zu genießen. Als kurze Zeit später der Bekannte meines Vaters dazukam und den ganzen Abend bei uns blieb, fiel mir eine Sache auf: Wie schnell mir mein Vater, einzig durch die Anwesenheit einer fremden Person, näher war. Ich spürte unsere Verbindung viel stärker als sonst, und das nur, weil ich zu der dritten Person in unserer kleinen Gruppe keine hatte. Es ist seltsam, aber genauso fühlte es sich an, und wir verbrachten einen schönen ersten Abend, an dem schließlich ein gealterter und trotzdem umwerfend charmanter Jimmy Cliff die Bühne betrat und durch die aufziehenden, schweren Regenwolken »*I can see clearly now*« sang.

Am nächsten Morgen schien die Sonne, wir frühstückten auf der Terrasse unserer Pension und unterhielten uns locker über das Essen und den gestrigen Abend. Dann strukturierten wir den Tag, der vor uns lag. Mich überraschte, wie gut der Urlaub bereits funktionierte, auch wenn wir erst vierundzwanzig Stunden zusammen waren. Für unser Verhältnis war das jedoch eine lange Zeit, weil es in der Regel nur ein paar Bemerkungen brauchte, um eine Diskussion auszulösen oder das Gespräch schlichtweg zum Erliegen zu bringen und in gespannter Stille zu essen.

Etwas, womit ich mich schwertue, ist, dass mein Vater sich schnell angegriffen fühlt, wenn ich ein sensibles Thema anspreche, zum Beispiel gesunde Ernährung. Vielleicht liegt es an mir, vielleicht spreche ich manche Themen nicht sanft genug an oder mache nicht deutlich, dass es eine offene Diskussion ist, damit er nicht sofort in die Verteidigungshaltung abrutscht. So oder so – es gelingt uns selten, in ein tiefgründiges Gespräch abzutauchen, ohne hinterher verwundet wieder an die Oberfläche zu kommen. So schnell wir uns dann wieder zusammenraufen, so schnell geht das Ganze von vorne los.

Oft rufen mich Freunde an und bitten mich um Rat, doch wenn es um meinen Vater geht, gelingt es mir nicht, meine eigenen Ratschläge umzusetzen. Familie, die große Herausforderung. Nirgendwo sonst ist es so schwer, zwischenmenschliche Verhältnisse zu verbessern, sie ehrlich anzusprechen und wirklich an ihnen wachsen zu wollen, wie innerhalb der Familie. Vielleicht liegt es daran, dass wir alle erdenklichen Masken, die wir im Laufe unseres Lebens tragen, vor unseren Eltern ganz automatisch fallen lassen. Und sie auch ihre. Und wir damit vollkommen roh und ehrlich und transparent und fürchterlich verwundbar voreinander stehen.

Als Kinder waren wir von ihnen abhängig, und auch wenn wir erwachsen geworden sind und sie eigentlich nicht mehr brauchen, sehen sie uns oft weiterhin als Kinder an. Manchmal verwirrt mich das, denn ich fühle mich in der Gegenwart meines Vaters erwachsen und gleichzeitig wieder nicht.

Nachdem wir den Vormittag mit einem Spaziergang an der Donau verbracht hatten, ging mein Vater auf sein Zimmer, und ich setzte mich mit einem Eiskaffee auf die Terrasse. Am späten Nachmittag brachen wir dann auf zur Burg. Das Konzert war eigentlich ausverkauft, und es war ungewiss, ob wir an der Abendkasse noch Tickets bekommen würden, doch wir hatten Glück und ergatterten zwei der allerletzten Karten, also setzten wir uns glücklich ins Gras vor dem Einlass und warteten.

»Viel jüngeres Publikum als gestern«, bemerkte er, als hätte er meine Gedanken gelesen. Während ich am Abend zuvor alle Gleichaltrigen an einer Hand hätte aufzählen können, fielen mir heute zwei Dinge auf: Zum einen war das Publikum wesentlich jünger, und es waren viele Frauen darunter, was ich der Tatsache zuschob, dass Johnny Depp dem kleinen Dorf in Oberösterreich einen Besuch abstattete. Zum anderen musste ich feststellen, dass wir nicht die einzige Vater-Tochter-Kombination waren. Was mich etwas entspannte, denn die sich häufenden fragenden Blicke, ob wir Vater und Tochter oder ein Paar waren, nervten mich bereits.

Es ist interessant, dass offenbar so vielen Menschen der Anblick einer erwachsenen Frau zusammen mit ihrem Vater ungewöhnlich erscheint. Kein Familienausflug mehrerer Menschen, keine Enkelkinder, die umherrannten, keine ersichtlichen Gründe für diese Kombination aus lediglich zwei Menschen unterschiedlicher Generationen. Umso schöner war es nun, einige erwachsene Frauen und viele Mädchen zu entdecken, die ihre Väter im Schlepptau hatten. Der bezahlte wohl in den meisten

Fällen das Ticket, dafür konnte er etwas Zeit mit seiner Tochter verbringen – *Win-win!*

Während wir uns durch zwei Vorbands quälten – wir fanden immer die jeweils andere Band richtig schlecht –, stellten wir fest, dass wir gut zusammen schweigen konnten; und das ist doch was, wenn man generell vor allem gut miteinander streitet.

Uns fiel auf, dass es uns beide störte, dass viele Menschen im Publikum auch während der Konzerte nicht aufhörten zu reden. Wir dagegen hätten Stunden schweigend dort auf dem Hügel vor der Burg sitzen, den Bands zuhören und die Stimmung genießen können. Das reichte uns, dafür waren wir hier, wir wollten Livemusik hören. Danach konnte man darüber reden, den ganzen Urlaub lang. Während wir also dasaßen und der zweite Tag unserer Reise in den Abend überging, dachte ich mir, dass das besser lief, als ich gehofft hatte.

Bei Einbruch der Dunkelheit kamen Alice Cooper, Joe Perry und Johnny Depp auf die Bühne und legten ein zweistündiges Set hin, das uns beide umhaute. Wir kamen kaum aus dem Schwärmen heraus, es war grandios und viel besser, als ich es mir vorgestellt hatte. Ein Endorphinschub nach dem anderen. Gute Musik war eben genau das, was uns verband, auch wenn ich wünschte, dass da noch mehr sein würde.

Die erste Station unserer Reise – Oberösterreich mit den Konzerten auf der Burg Clam – ging zu Ende. Wir trugen unsere Koffer zum Auto und fuhren nach Prag. Auf die Stadt hatte ich mich im Vorfeld am allermeisten gefreut. Zum einen wollte ich seit

Jahren mal hin, zum anderen hatte ich mich wahrscheinlich auch in die Vorstellung geflüchtet, den ganzen Tag unterwegs und beschäftigt zu sein und dadurch mit meinem Vater wesentlich besser auszukommen, als an einem Sonntag zu Hause bei meinen Eltern.

Der Trip nach Prag startete jedoch bereits chaotisch. Aufgrund eines Missverständnisses mit dem Vermieter der Airbnb-Wohnung hing ich während der Fahrt mehrmals am Telefon oder schrieb Nachrichten, bis ich das klären konnte. In Prag angekommen nahm der Geldautomat unsere Kreditkarten nicht an, und das Restaurant, das wir uns ausgesucht hatten, war geschlossen.

Wer oft verreist, kennt diese Tage, an denen alles schiefläuft. Das Bedürfnis, allein sein zu wollen, stieg in mir auf, ich war gereizt, wollte das nicht an meinem Papa auslassen, tat es aber bereits. Deshalb wusste ich, dass ich nach dem Essen den Abend für mich brauchen würde, und glücklicherweise nahm er mir diese Entscheidung aus der Hand. So kam es, dass wir den dritten Abend unseres Urlaubs getrennt voneinander verbrachten – Papa schaute ein Fußballspiel der WM in einer Bar ums Eck, und ich war alleine in der Wohnung. Was nach außen hin nach einer harmonischen Entscheidung aussah, beunruhigte mich irgendwann. Mit meiner Mutter verbringe ich normalerweise auf Reisen jeden Abend zusammen. Doch von meinem Vater brauchte ich bereits am dritten Abend Abstand. Und er von mir. War das in Ordnung, war das normal – oder war das der Anfang vom Ende?

In die darauffolgenden Tage in Prag schlich sich jedoch eine Routine, die wir beide mochten. Wir schliefen bis acht Uhr morgens, dann machten wir einen Spaziergang zu irgendeinem schönen Café, frühstückten draußen, weil wir uns über den zurückgekehrten Sommer freuten, und verbrachten die nächsten Stunden mit Sightseeing. Ich knipste mir die Finger wund, während wir den Straßenmusikern auf der Karlsbrücke lauschten, wir kauften eine Postkarte, die wir nach Hause zu Mama schickten, beobachteten die anderen Touristen und schwärmten uns gegenseitig die Ohren voll, wie schön diese Stadt doch war. Am Nachmittag gingen wir immer zurück ins Apartment, um uns auszuruhen, und am Abend zogen wir nochmal los, einmal in eine Jazz Bar, einmal zum Abendessen und am dritten Abend zum Konzert der *Rolling Stones*. Nichts Nennenswertes passierte, wir hatten holprige Momente, wir hatten stille Momente, wir hatten lustige Momente.

Einmal, als wir uns gerade durch die Touristenmenge am Rathaus schoben, fingen wir an, Nationalitäten zu raten. Wir beobachteten ein hochgewachsenes Paar, beide hellblond. »Schweden«, meinte mein Vater.

Ich überlegte. »Auf jeden Fall Skandinavier.«

Er stieß einen missbilligenden Ton aus. »Das ist mir zu ungenau.«

Ich rollte mit den Augen. »Es könnten auch Dänen sein.«

»Ne, die sind nämlich gestern nach Hause gefahren.« Er spielte auf das verlorene WM-Spiel am vergangenen Abend an, und ich fragte mich, ob man an schlechten Wortwitzen sterben konnte.

An einem Abend saßen wir beim Italiener und redeten kaum, weil jeglicher Gesprächsstoff aufgebraucht war. Wir aßen in Stille unsere Pizzen. Als wir fertig waren, stellte ich fest, dass auf jedem Teller zehn übrige Teigränder lagen. Ich sagte nichts, doch die unbewusste Gemeinsamkeit wärmte mein Herz.

Ab und an streiften wir Streitpunkte, die uns kurz aus der Bahn warfen. Wenn mein Papa die Kellnerin in Deutsch ansprach, sie mich fragend anblickte und er nicht ins Englische wechselte, obwohl seine Sprachkenntnisse definitiv reichten, um etwas zu bestellen. Als er beim Geldwechseln über den Tisch gezogen wurde und mich nicht die Diskussion auf Englisch abwickeln ließ, sondern den Mann lautstark beschimpfte. Da war es wieder. Sein Temperament, das mich als Kind oft eingeschüchtert hatte. Doch Prag war zu schön und die Temperaturen zu heiß, um sich zu streiten.

Immer wieder sagte ich mir, dass gerade jetzt nicht der richtige Zeitpunkt zum Reden war, obwohl ich genau deshalb mit ihm hatte verreisen wollen. Tag für Tag schämte ich mich ein bisschen mehr dafür, dass ich nicht sagen konnte: »Papa, lass uns mal reden. Über uns.« Und weil er es auch nicht tat und noch dazu so viel Spaß an der Stadt hatte, prokrastinierte ich bis aufs Äußerste.

Am letzten Abend in Prag stand das Konzert an. Wir fanden einen Platz ein paar Reihen hinter dem zweiten Wellenbrecher, als mein Papa sagte: »Schau mal, das sind auch Vater und Tochter.« Ich folgte seinem Blick und sah, dass eine Frau in meinem Alter mit einem Mann im Alter meines Vaters auf einer Decke schräg vor uns saßen. Aufgrund ihrer optischen Ähnlichkeit schloss ich aus, dass sie ein Paar waren. Ich beobachtete die beiden, sie waren so anders als wir. Sie wirkten vertraut, redeten ununterbrochen, lachten viel, waren ausgelassen. Ich verglich uns automatisch mit ihnen, und es stimmte mich traurig. Doch je mehr Menschen sich hinter dem Wellenbrecher versammelten, desto unangenehmer wurde das Verhalten der Frau. Sie räumte die Decke nicht weg, sodass viele um sie herumgehen mussten, und sie strich sie jedes Mal glatt, wenn sie jemand aus Versehen berührte, fegte kleine Steinchen und Dreck mit ihrer Hand weg. Dieses Verhalten regte mich so auf – wir waren schließlich auf einem Rockkonzert –, dass ich meinen Vater darauf aufmerksam machte. Ich sagte ihm, dass es mich nervte zu sehen, wie sie viel mehr Raum beanspruchte, als ihr zustand, und ihn somit anderen wegnahm. Die Frau hatte überhaupt kein Gespür für gemeinschaftliches Verhalten. Da saß sie barfuß auf der Decke und lächelte ihren Vater an, der ebenfalls keine Anstalten machte aufzustehen, während alle anderen um ihren Platz herumgehen mussten. Meinem Vater war das total egal, und er amüsierte sich darüber, dass mich das ärgerte. »Du sagst immer zu mir, ich soll mich nicht aufregen, dabei machst du es genauso.« Da war er wieder, mein Freund, der Spiegel.

Das Konzert war großartig. Wir sangen und schwiegen abwechselnd, genossen die Musik, und am Ende gab es ein Feuerwerk, das die heiße Sommernacht erhellte. Als sich fünfzigtausend Menschen auf den Heimweg machten, verloren wir uns, also stiegen wir getrennt voneinander in eine der U-Bahnen, die hintereinander in den Bahnhof einfuhren. Als ich an der richtigen Haltestelle ausstieg, war ich furchtbar hungrig, doch es war bereits kurz vor Mitternacht, die Restaurants hatten schon geschlossen. Ich steuerte die Tankstelle auf der gegenüberliegenden Straßenseite unserer Wohnung an, kaufte zwei Schokoriegel und ging nach Hause.

»Du bist ja schon da«, sagte ich zu meinem Vater, warf ihm einen Riegel zu und riss die Verpackung von meinem auf.

»Ich habe schon Zähne geputzt, jetzt kann ich nichts mehr essen«, sagte er. Ich zuckte die Achseln, und wir schauten noch ein paar Minuten den Rest eines Films, den er am Abend zuvor bereits angefangen hatte. Dann ging auch ich ins Bad, putzte Zähne, und als ich wieder herauskam, lag mein Vater im Bett, die Decke bis unters Kinn gezogen, und aß genüsslich seinen Schokoriegel.

Der Roadtrip neigte sich dem Ende zu. Von Prag aus fuhren wir nicht direkt zurück nach Unterfranken, sondern verbrachten noch einen Tag in dem Ort, in dem meine Urgroßeltern ihre Metzgerei gehabt hatten. Wir wollten den gemeinsamen Urlaub sanft ausklingen lassen, mit ein paar Spaziergängen durch die Ortschaften und letzten Gesprächen. Als wir uns zum Abendessen im Eingangsbereich des Hotels trafen, fragte er mich, ob ich ferngesehen hätte auf dem Zimmer.

Ich sagte: »Nein, ich habe geduscht und meine E-Mails gecheckt. Und du?« Wir liefen zum Auto.

»Ich habe über uns nachgedacht«, sagte er. Ganz weiche Stimme. Er wirkte so nachdenklich, wie ich ihn selten erlebt hatte. Mein Herz fing an zu pochen.

»Ich habe mich gefragt, warum unser Verhältnis so ist, wie es ist. Und was ich falsch gemacht habe«, fügte er hinzu.

In all den Jahren hatte ich noch nie so einen Satz von ihm gehört. Ihn noch nie so reflektiert erlebt in Bezug auf uns beide. Und etwas anderes wurde mir ebenfalls in dem Moment klar, weil ich es ganz tief in mir drinnen spürte: Dass er einfach mal über uns nachdachte, war alles, was ich mir gewünscht hatte. Weder ich noch er sollte sich verbiegen, ändern oder verstellen, damit wir uns wieder näherkamen. Es reichte mir vorerst, überhaupt zu wissen, dass ich nicht alleine war mit der Frage, was ich, was wir beide hätten besser machen können.

Seine Ehrlichkeit löste einen kleinen Knoten in mir, zumindest für den Abend. Ich fühlte mich plötzlich wesentlich beschwingter als an den Tagen zuvor. Wir gingen in ein tolles Restaurant, um unseren letzten Abend zu zelebrieren, und als der Kellner für die »romantische Atmosphäre« eine Kerze anzündete, gab ich innerlich meine Widerstände auf und lachte einfach. Wir aßen zwei Gänge, tranken hausgemachte Limonaden und schickten Fotos von unseren Gerichten nach Hause zu Mama.

Am letzten Tag des Urlaubs setzte mein Vater mich am Busbahnhof ab. Da der Bus Verspätung hatte und ich wusste, dass auch er sich danach sehnte, nach Hause zu kommen und die Füße hochzulegen, sagte ich ihm, dass er nicht mit mir zu warten brauchte. Wir verabschiedeten uns, dann fuhr er davon und mit ihm die gesamte zurückliegende Woche. Waren wir wirklich sieben Tage unterwegs gewesen, hatten wir wirklich das alles gemeinsam erlebt? Plötzlich spielten meine Emotionen verrückt. Einen kurzen Moment zuvor hatte ich alleine sein wollen. Durchatmen und auf den Bus warten. Doch als mein Blick dem Auto folgte, stiegen mir die Tränen in die Augen. Da war so viel, was ich hatte sagen wollen, aber ich hatte mich nicht getraut. So viele weit zurückliegende Situationen, die ich hatte ansprechen, reflektieren und verarbeiten wollen. Gemeinsam. Und ich glaube, dass es ihm ähnlich ging. Ich hatte mich in dieser Woche so sehr an seine Anwesenheit gewöhnt, dass ich mich plötzlich alleine fühlte. Jetzt vermisste ich auf einmal die zurückliegende Woche, weil ich realisierte, dass sie vorbei war. Und mein Gehirn spielte mir einen Streich, denn es schob bereits alles weg, was anstrengend gewesen war, was mich verletzt und wütend gemacht hatte. Auftritt: mein Herz. Und mit ihm einzig das Gefühl, dass da mein Papa davonfuhr. Eine Stunde später stieg ich in den Bus und mit mir meine Traurigkeit darüber, dass die Woche vorbei war. Mit dieser Emotion hatte ich am allerwenigsten gerechnet.

Eine Woche nach dem Roadtrip traf ich mich mit einer Freundin, die ein paar Jahre zuvor aufgrund kurioser Umstände plötzlich mit ihrem Vater Urlaub in Kuba gemacht hatte. Zweieinhalb Wochen reisten sie gemeinsam über die Insel, und als ich ihr erzählte, wie naiv ich an meinen eigenen Urlaub herangegangen war, wie wenig Gedanken ich mir im Vorfeld gemacht hatte, sagte sie: »Das ging mir genauso. Ich glaube, die Zweifel schiebt man im Vorfeld beiseite, weil man unterbewusst weiß, was da hochkommen kann, sobald man mit einem Elternteil so viel Zeit verbringt.«

Wahrscheinlich hatte sie recht. Mir war bewusst gewesen, dass diese Woche nicht einfach werden würde, und genau deshalb hatte ich wenig darüber nachgedacht, sondern einfach versucht, mich darauf zu freuen.

»Ich würde noch mal mit meinem Vater verreisen, aber ich glaube, ich erinnere mich heute nur noch an die guten Momente, die wir in Kuba hatten«, sagte sie, und wir lachten beide. Wofür streiten wir uns eigentlich all die Jahre, wenn am Ende des Tages nur die Erinnerungen übrigbleiben, die wir genossen haben?

Vor einiger Zeit wäre ich dort an der Bushaltestelle noch hart mit mir ins Gericht gegangen. Ich hätte meine Unfähigkeit, das zu sagen, was ich sagen wollte, verteufelt, genauso meine Emotionalität, denn die verkomplizierte immer alles. Doch mittlerweile war ich besser darin geworden, mit mir selbst zu kommunizieren und Verständnis für mich selbst aufzubringen. Denn ich bin nicht perfekt. Und mein Vater ist es auch nicht. Ich weiß, wie viel ihn und mich verbindet, und auch, wie viel zwischen uns steht, was wir noch zur Seite räumen müssen. Das funktioniert aber nur Schritt für Schritt. Ich kann es nicht von heute auf morgen und er auch nicht, und das ist in Ordnung. Die gemeinsame Woche mündete in eine noch viel größere Herausforderung, näm-

lich *dranzubleiben*. Sich nicht mit dem Erreichten zufriedenzu-
geben. Sich zu lieben reicht für keine Beziehung. Es ist lediglich
die Basis. Und jetzt geht die Arbeit erst richtig los.

In den letzten Jahren habe ich mich viel mit dem Thema Vergebung beschäftigt. Ich habe verstanden, dass Vergebung essen-
tiell ist, um mit sich und mit anderen ins Reine zu kommen, und
dass es um mehr geht als eine Entschuldigung. Vergebung kann
losgelöst von Schuldzuweisung stehen, und Vergebung kann
auch stattfinden, ohne dass der andere davon etwas weiß. Es hilft,
um selbst Frieden zu schließen. Mit diesem Wissen habe ich so
einiges in meinem Leben ins Lot gebracht, jahrelang jedoch einen großen Bogen um meinen Vater gemacht. Ich wusste, wie
schwer es mir fallen würde, ihm zu vergeben. Nicht, weil er ein
schlechter Vater war, überhaupt nicht! Sondern weil einige Situationen und gemeinsame Erfahrungen mich so stark geprägt haben, dass ich mir heute manchmal wünsche, die Dinge wären
anders verlaufen. Wenn er nicht da war, obwohl ich ihn so sehr
gebraucht hatte. Wenn mich das Gefühl überkam, ihm nicht vertrauen zu können, und es mir stattdessen immer wieder selbst
versichern musste. Doch genau darum geht es bei Vergebung,
und das ist das Schwierige daran: die Vergangenheit abzuschlie-
ßen und sie anzunehmen.

Am Tag meiner Rückkehr erreichte mich eine E-Mail von
Emma. »Hallo Anika, ich gehe davon aus, Ihr seid gut erholt zurück und hattet eine schöne Zeit.« Ich fragte, wie sie heute über
den Mann dachte, der ihr Erzeuger, jedoch nie ihr Vater gewesen
war. Und ob sie ihm hatte verzeihen können. Emma antwortete:

»Es ist schade, dass es zu keinem Treffen kam, aber ich habe keine bösen Gedanken für ihn. Die damalige Zeit hat ihn wohl geleitet und geprägt. Wer weiß, was ohne seine Gene aus mir geworden wäre.« Da war sie wieder, die Vergebung. Und ihre unglaubliche Kraft zu heilen.

Mit unseren Eltern beginnt unser Leben. Ohne sie wären wir nicht hier. Das klingt wie die älteste und selbstverständlichste Erkenntnis des Lebens, und doch verinnerlichen wir sie so selten. Lange waren wir abhängig von ihnen. Wir haben alles von ihnen bekommen, was wir brauchten, um zu überleben. Heute können wir für uns selbst sorgen. Heute ist es einfach schön, dass sie da sind.

Während unserer gemeinsamen Woche Urlaub haben wir unsere Konflikte nicht gelöst. Dafür waren wir zu sehr mit dem ganzen Trubel um uns herum beschäftigt und sind unangenehmen Themen aus dem Weg gegangen. Aber ich habe meinen Papa noch mal um einiges besser kennengelernt und vor allem in Ruhe ergründen können, warum ich heute so bin, wie ich bin, und er sich zu der Person entwickelt hat, die er ist.

Jetzt spüre ich mehr Dankbarkeit in mir, mehr Versöhnlichkeit, mehr Gelassenheit. Die Tatsache, dass es ein Privileg ist, einen liebenden Vater im Leben zu haben, ist glaube ich etwas, das sich viele von uns eingestehen sollten. Ich kenne Gleichaltrige, die kaum Kontakt zu ihren Eltern haben, und zwar nicht, weil etwas Schlimmes zwischen ihnen passiert ist, das sie auseinandergerissen hat, sondern aufgrund einer gewissen Gleichgültigkeit. Ein schlimmes Wort, vielleicht das schlimmste überhaupt, weil es suggeriert, dass kaum eine Basis da ist, um darauf aufzubauen. *Irgendwas* aufzubauen, und wenn es auch nur ein Sonntagskaffee ist. Und doch sind es unsere Eltern. Ohne sie wären wir nicht hier. Wir sind ein Teil von ihnen. Wenn ich etwas an meinem Vater ablehne, lehne ich auch etwas von mir ab. Sind das nicht genügend Gründe, ab und an zum Telefon zu greifen?

Die Hoffnung, dass unser Roadtrip die Dinge vereinfachen oder die Probleme lösen würde, war wohl eher ein utopischer Wunsch. Aber wir haben uns eine neue Basis geschaffen. Wir stehen uns ein Stück näher, und wir haben einen ganzen Schwung neuer gemeinsamer Erinnerungen.

Einige Tage nach dem Ende des Urlaubs hatten wir keinen Kontakt. Ich glaube, diese Pause brauchten wir beide. Dann rief er mich an, und wir sprachen über verschiedene Dinge, bis er fragte: »Sollen wir nächstes Jahr wieder nach Prag fahren? Die Stadt hat mir so gut gefallen.«

Ich wartete einen Moment, dann sagte ich. »Hast du gewusst, dass die Prager Burg das größte erschlossene Burgareal der Welt ist? Da hätten wir viel mehr Zeit verbringen sollen.«

Hermann Hesse schrieb bereits »Und jedem Anfang wohnt ein Zauber inne, der uns beschützt und der uns hilft zu leben«. Und ich merke bei diesen Zeilen, dass es einmal mehr darum geht, überhaupt anzufangen. Den ersten Schritt zu tun, anstelle ihn von einer anderen Person tun zu lassen oder erleben zu müssen, wie er schließlich nie getan wird. Vielleicht können wir uns demnach darauf einigen, dass der richtige Zeitpunkt, etwas zu tun, immer der ist, in dem uns der Impuls dazu überkommt. Deshalb:

Papa, ich hab dich lieb. Ich weiß, ich sage es zu selten, aber wenigstens schreibe ich es in ein Buch, von dem ich weiß, dass es veröffentlicht wird. Vielleicht zählt das ja doppelt.

Sechstes Abenteuer

Meinem achtzehnjährigen Ich gegenübertreten

Warum ich genug bin

Mit achtzehn Jahren war ich innerlich zerrissen. Selbst wenn ich an der Oberfläche meiner Erinnerungen kratze, spüre ich sie, die Zerrissenheit. Ich wusste ganz genau, was ich vom Leben wollte, und gleichzeitig hatte ich eine irrsinnige Angst, dieses Wissen zu zeigen. Und auch vor Veränderung, vor dem Scheitern, vor allem, was ich nicht kontrollieren konnte. Man könnte sagen, dass ich Angst vor dem Leben hatte, obwohl ich mich gleichzeitig darauf freute. Klingt anstrengend? Genau das war es auch. Aber diese Zeit formte und prägte mich stark. Meine Angst mündete in Selbstzweifel, und die wiederum machten mich zu einem unsicheren Menschen, der jedoch auch mit einem unbändigen Willen und einer facettenreichen Kreativität ausgestattet war. Hätte ich ein Mitspracherecht bei der Vergabe meiner Eigenschaften gehabt, ich hätte mir womöglich eine einfachere Kombination ausgesucht.

An diese Dinge konnte ich mich auch in den Jahren danach noch gut erinnern. Wie viele Details ich aus dieser Zeit jedoch verdrängt hatte, wurde mir erst bewusst, als ich mal wieder in Emmas Wohnzimmer saß.

Sie schenkte mir gerade Kaffee ein, dann legte sie mir ein Fotoalbum in den Schoß. »Das hat mein Mann Hans gemacht. Nur für mich«, sagte sie, und ich öffnete den Buchdeckel. *Meiner lieben Frau überreiche ich diese Bildreise,* stand auf der ersten Seite geschrieben. Ich fragte sie, was es damit auf sich habe, und sie erzählte mir, dass ihr Mann es liebte, aus losen Bildern umfangreiche Fotoalben zusammenzustellen. »Eher Reiseberichte als Fotoalben«, fügte sie hinzu, eine Anspielung auf die Detailverliebtheit. Neben den Bildern waren kurze Anekdoten zu lesen, Zeichnungen zu sehen. »Und speziell dieses Album hat er eben nur für mich gemacht. Er hat alle Bilder von mir, auch aus der Zeit, in der wir uns noch gar nicht kannten, in dieses Album geklebt.«

Neben der Porträtaufnahme einer jungen Emma mit geflochtenen Zöpfen stand: *So sehen junge Prokuristinnen aus.* »Da war ich achtzehn«, sagte sie, und wir beide dachten vermutlich das Gleiche, sprachen es aber nicht aus: *Wie schnell die Zeit vergeht.* Wie lange es her war, dass dieser Moment gelebt, dass dieses Foto geschossen wurde.

Der achtzehnte Geburtstag kommt einem als Teenager wie ein riesiger Wendepunkt im Leben vor. Endlich achtzehn. Endlich erwachsen, zumindest auf dem Papier. Wenn man als Erwachsener zurückdenkt, stellt man dann oft fest, dass es doch kein so großer Wendepunkt, aber dennoch eine Zeit war, die man sehr intensiv erlebt hat.

Ich blätterte durch die Seiten des Fotoalbums, doch meine Gedanken blieben an der achtzehnjährigen Emma hängen und wanderten schließlich zu mir selbst und dem Jahr, in dem ich volljährig wurde. Obwohl das erst dreizehn Jahre zurücklag, kam es mir wie eine Ewigkeit vor. Die Zeit war wie im Flug vergangen, und doch überkam mich in dem Moment das Gefühl, dass ich keine Ahnung mehr hatte von dieser jungen Frau, die so einige Kämpfe ausgefochten hatte. Ich hatte dieses achtzehnjährige Ich komplett vergessen. Oder hatte ich es verdrängt?

Ich fing an nachzudenken. Damals hatte ich noch nicht das Selbstbewusstsein, zu mir zu stehen. Das machte es letztendlich unmöglich, ehrlich, entspannt und selbstsicher durch dieses Jahr zu gehen. Mich so zu verhalten, wie es mir entsprach. Mich selbst überhaupt zu *mögen*. Das kommt sicherlich vielen bekannt vor, die sich nun an ihre eigene Jugend zurückerinnern. Kein Wunder, dass *Coming-of-Age*-Filme, also Geschichten, die sich mit dem Heranwachsen junger Menschen und deren Fragen ans Leben beschäftigen, so beliebt sind. *The Breakfast Club, Ladybird, Call Me by Your Name* und *Crazy*, um nur ein paar bekannte zu nennen. Wir alle taumelten mal mehr, mal weniger ziellos durch unsere Jugend. Suchten uns, fanden etwas, verwarfen Schätze und hielten an Zweifeln fest.

Ich wusste sofort, warum ich mein achtzehntes Lebensjahr verdrängt hatte. Es war die Zeit, in der ich die meisten Geheimnisse mit mir herumtrug. In der mich niemand kannte, weil ich mich nach außen hin anders gab, als ich tatsächlich war. Ich tat das, um etwas zu beschützen, wovor ich mich schämte. Mit all meinen Träumen und Illusionen, mit meinen Plänen und vor allem mit meiner Verletzlichkeit. Und auch aus einem anderen Grund. Meine schulische Laufbahn war nach außen hin reibungslos verlaufen. Ich hatte von der Grundschule aufs Gymnasium gewechselt und ohne Ehrenrunde mein Abitur geschrieben, einen guten Schnitt gab es obendrauf. Trotzdem blickte ich mit achtzehn auf zwei Lehrer zurück, die mir gesagt hatten, dass ich das Gymnasium niemals schaffen würde, einer sogar mobbte mich und sagte mir vor der ganzen Klasse nicht selten, wie dumm ich mich anstellte und dass er alles dafür tun würde, mich durchfallen zu lassen. Zu dem Zeitpunkt hatte ich einen Freund, wir waren frisch verliebt, und er saß in derselben Klasse wie ich. Wenn ich mit rotem Kopf an der Tafel stand und einen Blackout hatte, wusste ich, dass er alles mitbekam. Dass wir uns später treffen und nicht darüber reden würden. Diese Scham spüre ich stark in mir, wenn ich nur an diese Zeit zurückdenke. Ich saß bis spät in den Abend an meinen Hausaufgaben, meine Eltern waren völlig verzweifelt mit meiner Angst und dass ich nur noch unter Bauchschmerzen in die Schule ging. Sie besuchten Sprechstunden, doch nichts änderte sich. Vor lauter Panik schrieb ich sogar in meinem Lieblingsfach Deutsch zwei Themaverfehlungen hintereinander. Wer in so frühen Jahren auf Ablehnung stößt, schließt das in den meisten Fällen ganz tief in sich weg.

Deshalb hatte ich nie Spaß daran, mir Fotos aus der Zeit anzusehen. Mir Geschichten aus jenen Tagen anzuhören.

In Emmas Wohnzimmer sitzend, keimte der Wunsch in mir auf, Frieden mit meinem achtzehnjährigen Ich zu schließen. Also tauchte ich ab in eine Zeitreise.

2005. Das war das Jahr, in dem Angela Merkel Bundeskanzlerin wurde, der Uhu war Vogel des Jahres, und Papst Johannes Paul II. starb. Die tausendste Folge der Lindenstraße flimmerte über die Bildschirme, man fand heraus, wo im Gehirn die Liebe sitzt (in den Basalganglien der rechten Hemisphäre), und Hurrikan Katrina ging als eine der verheerendsten Naturkatastrophen in die Geschichte ein. Ein Jugendwort des Jahres gab es noch gar nicht. Schade.

Wenn ich mich in meine Jugend zurückversetze, sehe ich Raps- und Weizenfelder. Ich schmecke bitteren Alkohol auf der Zunge, ich fühle mein Herz brechen und den Respekt vor dem Abitur in meinem Kopf brennen, ich spüre die Tätowiernadel in meinem Rücken und die Langsamkeit meines Lebens auf dem Dorf, ich rieche den modrigen Geruch des Kostümfundus der Schule, ich liege unter einer heißen Mittagssonne in Rimini, mein erster Urlaub ohne Eltern. Ich sehe Jahre vor meinem inneren Auge hinweggleiten, wundervoll unperfekte Teenagerjahre, die in eine Identitätskrise mündeten, die wahrscheinlich viele aus ihrer eigenen Jugend kennen. Und ebenfalls versuchten zu verdrängen. Also machte ich mich auf eine Reise zurück in meine Jugend. In das Jahr, in dem ich achtzehn wurde. Wie wichtig und entscheidend die Prozesse, die ich durchlebt habe, letztendlich waren, um der Mensch zu werden, der ich heute bin, war mir vor dieser Zeitreise gar nicht bewusst.

Wendla war ihr Name, und ich wollte sie unbedingt spielen. Diese Rolle brachte alles mit, was ich mir als Laiendarstellerin mit dem großen Traum, Schauspielerin zu werden, wünschen konnte: ein junges Mädchen, das sich verliebt, ungewollt schwanger wird, von Ängsten und Zweifeln hin und her geworfen wird, bis sie schließlich durch die von der Mutter initiierte Abtreibung den Bühnentod sterben muss. Als in der Schultheatergruppe die Rollen für das Stück »Frühlingserwachen« von Frank Wedekind verteilt wurden, war ich überglücklich, mich mit Wendla bekannt machen zu dürfen. Ich war siebzehn, in ein paar Wochen würde ich achtzehn werden, noch ein Jahr Schule und dann die große weite Welt. Dass Wendla diese verwehrt geblieben war, berührte mich sehr, schließlich war sie gerade dabei, sich von ihrer Mutter loszusagen. Älter zu werden, zu reifen. Sie machte einen ähnlichen Prozess wie ich durch, nur kannte ich ihr trauriges Ende bereits, während meine Türen weit offenstanden.

Die Schauspielerei hatte ich schon immer reizvoll und anziehend gefunden, doch bei den Proben zu diesem Stück tauchte ich tief in den Prozess ein und verliebte mich grenzenlos in meine Vorstellung von dem Beruf. Texte lernen, gemeinsames Lesen und Studieren des Charakters, die ersten Proben, das Bühnenbild besprechen, Atemübungen in den Solarplexus und Sprechen mit Korken im Mund, das Stöbern nach passenden Kostümen im Theaterfundus, die Nostalgie hinter den Vorhängen und dieser ganz spezielle Theatergeruch, den der Backstage-Bereich jedes Theaters verströmt: modrig, aschig. Es war zwar nur ein Teil der Aula, der für uns abgetrennt wurde, doch er gehörte nun uns und roch irgendwann so wie die ganz großen Bühnen.

Je weiter die Proben voranschritten, desto sicherer wurde ich mir, dass das der Beruf war, den ich unbedingt machen wollte. Spielen. Ausprobieren, wie andere Menschen denken und was sie fühlen, welche Beweggründe sie antreiben, warum sie so sind, wie sie sind. Meinen Charakter unter den völlig Fremder legen und beobachten, was bei diesem Zusammenspiel herauskommt – was von mir durchscheint und was ich durch Schauspieltechnik erschaffe. Würde ich am Ende wissen, wer ich wirklich war? Diese Frage stellte ich mir damals nicht bewusst, und doch geisterte sie durch meinen Kopf.

Schauspielerei ist ein absurder Beruf. Man wird – im besten Fall – dafür bezahlt, eine andere Person mit dem eigenen Körper darzustellen. Was ich damals als Wendla vollkommen unterschätzt hatte, war der emotionale Ritt, auf den einen der Beruf immer wieder schickt. Wie anstrengend es ist, jeden Abend in eine Rolle zu schlüpfen, Emotionen herzustellen, die vielleicht vollkommen konträr zu den eigenen sind. Der Rausch während des Spielens und das dumpfe Gefühl danach, wenn man geweint hatte, weil die Rolle es so wollte. Es ist wichtig, das innere und äußere Kostüm nach der Vorstellung an Ort und Stelle zu lassen und nicht mit nach Hause zu nehmen. Die wenigsten beherrschen das. Die wenigsten haben ein gesundes Verhältnis zu diesem Beruf. Als Wendla hatte ich noch keine Ahnung davon. Als Wendla träumte ich nur. Von einem Leben auf der Bühne, von den ganz großen Rollen, von dem nostalgischen Flair der Bühnen mit ihren knarrenden Holzböden und dem Mottengeruch der Vorhänge.

Wendla zu spielen, mit ihrem Mut, sich aus ihrem Nest zu befreien und gleichzeitig der Angst vor Ungewissem, war mein erster aufrichtiger Schritt in die Richtung, die ich damals gehen wollte: Schauspielerin werden. Schon im Kindesalter hatte mich der Beruf, gepaart mit dem Schreiben eigener Theaterstücke und Drehbücher, fasziniert und meine Freizeitbeschäftigungen bestimmt. Ich zeichnete Filme mit dem VHS-Rekorder auf und schrieb die Dialoge sämtlicher Lieblingsszenen ab, um sie schließlich auswendig zu lernen und sie selbst zu spielen. Vorgeführt wurden diese Meisterleistungen dann meinen Kuscheltieren, später bat ich meine Cousins und Cousinen bei sämtlichen Familiengeburtstagen, meine eigens geschriebenen Stücke und Szenen zu spielen. Ich verteilte die Rollen und gab mir selbst natürlich die besten. Ich spürte bereits im Kindes- und Jugendalter, dass mich der Wunsch, kreativ zu arbeiten, so enorm antrieb, dass ich automatisch über mögliche Versagensängste hüpfte. Sie waren sicherlich da, aber sie hielten mich nicht auf. Das pure Glück der Kindheit.

Als Einzelkind verbrachte ich viele Nachmittage alleine zu Hause. Ich war unbeobachtet. Und ich war frei. Bis ich älter wurde und mir plötzlich selbst im Weg stand.

Außerhalb der eigenen vier Wände oder diverser Familienge-
burtstage fiel es mir immer schwerer, zu mir zu stehen. Mit jedem
Jahr, das ich älter wurde, verstaute ich den Wunsch, Schauspielerin zu werden, Schriftstellerin, Drehbuchautorin oder alles, was
damit zu tun hatte, irgendwo dort, wo ich nicht Gefahr lief, dass
er entdeckt werden würde. Zu groß war die Angst, bloßgestellt
und belächelt zu werden. Ich wollte nicht anders sein, und gleichzeitig wollte ich genau das. Als ich kurz vor meinem achtzehnten
Geburtstag die Rolle der Wendla spielte, war das seit langer Zeit
das erste Mal, dass ich es wieder wagte, mich künstlerisch auszu-
drücken – mit dunkelbraun gefärbtem Haar, das ich über große
Lockenwickler drehte, und knallroten Lippen.

Für die zwei aufeinanderfolgenden Vorstellungen bekamen
wir viel Lob, und ich kann mich gut erinnern, dass die Regionalzeitung darüber berichtete. Ich saugte dieses gute Gefühl komplett in mich auf. Ich stand mit der Zehenspitze in der Tür zu
meinem großen Traum, und jetzt, als ich wenigstens *etwas* in der
Hand hatte, nämlich Laientheatererfahrung, da fühlte sich alles
richtig an. Ich trug das unerschütterliche Empfinden in mir, diesen Beruf nicht nur ausüben zu wollen, sondern zu leben. Es war
kein Traum mehr, sondern eine zum Greifen nahe Realität. Und
auch wenn das niemand in meinem Umfeld wahrnahm und
mein damaliger Freund nicht mal zu den Vorstellungen erschien,
hielt ich daran fest. Immerhin so lange, bis mich in den folgenden
Jahren Unsicherheit, Selbstzweifel und Ängste wieder einholten
und meine Pläne überschwemmten. Heute frage ich mich oft, wo
wir alle wären, würden wir viel mehr zu uns selbst stehen. Wür-

den wir alle wissen, wie befreiend es sich anfühlt, sich nicht zu verstecken.

⏳

Ich fuhr mit der Hand über Emmas Fotoalbum und klappte es zu. »Erzähl mir doch mal von deinem achtzehnten Lebensjahr«, sagte ich zu ihr und trank einen Schluck Kaffee. »Woran kannst du dich noch erinnern?«

Emmas Augen wurden größer. »1952, das war ein turbulentes Jahr!« Ich lehnte mich zurück.

»Ich wurde achtzehn – volljährig wurde man zu der Zeit erst mit einundzwanzig. Mit siebzehn hatte ich bereits meinen Kaufmannsgehilfenbrief in der Tasche, und ich war berechtigt, andere Lehrlinge auszubilden. Die Schokoladenfabrik, in der ich arbeitete, wies mir den ersten männlichen Lehrling zu – seine Prüfung wurde mit Erfolg gekrönt«, sagte sie, und am liebsten hätte ich die Augen geschlossen, um mir diese Zeitreise noch genauer vorstellen zu können.

»Meine Abende waren mit Kursen beim Stenografen-Verein ausgefüllt«, fuhr sie fort. »Deshalb waren die Fahrten mit dem Verein nach Waldkirch, in den Schwarzwald und die Schweiz eine willkommene Ablenkung für mich. Ein Bus voller Mädels mit einem einzigen Mann, dem Vorsitzenden des Vereins! Bei einer Fahrt nach Waldkirch trafen wir uns abends einmal zum fröhlichen Beisammensein in einer gemütlichen Gaststätte. Der Sohn des Wirts war Jurastudent, seine Freunde kamen fast jeden Abend dazu, und bei Musik und Tanz gab es einen fröhlichen

Ausklang.« Ich schmunzelte. Ich mochte ihre elegante, förmliche Ausdrucksweise so sehr.

»Einer der Studenten schrieb gerade an seiner Doktorarbeit. Als er hörte, dass ich Steno und die Schreibmaschine gut beherrschte, fragte er mich, ob ich gegen Entgelt bereit wäre, abends an seiner Doktorarbeit mitzuwirken. Ich habe zugesagt und dabei viel gelernt, und das war mir wichtiger als Geld.« Ich fragte sie, warum sie in dem Alter so wissbegierig war, und Emma erzählte mir, dass sie sich mit achtzehn oft überfordert gefühlt hatte, nicht wegen äußerer Umstände, sondern aufgrund ihres, wie sie es selbst nannte, krankhaften Ehrgeizes.

»Ich wollte für meine Ziele kämpfen, der Welt und besonders meinem Großvater beweisen, dass aus der Enkelin, die er abgelehnt hatte, etwas geworden ist. Er hatte meine Mutter verstoßen, und ich versuchte, ihn zu beschämen. Ich war bestrebt zu kämpfen und mich zu wehren, wann immer ich das Gefühl hatte, aufgrund meiner Herkunft herabgesetzt zu werden.«

Emma kämpfte also bereits in jungen Jahren gegen die Ablehnung der eigenen Familie an. Das, was ihr am meisten wehtat, wurde gleichzeitig zu ihrem Antrieb. Auch wenn ich zu dem Zeitpunkt bereits wusste, dass einige ihrer Krankheiten diesem inneren Druck zu verdanken waren, bewunderte ich ihren Mut und Ehrgeiz mit achtzehn Jahren. Ich konnte mir kaum vorstellen, wie es sich anfühlen musste, der Familie etwas beweisen zu wollen. Ich wusste mit achtzehn lediglich, wie es sich anfühlte, sich selbst und Menschen, die einen sowieso nicht mochten, etwas beweisen zu müssen.

Der Jurastudent, dem Emma bei seiner Doktorarbeit geholfen hatte, machte ihr kurz vor der Abfahrt des Vereins einen Heiratsantrag. »Was für eine Liebesgeschichte«, dachte ich, doch sie klärte mich schnell auf, dass sie zu dem Zeitpunkt bereits in den Sohn des Wirts verliebt gewesen war – und er auch in sie. So sehr, dass er kurze Zeit später plötzlich in einem VW-Käfer-Cabriolet vor ihrer Tür in Hannover stand. »Am nächsten Tag gab es eine große Party in der Stadthalle, bei der ich für besondere Leistungen einen Ehrenpreis erhalten sollte. Ich weiß nicht, wer ihm das erzählt hatte.«

Obwohl ich wusste, dass sie letztlich Hans geheiratet hatte, drückte ich ihr und dem jungen Mann die Daumen. Das fühlte sich an, wie einen Film zum zweiten Mal zu sehen und sich dabei ein anderes Ende als das bereits bekannte zu wünschen.

»Seine Schwester teilte mir dann jedoch mit, dass er seit einigen Jahren eine feste Bindung in Waldkirch hatte. Nachdem ich diesen Schmerz einigermaßen verarbeitet hatte, schrieb ich ihm, dass ich mein Glück nicht auf dem Unglück einer anderen Frau aufbauen möchte. Ich wünschte ihm alles Gute für die Zukunft.«

Da war sie. Emmas Aufrichtigkeit. Ich fragte mich, was aus dem Mann geworden war. Ob er glücklich verheiratet war. Oder noch viele Jahre wehmütig an Emma gedacht hatte.

⧖

Mich beeindruckte, an wie viel Emma sich erinnerte. Es bereitete ihr keine Mühe, detailreich von ihrem Ausflug nach Waldkirch zu erzählen. Also beschloss ich nach unserem Treffen, zu meinen Eltern zu fahren und mein damaliges Kinderzimmer nach Erinnerungen zu durchsuchen.

Als Erstes fand ich die Abizeitung. Ob man diese Erinnerung an die gemeinsame Schulzeit später noch mal lesen möchte, kommt darauf an, wie schmerzbefreit man ist. Denn ich persönlich hatte ganz vergessen, dass der Abi-Bericht eine Mission hat, nämlich, absolut nichts im Verborgenen zu lassen. Keine Peinlichkeit auf der Skala von »nur lustig für alle anderen« bis zu »dann mache ich mein Abi eben in einem anderen Bundesland« wird ausgelassen, keine blöde Anekdote, kein unerträglicher Spitzname, und wenn er nur für eine Woche gehalten hat, und zu guter Letzt: kein schlechtes Foto. Auf meinem liege ich im Meisterschafts-T-Shirt des örtlichen Fußballvereins im Bett, halte einen angebissenen Apfel in der Hand und habe die Augen geschlossen. *Kann man machen*, dachten sich meine Freunde und gaben es frei für den Druck.

Als ich zum ersten Mal diese Doppelseite sah und sie voller Aufregung erst einmal querlas, fühlte ich mich überrumpelt von der brutalen Ehrlichkeit meiner Freunde. Da steckte viel Witz drin und natürlich auch ganz viel Herz, aber sie nahmen kein Blatt vor den Mund, und so musste ich mich ein paar sehr unangenehmen Fakten stellen, wie der Tatsache, dass ich mal einem Jungen in meinem Jahrgang eine Ohrfeige verpasst hatte, jedoch so heftig, dass noch Stunden danach mein Handabdruck auf seiner Wange deutlich sichtbar war. Oder dass ich sehr famos und leider auch sehr bekannt an Tequila scheiterte, dass ich mir aus einer Mädchenzeitschrift den Aufdruck »Zicke« auf ein T-Shirt bügelte und damit durch die Schule lief und, aber darauf bin ich wirklich stolz, immer und überall schlafen konnte. Und musste. Kann ich nämlich noch heute. Muss ich auch noch heute. Wenn mich jemand telefonisch nicht erreicht: Ich halte Mittagsschlaf, auch abends.

Eine Frage flatterte durch meinen Kopf, als ich die Abizeitung zwölf Jahre nach dem Druck erneut durchblätterte. Würden meine Freunde auch heute noch genauso unverblümt meine Stärken und Schwächen aufs Papier bringen? Wir alle hatten uns keinen Honig ums Maul geschmiert. Wir waren so viele Jahre durch dick und dünn gegangen, und das merkte man den Texten deutlich an. Damals schämte ich mich aufgrund mancher Dinge, die ich längst verdrängt hatte, die nun aber für mehrere hundert Schüler auf hässlichem Glanzpapier gedruckt waren. Einiges, was ich über mich las, mochte ich nicht an mir, hätte ich gerne rückgängig gemacht oder wirklich lieber für mich behalten. Doch so war das eben. Wir alle waren wahnsinnig unsicher. Die einen zeigten das, die anderen nicht. Aber alle mussten am Ende darüber lesen.

Ich öffnete den großen Holzschrank, in dem noch immer all die Bücher aus meiner Kindheit und Jugend aufbewahrt wurden, und suchte gezielt nach alten Fotos meines achtzehnten Geburtstags. Die Feier, die kurz nach den Aufführungen zu »Frühlingserwachen« stattgefunden hatte, war unspektakulärer gewesen, als ich erwartet hatte. Landkinder, das muss man wissen, können generell gut feiern. Wir improvisierten ständig und waren gut darin, Partys in Feldern oder unter abgelegenen Brücken zu veranstalten. Und wir fingen früh damit an, deshalb blickte ich mit achtzehn bereits auf ein paar richtig gute Partys zurück. Vielleicht konnte man deshalb meinen Geburtstag schon fast als gediegen bezeichnen, und wir alle fühlten uns bereits mächtig erwachsen. Es gab Pizzabrötchen und alkoholische Getränke, rund zwanzig Freunde saßen an zwei Bierbänken und redeten ausgelassen. Ich kann mich noch gut an den Geschmack der Zigarillos meines Vaters erinnern, die ich mit meiner Cousine auf dem warmen Asphalt der Straße liegend rauchte. Staubig und vanillig.

Ich fand eine Kiste mit vielen Fotokuverts und dann auch schließlich eins mit den Bildern der besagten Feier. Ein ganz bestimmtes Foto, das ich schon immer sehr mochte, fand ich jedoch nicht. Es zeigt mich lachend mit einem Aufkleber, den ich mir vor die Stirn halte. Darauf steht »Anfänger«, ein Scherz von Freundinnen, die ihn mir geschenkt hatten, damit ich ihn auf mein Auto kleben konnte, das ich am nächsten Tag endlich fahren durfte. Tatsächlich fühlte ich mich damals in vielen Bereichen wie eine blutige Anfängerin, aber ich freute mich sehr auf den Rest meines Lebens.

Am Abend sagte ich zu meiner Mutter: »Mama, was habe ich mit achtzehn eigentlich die ganze Zeit gemacht?«

»Fußball gespielt.«

Ich schluckte. Ah, ja richtig. Stichwort Authentizität. Fußball spielte ich nur, um mich mehr sportlich zu betätigen (10 Prozent) und dem Hobby meines damaligen Freundes nachzugehen (90 Prozent). Nicht, dass es mir in irgendeiner Form Spaß gemacht oder ich in den zwei Jahren als Stürmerin auch nur ein Tor geschossen hätte – allerdings traf ein Schuss die Latte, diesen Fast-Erfolg lasse ich mir bis heute nicht nehmen.

In Dorfgemeinschaften kann man schnell das Gefühl bekommen, nicht richtig dazuzugehören, wenn man sich nicht sehr für die Dinge interessiert, die für die Menschen dort wichtig sind – Vereine und Feste beispielsweise. Ständig hatte ich das Gefühl, dem Geschehen im Ort lediglich vom Spielfeldrand zuzusehen. Und eigentlich wollte ich auch gar nicht mitspielen, aber ich dachte, dass ich es müsste.

Immer wieder quälte ich mich zu Veranstaltungen und unterhielt mich über Dinge, die mich nicht interessierten, spielte sonntags Fußball und ging damit einer Freizeitbeschäftigung nach, die mir weder lag noch Spaß brachte. Ich hatte Angst, ausgeschlossen zu werden, ich hatte Angst, schief angeschaut zu werden, weil ich mich der Dorfgemeinschaft nicht anschloss.

Heute kann ich darüber lachen, es tut mir nur um die vielen verlorenen Stunden leid, die ich inmitten betrunkener Fußballfans verbrachte und nichts stärker spürte als das Wissen, nicht hierherzugehören, und den Wunsch, nach Hause gehen zu können.

Es ging mir auch deshalb lange so schlecht damit, weil ich mit niemandem darüber sprach und mich stattdessen zweimal die Woche zum Training quälte.

»Was noch?«, fragte ich meine Mutter.

»Du hast damals schon eine Kolumne geschrieben. Für die Mainpost.«

Auch das hatte ich vollkommen vergessen. Für die Jugendseite *daily x* in der Regionalzeitung mehrerer Landkreise schrieb ich eine Zeitlang die Kolumne »Sekunde mal!«.

Ein paar Minuten später kramte meine Mutter einige Zeitungsartikel aus einem Ordner, und ich las mir meine eigenen Worte durch, die ich vor über dreizehn Jahren geschrieben hatte: meine Aversion gegen das Rauchen, Männer- und Frauenklischees, Sommerhits und, ganz am Ende, ein wehmütiger Rückblick auf vergangene Schultage. Mir fiel auf, wie brav diese Kolumne doch war – auch hier hatte ich nicht den Mut, wirklich zu mir zu stehen. Egal. Denn was mich heute richtig glücklich stimmt, ist die Tatsache, bereits mit achtzehn eine klitzekleine wöchentliche Kolumne geschrieben zu haben. Mit einem Foto, auf dem der Babyspeck noch deutlich sichtbar ist, tastete ich mich mit ganz kleinen Schritten an meine Träume heran. Damals hatte ich noch keine Ahnung, dass gerade das Kolumnenschreiben Jahre später zu mir zurückkommen würde.

Viel deutlicher wurden meine Erinnerungen jedoch bei einem ganz anderen Abschnitt meines Lebens. Kurz vor dem Abitur entschied ich mich, noch ein Jahr zu Hause zu bleiben, ehe ich ausziehen und den Rest meines Lebens beginnen würde. Ich spürte, dass ich eine Pause brauchte. Nach außen hin tat ich so, als müsste ich mich sortieren, als wüsste ich noch nicht genau, was und wo ich studieren wollte, doch innerlich beschäftigte ich mich bereits seit Monaten mit den vielen Schauspielschulen, die es im deutschsprachigen Raum gab. Ich war aber noch nicht so weit. Ich stellte diesen Traum ganz bewusst auf mein persönliches Abstellgleis und entschied mich für ein freiwilliges soziales Jahr – einzig, um mir etwas Zeit zu verschaffen, mich auf die Aufnahmeprüfungen vorzubereiten und endlich, endlich, *endlich* meinen Eltern und Freunden zu sagen, was ich eigentlich mit meinem Leben anstellen wollte. Mein persönliches Coming-out, mein: *Hallo, hier bin ich, ich setze jetzt alles aufs Spiel, um diesen Beruf auszuprobieren. Vor allem, liebe Eltern, euer Geld.*

In einem Neunhundert-Seelen-Dorf aufzuwachsen, umringt von Freunden, die sich alle bereits für diverse bodenständige Studiengänge eingeschrieben hatten, war das keine leichte Sache, schon gar nicht für mich, denn ich kämpfte weiterhin tagein, tagaus damit, mich auf Bühnen zu stellen und mich gleichzeitig vor allem und jedem verstecken zu wollen. Diese derart widersprüchlichen Charaktereigenschaften raubten mir in vielen Nächten den Schlaf. Ein Kampf ist immer anstrengend, doch einer gegen sich selbst tut besonders weh und hilft überhaupt nicht weiter. Die Rampensau wechselte sich also weiterhin ab mit der Schüchternen – und je mehr Wochen ins Land zogen, während ich mich auf mein Abitur vorbereitete, spürte ich, dass ich diesen Widerspruch noch nicht in Einklang bringen konnte. Ich hatte Gründe gesucht, warum ich das freiwillige soziale Jahr machen wollte, und solide, nachvollziehbare gefunden, die jeder verstand und meine Eltern unterstützten. Vielleicht dachte ich auch, der Schachzug, erst ein bisschen Geld zu verdienen, um dann den ganz großen – und sündhaft teuren – Träumen nachzujagen würde mir zugutekommen. Aber die Wahrheit wurde mir erst bewusst, als ich das Kapitel jetzt noch mal aufrollte und mich auf fast schon absurde Weise glasklar erinnern konnte: Ich hatte Angst, den Schritt alleine zu gehen. Alleine scheitern, alleine erfolgreich sein, alleine sagen: *Ja, ich möchte das machen. Ja, das bin ich.* So weit war ich damals nicht. Also drehte ich eine Ehrenrunde, wenn auch nicht in der Schule.

Meine Wahl fiel auf eine Einrichtung für Menschen mit geistigen und körperlichen Behinderungen. Die Stelle in einer angegliederten Förderstätte umfasste die Betreuung mehrfach schwerstbehinderter Menschen. Ich dachte mir damals, dass ich, wenn ich schon ein Jahr verlieren würde, das wenigstens mit Sinn und Verstand und einer ordentlichen Portion Herausforderung tun würde. Ich wollte meine Zeit nicht mit Grübeln verschwenden, ich wollte auch was lernen. Fürs Leben. Und vielleicht sogar für die Bühne.

An meinem ersten Tag in der Förderstätte blieb mir keine Zeit, mich überfordert zu fühlen. Ich spürte diesen Gemütszustand zwar irgendwo in mir drin, aber ich hatte zu viel zu tun, um darauf zu achten. Die grundlegendsten Bedürfnisse körperlich und geistig benachteiligter Menschen – gefüttert, gewickelt und ins Bett gelegt zu werden – waren zu wichtig und nahmen gleichzeitig so viel Raum ein, dass ich meine Befindlichkeiten ab der ersten Minute hintenanstellte.

Meine Arbeitstage waren lang, sie waren körperlich und psychisch anstrengend, sie waren voll von tragischen, emotionalen und urkomischen Momenten. Gemeinsam mit einer Leiterin und zwei weiteren Angestellten kümmerte ich mich um sieben behinderte Menschen, manche von ihnen so eingeschränkt, dass sie sich weder bewegen noch sprechen konnten, andere wiederum waren körperlich kaum beeinträchtigt, was die Arbeit aber nicht einfacher machte, denn sie büxten gerne aus oder warfen mit Geschirr.

Zwischen durchgetakteten Tagesabläufen, unterbrochen von epileptischen Anfällen, Kratz- und Bisswunden, kotverschmierten Oberteilen, Scherbenhaufen und Lachanfällen überlegte ich sogar eine Weile, einen anderen beruflichen Weg, nämlich den der sozialen Arbeit, einzuschlagen. Mir kam der Beruf der Schauspielerin plötzlich inhaltsleer und narzisstisch vor, die soziale Arbeit dagegen wichtig und bedeutungsvoll, schließlich konnte ich so aktiv das Leben anderer verbessern und einen Unterschied machen, mich sozial und gesellschaftlich engagieren, statt auf Bühnen oder vor der Kamera herumzuhüpfen und für Unterhaltung zu sorgen. Am Ende entschied ich mich jedoch dagegen.

Heute glaube ich, dass meine Angst damals schlichtweg gute Gegenargumente gesucht und gefunden hatte.

Kürzlich habe ich in einem Interview gesagt, dass mein Leben immer in Wellen verlaufen ist. Erfahrungen gingen ineinander über, Entscheidungen auch. Rückblickend ist genau das auch während meines Jahrs in der Förderstätte passiert: Ich hatte zwar diese zehn Monate zwischengeschoben, aber diese Zeit erfüllte am Ende auch einen Sinn, nämlich mich reifen zu lassen. Jeden

Tag musste ich mich gegen die Menschen, die ich betreute, durchsetzen und gleichzeitig so viel Liebe, Verständnis und Mitgefühl wie möglich aufbringen. Stark bleiben, Grenzen aufzeigen, Nähe geben, Ruhe schenken. Die Arbeit berührte mich tief, ich half dort, wo es dringend nötig war. Wenn eine der Frauen einen epileptischen Anfall hatte und meine Kolleginnen woanders eingespannt waren, dann war es nicht selten der Fall, dass ich mich vor ihren Rollstuhl setzte, ihre Arme hielt und wir uns in die Augen sahen. So lange, bis er vorbei war. Dann schlief sie sofort ein, ich strich ihr übers Haar und wischte ihr den Schweißfilm von der Stirn.

Zehn Monate saß ich in dieser betreuten Gruppe, sang morgens Lieder, tröstete, scherzte, fütterte Stunden um Stunden um Stunden. Ich entwickelte Verständnis, Geduld, Mut und Kraft, innerlich wie äußerlich. Spätestens in dem kürzlich gegebenen Interview habe ich verstanden, dass die Wellenform des Lebens so viel Sinn ergibt und es an uns selbst liegt, das verstehen zu *wollen*. Alles ist ein Fluss, alles geht ineinander über. Jede Entscheidung macht Sinn, selbst die der Flucht. Denn selbst die Flucht kann einen wachrütteln und an genau den Platz bringen, an dem man gerade sein sollte. Es war wahnsinnig erleichternd, das im Nachhinein zu erkennen, nachdem ich mich mit achtzehn Jahren und auch lange Zeit danach für meine innere Zerrissenheit, für mein Zögern, mich für das Richtige zu entscheiden, so oft verurteilt hatte. Vielmehr eignete ich mir während meines freiwilligen sozialen Jahres Attribute an, auf die ich immer wieder zurückgreifen würde. Allen voran: springen. Ins Risiko, ins Vertrauen, ins Leben – gerade dann, wenn ich mich noch gar nicht dafür bereit fühlte.

⏳

Emma sprang mit achtzehn Jahren ebenfalls ins Ungewisse, erzählte sie mir in einem Brief, den ich eines Abends mit einem Glas Rotwein auf meinem Sofa öffnete und las. Das war kurz nach dem Nachmittag, an dem wir Fotoalben angesehen und über ihr achtzehntes Lebensjahr gesprochen hatten. Das Traurige an der Sache ist, dass diese abrupte Wende in ihrem Leben durch den Sprung eines anderen Menschen ausgelöst wurde, und zwar den Sprung vor einen Zug.

In der Schokoladenfabrik, in der sie angestellt war, arbeitete der Bruder ihres Chefs als Prokurist. Als sie eines Tages seinen Schreibtisch aufräumte, fand sie ein Seil und ein Kursbuch, wie man damals den Fahrplan der Bahn nannte. Da der Mann bereits seit Wochen einen niedergeschlagenen Eindruck machte, beunruhigte Emma diese Entdeckung. »Ich berichtete es einem Freund von ihm, weil unser Chef überwiegend im Außendienst unterwegs war. Auch dem Freund war aufgefallen, dass er sich verändert hatte, aber er führte es darauf zurück, dass er unzufrieden mit seiner Arbeit war, und beließ es dabei. Drei Wochen später war der Mann jedoch tot. Er hatte sich vor einen Zug in der Nähe von Hannover geworfen.«

Emma erzählte weiter, dass sich der Chef nach dem Suizid seines Bruders für längere Zeit nicht in der Firma blicken ließ und sie mit ein paar anderen Angestellten den Betrieb am Laufen halten musste. Als sie nach zwei Wochen feststellte, dass niemand sich um die Rechnungen kümmerte, ging sie mit einem Unterschrift-Faksimile des Chefs, über das sie als Einzige verfügte, zur Bank, um Post versandfertig zu machen. Da der Bankdirektor ein Freund ihres Chefs war, durfte sie die Überweisungen durchführen und übernahm ab sofort alle verantwortungsvollen Aufgaben. »Als der Chef wieder auftauchte und zur Kenntnis nahm, dass alles reibungslos lief, war er zufrieden und dankbar«, sagte sie.

Emma hatte mir gegenüber bereits mehrfach ihren Ehrgeiz angedeutet und auch ihre damit verbundene Krankengeschichte. Sie hielt sich schon in jungen Jahren für unersetzlich, und der Druck, den sie sich dadurch selbst auferlegte, zeigte sich in ihren Magen-Darm-Erkrankungen, die sich mit den Jahren verschlimmerten. Bereits mit neunzehn musste sie einem Kuraufenthalt zustimmen, der von vier auf acht Wochen verlängert wurde. Der Beginn einer endlosen Krankengeschichte und gleichzeitig ein Beispiel dafür, wie sie aus jeder Situation etwas Nützliches für sich schöpfte, Kontakte knüpfte und unerbittlich arbeitete. Während der Kur freundete sie sich mit einer wohlhabenden Witwe an, die sie schließlich darum bat, ihr bei der Erledigung der Post zu helfen. Das erinnerte mich an die Zusammenarbeit mit dem Doktoranden, der ihr am Ende ihres Aufenthalts einen Heiratsantrag gemacht hatte, denn die Witwe bat sie am Ende der Kur, als Haustochter gemeinsam mit ihr nach Wiesbaden zu ziehen. Emma entschied sich jedoch für die Schokoladenfabrik. Egal, wohin sie ging, und egal, mit wem sie interagierte, sie hinterließ immer bleibende Spuren.

»Kennst du Willi Schaeffers?«, fragte sie mich am Telefon, und ich verneinte. »Den habe ich zum Zeitpunkt meiner Kur ebenfalls kennengelernt. Er war damals ein weltbekannter Kabarettist und suchte eine Schreibkraft. Ich bewarb mich sofort! Noch vor seiner Abreise diktierte er mir die Termine seiner folgenden Auftritte, und ich bekam rund zwei Jahre lang Freikarten für die erste Reihe, wenn er in Hannover auftrat. Er bot mir sogar an, ihn auf seiner Amerika-Tournee zu begleiten, doch ich lehnte ab.«

»Warum?«, fragte ich und schwelgte bereits in sepiafarbenen Aufnahmen einer blutjungen Emma, die mit einem Hut auf dem Kopf und dem Koffer in der Hand ihre große Reise über den Atlantik antreten würde.

»Ich wollte die Schokoladenfabrik nicht im Stich lassen, und meine Sprachkenntnisse waren nicht gut genug. Stattdessen lernte ich durch Willi Schaeffers hier in Deutschland viele interessante Menschen kennen.« Hätte sie Ja gesagt, wäre ihr Leben wahrscheinlich komplett anders verlaufen. Vielleicht würde sie heute in den USA leben. Und hätte ihren Mann, der kurz darauf in ihr Leben trat, nie kennengelernt.

Im Laufe des freiwilligen sozialen Jahrs teilte ich einem mir damals wichtigen Menschen meinen Berufswunsch mit. Die Antwort war: »Du wirst es leider eh nicht schaffen. Schauspielerei funktioniert nur über Beziehungen, du brauchst dich gar nicht ausbilden zu lassen.« Und da wusste ich, warum ich so lange meinen Traum für mich behalten hatte. Ich war damals noch nicht stark genug gewesen, um zu verstehen, dass Menschen ihre eigene Unsicherheit, ihr eigenes Scheitern, ihre eigenen Ängste auf andere projizieren.

Meinen Eltern musste ich es nach diesem Rückschlag trotzdem sagen, ich war auf ihre Unterstützung angewiesen, und glücklicherweise verlief das Gespräch ohne Drama, löchernde Fragen oder Aussagen, die mich ins Wanken bringen sollten. Sie verstanden meinen Wunsch und waren bereit, mich dabei zu unterstützen. Ich erkannte: Ich darf träumen. Ich darf mich ausprobieren. Es ist nichts Falsches daran, etwas zu wollen, das vielleicht niemand anderes in diesem kleinen Dorf möchte oder nachvollziehen kann. Es ist in Ordnung, die Erste zu sein. Es geht nicht um die anderen, es geht um mich. Auch diese Lernaufgabe begleitet mich noch heute, eine, die ich wahrscheinlich nie ganz abschließen werde.

Wahrscheinlich beruhigte meine Eltern der Gedanke, dass ich mich wirklich ausbilden lassen würde, statt darauf zu hoffen, in irgendeiner Großstadt durch mein bloßes Existieren entdeckt zu werden. Auf dem Programm der Schulen standen Sprechtraining, Gesangsausbildung, Körpertraining, Rollenverständnis und viele weitere Bausteine, die nötig waren, um in Deutschland die Bühnenreife zu erwerben. Die Aufnahmeprüfungen waren hart und setzten viel Vorbereitung voraus. Das machte etwas Handfestes aus der Sache, es war eben kein Hirngespinst, sondern etwas, das ich mir ganz alleine erarbeiten würde. Und ich glaube, das war nicht nur für meine Eltern wichtig, sondern auch für mich.

Mein schüchternes Ich bewarb sich zuerst an einer Schauspielschule in Nürnberg. So hätte ich in Franken, in der Nähe meiner Eltern und meiner Freunde, bleiben können. Aber im Grunde wusste ich da schon, dass ich in eine größere Stadt wie Berlin, Hamburg, München oder Köln würde ziehen müssen, um diesen Job ansatzweise ausüben zu können.

Ich wurde in Nürnberg angenommen und sagte ab. Ich fuhr nach München zu einer Schule, deren Methoden mich überzeugten, die ich spannend fand und die sich gut anfühlten. Auch dort wurde ich angenommen, und somit war klar, dass mein Traum dort beginnen würde. Und das Gefühl, einen Traum mit Talent und Willenskraft in die Realität zu heben, war so großartig und umwerfend und beflügelnd, dass ich es nie vergessen werde.

Schon immer fasziniert mich die Tatsache, dass Kinder ungehemmt die Wahrheit sagen und sich keine Gedanken darüber machen, wie sie auf andere wirken. Dieses Verhalten ändert sich jedoch im Laufe des Lebens. Es gibt einen Zeitpunkt, an dem wir lernen, auf unsere Umgebung zu achten. Wir werden im Kindergarten für etwas bestraft, das wir nicht getan haben, die Schule beginnt und Cliquen bilden sich, die Eltern lassen sich scheiden, jemand redet schlecht über uns, von einer Lehrerin werden wir bevorzugt, die erste Liebe kommt und geht – es gibt so viele Beobachtungen, Sätze oder Blicke, die plötzlich auf uns einwirken und unseren Charakter prägen. Vieles davon begleitet uns für den Rest unseres Lebens: Sorgen, Ängste, Zweifel und alles, was uns daran hindert, genauso unbeschwert zu leben, wie wir es als Kinder getan haben.

Ich überlege oft, was andere über mich denken, und kann mich nur langsam davon freimachen. Vieles davon begann während meiner Schulzeit, und noch heute erinnere ich mich nur allzu deutlich an die Verletzungen aus dieser Zeit. In der Schule ging es vor allem darum, gemocht zu werden, auch wenn sich das nicht jeder anmerken ließ. Der Mikrokosmos Schule zeigt ziemlich gut, wie wir Menschen ticken. Wir wollen gemocht werden, anerkannt werden, wir wünschen uns Liebe. Das größte Geschenk, das wir geben und bekommen können, ist Aufmerksamkeit. In der Schule kriegt man schnell ein Label verpasst, deshalb stellen viele ihre Sehnsüchte zurück. Ich habe das genauso gemacht. Lieber nicht zu mir stehen, lieber anpassen und dadurch gemocht werden. Man sagt oft, Schauspieler seien hoffnungslose Selbstdarsteller, und sicherlich spielt das mit rein. Doch die meisten holen sich auf der Bühne lediglich das zurück, was die Gesellschaft so selten gibt: Aufmerksamkeit.

Und ist es nicht erstaunlich, dass wir uns eher die Mühe machen, jemanden schlecht zu behandeln, als auch nur ein freundliches Wort zu verlieren? Wir gehen so gerne den schwierigen Weg, vielleicht in dem Glauben, dass, wenn wir es schon selbst so schwer haben, das Leben jemand anderem auch nicht besser

gelingen soll. Ein junges Herz sollte man jedoch nicht unterschätzen, weil es irre schnell brechen kann und Jahre braucht,
sich davon zu erholen.

Es ist wirklich schade, dass wir in der Schulzeit doch nie so
richtig auf das Leben vorbereitet wurden. Ich konnte mit achtzehn Jahren zwar natürliche Logarithmusfunktionen ableiten
(das ist eine Lüge, ich habe es nie gekonnt), aber ich wurde nicht
auf das vorbereitet, was im Leben tatsächlich wichtig ist. Gewalt-
freie Kommunikation zum Beispiel. Vergebung und der komple-
xe Umgang mit psychischen Erkrankungen. Kein einziges Mal
habe ich nach meinem Abitur bis heute über Ableitungen von
Logarithmusfunktionen gesprochen, jedoch über sexuelle Beläs-
tigung, Rassismus, Gewalt, Feminismus, Umweltschutz, Homo-
phobie, Gleichberechtigung, Armut, Nachhaltigkeit, Liebe. Und
meine Steuer.

Abgesehen vom Lesen, Schreiben und manchen historischen,
biologischen und chemischen Fakten habe ich verhältnismäßig
wenig aus dreizehn Jahren Schulzeit mitgenommen. Infinite-
simalrechnung pauken? Wofür brauche ich das denn heute? Vo-
kalmusik der Spätrenaissance lernen? Ist ja schön und gut, aber
wo war denn das Lebenswissen? Warum gab es dafür keine Zeit
und auch kein Verständnis? Wie wäre es mit Antworten zu folgenden Fragen gewesen: *Welches Potenzial steckt im Scheitern? Wie
lerne ich zu verzeihen? Wie gehe ich mit Mobbing um? Wie kann ich
eigene Vorurteile entlarven? Warum sollte ich anderen dieselbe Freiheit zugestehen, die ich mir für mich selbst wünsche? Was ist der
Selbstwert, und wie stärke ich ihn? Wie hängen Körper und Geist zu-*

sammen? Welchen Gedankenmustern erliegt jeder Mensch, und wie kann ich meine lösen?

Ich fühlte mich bezüglich existentieller Fragen zu keinem Zeitpunkt vom Schulsystem aufgefangen oder wirklich auf das Leben vorbereitet. Eine meiner besten Freundinnen hat mir erst kürzlich gestanden, dass sie zu Schulzeiten erleichtert darüber war, dass der Lehrer, der es mir so schwer gemacht hatte, sein Auge immer auf mich geworfen hatte und nicht auf sie. Und wie leid ihr das heute tue. Ich trage es ihr nicht nach. Sie hat nicht gelernt, wie sie besser damit hätte umgehen können. Wir alle haben es nicht gelernt.

Wenn ich etwas zu Schulzeiten, in den Wochen als Wendla und in meinem achtzehnten Lebensjahr gelernt habe, dann, dass es wichtig ist, was wir zu anderen sagen. Wie wir mit ihnen umgehen. Mit ihnen und diesen zerbrechlichen Träumen jugendlicher Luftschlösser. Wir alle waren Opfer und Täter, wir waren zu sehr mit uns selbst beschäftigt, um uns in andere hineinzuversetzen.

Das achtzehnte Lebensjahr ist eine Zeit, in der sich der Charakter entwickelt, der Lebensweg entfaltet und man sich hin und her bewegt zwischen diesem unbändigen Gefühl, am Leben zu sein, und der Unsicherheit, die es mit sich bringt, die Teenagerjahre hinter sich zu lassen. Damals habe ich gelernt, was das einfach dahingesagte »Du wirst das sowieso nicht schaffen« eines vermeintlichen Freundes auslösen kann. Pure Angst vor dem Leben. Pure Angst vor den eigenen Träumen. Wenn mir jemand in so jungen Jahren schon die Tür versperrt und nicht an mich glaubt, wie soll ich es dann selbst tun? Manche Menschen sind stärker als andere, können an solchen Worten sogar wachsen, weil sie beweisen wollen, dass sie es natürlich schaffen. Ich gehörte zu denjenigen, die erst mal am Boden waren und Kraft brauchten, um sich überhaupt wieder aufzurappeln.

Je mehr Negativität ins eigene Leben dringt, desto schwieriger wird es, dazustehen und mit stolzgeschwellter Brust zu sagen: Ich kann das. Ich weiß, dass ich es kann. Es haben schon ganz andere vor mir geschafft.

Als ich dieses Kapitel schrieb, setzte ich mich gedanklich immer wieder in Emmas Wohnzimmer, das Fotoalbum auf dem Schoß. Wenn ich ihre Erlebnisse von damals unter die Lupe nehme, sehe ich, dass sie früh ins Leben hineingeworfen wurde, während ich mir die Zeit nehmen durfte, mich überhaupt darin zurechtzufinden. Das ist vielleicht einer der großen Unterschiede in unseren Werdegängen und auch allgemein in diesen verschiedenen Generationen; meine hat alle Möglichkeiten und verfällt deshalb oft in Schnappatmung, weshalb wir uns dann alle bei Tiefenentspannung im Yogastudio wiedertreffen. Emmas Generation hatte kaum Möglichkeiten, und wer das wie sie nicht akzeptieren wollte, hatte viel Arbeit vor sich – und ergriff die wenigen Möglichkeiten beim Schopf.

Eine Sache fehlte noch. Emmas Mann und wie sie ihn kennenlernte. Während ich mit achtzehn nämlich an meinen Wünschen schraubte, besuchte Emma, weil es zum guten Ton gehörte, eine Tanzschule, lernte dort einen Mann, Hans, kennen und verliebte sich. Er wollte jedoch nicht nur zum Spaß mit ihr tanzen, sondern Titel gewinnen. Und während Emma feststellte, dass ihr das zu anstrengend war, bestätigte ihr die Lehrerin, dass sie nicht die richtige Partnerin für ihn war. So kam es, dass die beiden sich trennten und er tatsächlich Turniertänzer wurde. Keiner konnte ahnen, dass sie sich fünf Jahre später wiedertreffen würden. »Dann hat es BÄM gemacht«, sagte Emma, und ich musste lachen, dann seufzen.

»Wie waren denn die dazwischenliegenden Jahre für dich? Hast du an ihn gedacht?«

Emma sagte sofort: »Oh ja, ich habe ihn immer geliebt. Über gemeinsame Freunde habe ich mich immer erkundigt, ob er wieder liiert war und übrigens auch viel später dann erfahren, dass er auch immer nach mir gefragt hat.« Sie hielt inne. »Ich habe ihn zwar in den fünf Jahren nie gesehen, aber auch nie vergessen. Und ich vertraute darauf, dass das jetzt einfach so sein sollte.«

Das Vertrauen in die richtige Zeit und den richtigen Ort. Ich weiß selbst, wie gut es sich anfühlt, das zu verinnerlichen. Dann kam mir ein abschließender Gedanke in den Sinn.

Mit achtzehn malte ich mir oft das Leben aus, das ich mit dreißig führen würde. Und weil mein dreißigster Geburtstag gerade hinter mir lag, konnte ich unschwer eine Bilanz ziehen.

Immer wieder unterhalte ich mich mit anderen Frauen im gleichen Alter darüber, wie schön es ist, nun dreißig oder älter zu sein. Wie gut es sich anfühlt, sich endlich in diesem komplexen Frauenkörper zurechtzufinden und, darüber hinaus, ihn auch lieben zu lernen. Ich kenne kaum eine Frau, die in ihrer Jugend nicht auf Kriegsfuß mit dem eigenen Körper stand. Das erste Mal, als ich den Bauch einzog, war ich vierzehn und gerade im Schwimmbad. Mit achtzehn tat ich es immer ganz automatisch, sobald ich das Haus verließ. Damals kannte ich keine Begriffe wie »Bodyshaming«, es gingen keine Frauenbewegungen viral durchs Netz. Womit ich mich oftmals alleine fühlte, nämlich dem Wunsch, in einem anderen Körper leben zu können, einem in meinen Augen schlankeren, strafferen und schlichtweg schöneren, das beschäftigt fast jeden Menschen irgendwann einmal. In jungen Jahren wusste ich das nicht, da starrte ich auf Hochglanzcover und dann in den Spiegel und fand viele Fehler, obwohl mein Körper gar kein Suchbild war. Heute fühle ich mich mit der Thematik zumindest nicht alleine und damit auch ein Stück weit aufgefangen.

Doch nicht nur die Liebe und das Verständnis für den eigenen Körper hat sich über die Jahre verändert. Was ich an meinen Dreißigern so schätze, ist, Verantwortung übernehmen zu *dürfen*, mein Leben leben zu können und für mich ganz alleine zu gestalten. Ich kann ohne Scham erzählen, nie studiert, stattdessen aber an der Schauspielschule gelernt zu haben, wie sich ein Gorilla bewegt. Mit dreißig konnte ich einen Schalter umlegen. Keine Ahnung, wie ich das gemacht habe. Doch ich wurde lockerer. Und gehe seitdem immer schneller zur Lösung über, anstelle mich allzu lange mit dem Problem zu beschäftigen – Achtung,

Spoiler: Klappt nicht immer. Die Dinge werden durch eine antrainierte Lässigkeit nicht einfacher, mit ihnen umzugehen aber schon. Ich möchte an dieser Stelle aus meinem Lieblingsfilm zitieren, den ich auch am Anfang des Kapitels angesprochen habe. In *Call Me by Your Name* spricht am Ende der Vater mit seinem jugendlichen Sohn, welcher gerade seine Homosexualität entdeckte, und dieser Monolog ist ein Feuerwerk an liebevoller Weisheit, ein Plädoyer für Authentizität und mehr Mut zum Fühlen.

»Wir verdrängen so manches, um nicht so lange leiden zu müssen, sodass wir mit dreißig emotional bankrott sind. Und treffen wir auf einen neuen Menschen, haben wir immer weniger zu bieten. Aber wenn du dich zwingst, nichts zu fühlen, als würdest du gar nichts fühlen, wäre das Verschwendung.«

An meinem dreißigsten Geburtstag war ich gar nicht wehmütig. Ich freute mich über die großartige Feier mit großartigen Freunden, einer improvisierten Tanzfläche in meiner Küche und dem genau richtigen Alkoholpegel, um alles noch ein Stück weit fantastischer zu finden. Am nächsten Morgen ging es mir nicht anders und auch nicht an den darauffolgenden Tagen. Die Dreißig war für mich okay. Das Einzige, was mich verwirrte, war, wo die letzten Jahre geblieben waren. Ich fühlte mich – und fühle mich nach wie vor – viel jünger, als ich tatsächlich bin.

Als 18-Jährige sah das dreißigste Lebensjahr in meiner Vorstellung jedoch komplett anders aus. Ich stellte mir damals vor, mit dreißig erfolgreich im Beruf zu sein, finanziell abgesichert, mit einem Mann an meiner Seite, sicherlich auch einem Kind, denn eine alte Mutter wollte ich schließlich nicht werden, eventuell auch einem Haus oder einer schicken Stadtwohnung. In meinen jugendlichen Augen hatte ich mit dreißig praktisch schon alle meine Ziele erreicht. Wie absurd mir das heute vorkommt, denn ich könnte nicht weiter davon entfernt sein.

Ich weiß nicht genau, wie ich damals meine Zukunft im Detail gesehen habe. Ich weiß aber, dass ich mich glücklich gesehen habe. Und wie schön es sich heute anfühlt, dass ich es tatsächlich bin. Sicherlich nicht jeden Tag und sicherlich nicht immer gleichbleibend glücklich. Aber unterm Strich habe ich keinen Grund, es nicht zu sein. Insofern, mein liebes 18-jähriges Ich, das geht raus an dich: Ob ich beruflich erfolgreich bin, kann ich dir nicht sagen, das ist auch einfach Auslegungssache. Ich weiß nämlich nicht mehr, wie du Erfolg definierst. Was ich jedoch sagen kann, ist, dass ich einen Traumjob habe, auch wenn es nicht der ist, von dem du ausgegangen bist.

Finanziell abgesichert werde ich bei dem Weg, den ich eingeschlagen habe, nie sein, aber hör doch mal bei Gelegenheit in meinen Podcast rein, da erzählen viele fabelhafte Frauen von Unsicherheiten im Leben.

Die Sache mit dem Mann an meiner Seite können wir mit einem Häkchen versehen, du kannst dich also freuen und dich vor allem jetzt sofort entspannen, was den noch kommenden Herzschmerz betrifft. Ein Tipp: Lache viel und lache laut, das hilft.

Das Kind gibt es noch nicht, aber da musst du wissen, dass sich die Dinge geändert haben. Wir Frauen können ein bisschen älter sein, wenn wir Mutter werden. Hat übrigens den großen Vorteil, dass wir dann auch tatsächlich bereit sind und ein paar sehr existenzielle Dinge verstanden haben.

Ich freue mich auf meine Dreißiger, ich stecke bereits mitten drin. Und auch wenn es mir unendlich lange her erscheint, dass ich mir einen »Anfänger«-Aufkleber an die Stirn gehalten habe und jemand davon ein Foto gemacht hat, so weiß ich auch, dass ich die unsichere, aber neugierige junge Frau, die ich damals war, durch all die Jahre mitgenommen habe und auch heute noch in mir trage. Doch jetzt sehe ich sie endlich wieder deutlich vor mir. Das Gefühl, Anfänger zu sein, möchte ich mir ebenfalls bewahren. Durch diese Zeitreise bin ich auf die Idee gekommen, jede Woche etwas Neues auszuprobieren, egal was, egal wie winzig oder wie unmöglich es scheint. Und bisher klappt das ziemlich gut.

Zum Abschluss des Kapitels überlegte ich, der achtzehnjährigen Anika einen Brief zu schreiben. Ihr zu sagen, was sie falsch machen, was ihr Ärger ersparen würde, durch welche Entscheidungen ihr Herz vielleicht nur halb und nicht ganz brechen und was wirklich gegen einen Kater helfen würde. Der Brief wäre sicherlich mehrere Seiten lang geworden, und ziemlich sicher hätte er sie verunsichert. Sie hätte vielleicht sogar Angst bekommen, älter zu werden, für den Fall, dass diese Klugscheißer-Version ihrer selbst wirklich existierte.

Ich entschied mich gegen einen Brief und mit ihm gegen all die Konjunktive dieser Welt. Stattdessen schrieb ich nur einen Satz, und den sage ich ihr bei jeder Meditation und in jedem Moment im Hier und Jetzt, wenn ich spüre, dass ich die Ängste, Zweifel und Sorgen von damals noch immer mit mir herumtrage.

Du bist genug.

Und du wirst immer genug sein. Mehr braucht es nicht. Alles ist zu meistern, alles kann man überleben, wenn man diesen Satz verinnerlicht.

Vielleicht stellt sich der eine oder andere Leser die Frage, warum es eine Herausforderung ist, das achtzehnte Lebensjahr Revue passieren zu lassen. Ein bisschen nachdenken, alte Freunde anrufen, ein paar Fotoalben anschauen? Klingt doch nett.

Ich bin mir sicher, dass viele ein wunderschönes achtzehntes Lebensjahr hatten. Manche tragen bestimmt kristallklare Erinnerungen daran in sich, für andere war es ein Jahr wie jedes andere, und was sie davon noch wissen, vermischt sich mit älteren oder jüngeren Eindrücken. Genau deshalb wird so eine Zeitreise für viele keine Herausforderung darstellen. Und genau deswegen habe ich ihr einen Platz in diesem Buch gewidmet. Weil sie es für mich war und weil sie es in jedem Fall wert ist.

Zurückzublicken und vollkommen ehrlich zu sich selbst zu sein lässt Einsichten an die Oberfläche schwappen, von denen man keine Ahnung hatte. Einsichten, die heute bereichern können. Ich habe lange damit gehadert, dass ich mit achtzehn nicht ehrlich zu mir selbst und auch zu allen anderen gewesen war. Viele Monate war ich ein Schatten meiner selbst gewesen, habe Kräfte mobilisiert für Dinge, die mich nicht glücklich machten, einzig, um zu gefallen. Um nicht ausgeschlossen zu werden. Das rückblickend anzuerkennen fühlt sich heute an wie eine kleine Heldenreise. Weil ich heute den Mut habe, meine Kräfte nur doch dort einzusetzen, wo mein Herz bereits ganz laut Ja schreit.

Es ist Zeit, dass sich niemand mehr verstecken muss. Und ich bin mir sicher, dass es viele Menschen gibt, die viel mehr verstecken als das, was ich musste: in einem kleinen Dorf keine Luft mehr zu bekommen und rauszuwollen, erst aus dem Haus und dann aus mir selbst. Ohne dafür verurteilt oder belächelt zu werden.

Ich habe immer mein Bestes gegeben – selbst dann, als ich meinen Schwarm angelogen habe, indem ich behauptete, er sei nicht der Einzige, der keinen Käse mag. Ich wusste damals nicht, dass das mit uns nichts werden würde, auch nicht auf Basis einer gespielten Käseabneigung. Wir wurden aber viele Jahre später Freunde und sind es immer noch. Und das ist das wirklich Schöne und Magische und Wertvolle am Erwachsenwerden: Wir haben keine Ahnung, wann genau es passiert. Wie sich die Dinge entwickeln und welcher Schritt der nächste ist. Wir sind achtzehn, stehen inmitten unseres angebrochenen Lebens und vergessen viel zu oft zu atmen. Das können wir uns leisten, denn noch sind wir jung. Und solange wir diesen verrückten Übergang zwischen fabelhafter Jugend und dem spannenden Erwachsensein genießen, ab und an vom Weg abkommen und wissen, dass wir auch noch mit Anfang dreißig heulend bei Mama anrufen dürfen, ist alles, wirklich alles gut. Und wir waren und sind und werden sie immer sein: die beste Version unserer selbst.

Siebtes Abenteuer

Barrieren überwinden

Warum ich einem verurteilten Mörder
Briefe ins Gefängnis schickte

Am siebzehnten April, ein Tag nach meinem Geburtstag, war es mehrere Wochen her, dass ich meinen Brief an einen zum Tode verurteilten Gefängnisinsassen in Texas geschickt hatte. Und noch immer auf eine Antwort wartete.

Es war mein Freund, der an diesem Tag den Briefkasten öffnete, und als ich mich zu ihm umdrehte, hielt er einen Brief in die Höhe. Ich machte einen Satz in seine Richtung und nahm ihm das Kuvert aus der Hand. Ich las immer wieder, was darauf stand: Mein Name und meine Adresse – die Straße war falsch geschrieben, was jedoch nicht weiter schlimm war, da nur ein »m« fälschlicherweise zum »n« geworden war. Und dann der Name des Insassen, seine Nummer, die Adresse des Gefängnisses. Ich öffnete das Kuvert sofort, auf der Innenseite der Lasche war der

Stempel der Haftanstalt zu sehen, was bedeutete, dass der Brief vor dem Abschicken gelesen und gestempelt worden war.

Ich zog eine Geburtstagskarte heraus und überflog sie. Krakelige Großbuchstaben, die sich zu überschwänglich netten Worten und christlichen Segnungen zusammensetzten. Daneben viele, viele Smileys. Herzchen. Niemals hätte ich mir diesen ersten Brief so vorgestellt. Ich hatte mit allem und wiederum mit gar nichts gerechnet, aber nicht mit dieser ... Fröhlichkeit? Drei Wochen zuvor hatte ich mich in meinem ersten Schreiben kurz vorgestellt und erzählt, dass ich im April einunddreißig werden würde. Dass mich dann genau einen Tag nach meinem Geburtstag eine Glückwunschkarte erreichte, das erste Lebenszeichen von Richard, der über 8600 Kilometer entfernt in einer Zelle saß und auf seine Hinrichtung wartete, war der kuriose Beginn der ungewöhnlichsten Brieffreundschaft, die ich je hatte.

Seit Jahren wollte ich ehrenamtlich arbeiten oder mich für ein soziales Projekt engagieren. Vielleicht ein Überbleibsel meines freiwilligen sozialen Jahrs, das mittlerweile dreizehn Jahre zurücklag. Über die Jahre hinweg hatte ich immer wieder Listen von Hilfsorganisationen studiert, bis ich plötzlich auf ein Thema stieß, das an mir rüttelte: die Todesstrafe. Und mit ihr die Arbeit von Hilfsorganisationen, die sich aktiv gegen sie einsetzen. Den meisten dürfte in dieser Beziehung vor allem *Amnesty International* bekannt sein. Doch ich bin auf die Organisation *lifespark* gestoßen.

Das Hauptaugenmerk dieser nichtstaatlichen Hilfsorganisation liegt neben der Aufklärungsarbeit auf sogenannten *pen pals*, also der Vermittlung von Brieffreunden an Gefängnisinsassen in den USA. Aber warum um Himmels Willen sollte man einem Schwerverbrecher Briefe schreiben wollen?

Oberflächlich betrachtet passt der Wunsch, etwas Gutes zu tun, nicht ganz zur Arbeit gegen die Todesstrafe, die über Menschen verhängt wird, die grausame Dinge begangen haben. Die sollen doch eigentlich für das, was sie ihren Opfern angetan haben, büßen. Oder?

Jahrelange im Gefängnis sitzen, nur um darauf zu warten, hingerichtet zu werden, scheint für viele eine angemessene Strafe zu sein. Wer einer einfachen Logik folgt, sieht es genauso: Wer tötet, darf getötet werden.

Doch wer einen zweiten Blick wagt, kommt eventuell ins Wanken.

Bevor ich mich jedoch dazu entschied, *lifespark* zu kontaktieren, fing ich an zu recherchieren. Mein potenzieller Brieffreund würde in einem Gefängnis in den Staaten sitzen, ich wollte also vorbereitet sein.

Ich las mehrere Studien und Artikel, ich sah mir Dokumentationen an und informierte mich über die Beweggründe anderer, die bereits eine oder mehrere solcher Brieffreundschaften unterhielten.

Weil das Thema so komplex war und ich das Risiko, die Brieffreundschaft wieder abzubrechen, so gering wie möglich halten wollte, tauchte ich tief in die Thematik ein.

Die Fakten zuerst: In dreißig von fünfzig Staaten der USA gab es zum Zeitpunkt meiner Recherche die Todesstrafe, fast ausschließlich griff sie in Mordfällen. Die gängige Methode war der Tod durch Giftspritze, allerdings herrschte immer wieder ein Medikamentenmangel – denn manche Hersteller verweigerten die Lieferung für den Zweck der Hinrichtung. Sie hatte keinen besonders guten Ruf, immer wieder kam es zu Komplikationen, wie beispielsweise 2014 im Fall von Clayton Lockett, der erst nach dreiundvierzig Minuten Todeskampf qualvoll starb. In Tennessee wurde im November 2018 zum ersten Mal nach fünf Jahren wieder ein Verurteilter auf dem elektrischen Stuhl hingerichtet.

Seit dem ersten März 2005 gilt das Verhängen der Todesstrafe über zum Tatzeitpunkt Minderjährige als verfassungswidrig, das Gleiche trifft bereits seit 2002 auf geistig Behinderte zu, wobei die Beurteilung einer möglichen Behinderung beim Staat selbst liegt.

Große Kritikpunkte an der Todesstrafe sind zum einen, dass viele unterprivilegierte Täter keine angemessene Verteidigung erhalten und somit recht häufig einen unfairen Prozess erleben, der in einem Todesurteil endet. Die Langzeitstudie *A broken system* beschäftigt sich mit Berufungsverfahren zwischen 1973 und 1995. Ihr Verfasser James S. Liebman stellte fest, dass die zuständigen Gerichte der Berufungsverfahren in achtundsechzig Prozent aller Fälle immense Verfahrensfehler aufdeckten. Das sind fast sieben von zehn Fällen.

Des Weiteren kam es immer wieder zu Rassendiskriminierung, wenn es um die Auswahl der Jury ging (im anglo-amerikanischen Rechtssystem urteilt in einem Strafverfahren nicht der Richter, sondern eine Jury, die sich aus zwölf Geschworenen zusammensetzt). Das bedeutet, dass nicht selten potenzielle Jurymitglieder aufgrund ihrer Hautfarbe abgelehnt wurden, was wiederum Einfluss auf das Urteil hatte. In der Studie *Race and Wrongful Convictions* von Samuel R. Gross heißt es: »Bis zum 15. Oktober 2015 hat das *National Registry of Exonation* 1900 fälschlich Verurteilte, die später wieder entlastet wurden, gelistet. Siebenundvierzig Prozent aller waren Afroamerikaner.« Dass die USA nach wie vor ein großes Rassismusproblem haben, ist kein Geheimnis.

Mein Kopf ratterte, und nachts schlief ich schlecht. Ich fragte mich, warum ich mir das *antat*. Warum ich mich nicht einfach in einem Altersheim als Vorleserin registrieren ließ oder mich bei anderen Hilfsorganisationen für die Unterstützung von Events bewarb. Stattdessen musste es eins der komplexesten Themen überhaupt sein.

Doch hier konnte ich mich einer wirklichen Herausforderung stellen. Mir war von Anfang an klar, dass der kostenpflichtige Beitritt zu *lifespark* und die damit verbundene Botschaft, für die ich stehen würde, etwas war, worüber man getrost diskutieren konnte. Ich wollte nicht nur etwas Gutes tun, sondern auch meinen Horizont erweitern und mir eine fundierte Meinung zum Thema Todesstrafe bilden. Spannend fand ich auch, dass es eine Aufgabe war, die sich an mutmaßliche Täter wandte. Eine gesellschaftliche Randgruppe, an die kaum jemand denkt.

An einem Sonntag im Februar schrieb ich also eine E-Mail an die Infostelle von *lifespark*. Nur zehn Minuten später erhielt ich Material, das ich mir in Ruhe durchlesen sollte, bevor ich irgendeine Entscheidung traf. Es beinhaltete viele Informationen über die Organisation selbst, erklärte aber auch sehr ausführlich, was es überhaupt bedeutete, eine solche Brieffreundschaft aufzubauen.

Einerseits stellte sie eine Verantwortung dar, denn viele Gefangene wurden nach der Verurteilung von Familie und Freunden fallengelassen. Wer bewusst und aktiv in ihr Leben trat, sei es auch nur in Form einer Brieffreundschaft, gab ihnen ein Stück weit Leben und eine Verbindung nach *draußen* zurück. Umso wichtiger war es der Organisation, dass die Freiwilligen eine Brieffreundschaft wirklich wollten und sie nicht einfach wieder aufgaben. Im besten Fall sollte man den Gefangenen durch das Schreiben bis zur Hinrichtung begleiten.

Lifespark gab auch Dinge praktischer Natur zu bedenken: War ich bereit, die Brieffreundschaft für den Gefangenen zu finanzieren, sprich Geld für Briefmarken und Papier zu senden für den Fall, dass er es sich nicht leisten konnte? Im Todestrakt war es den Insassen verboten, Geld zu verdienen, und wenn sie keine Familie hatten, die ab und an etwas schickte, besaßen sie nichts. Am Tag ihres Einzugs in die Zelle nicht einmal Hygieneartikel – die wurden oftmals von den anderen Insassen als Willkommensgeschenk zusammengelegt.

Oder: Was tun, wenn man sich nicht mit dem Brieffreund verstand? Oder wenn er sexuelle Anspielungen machte?

Ich ließ mir diese Dinge durch den Kopf gehen, dann rief ich bei *lifespark* an und stellte weitere Fragen, zum Beispiel, was passieren würde, wenn die Brieffreundschaft nicht funktionierte. Und nicht, weil sie vielleicht holprig startete oder sie oberflächlich blieb, sondern weil ich darunter zu leiden begann. Mir wurde versichert, dass ich mich immer bei ihnen melden konnte. »Und wenn du wirklich das Gefühl hast, dass die Brieffreundschaft nicht funktioniert, kannst du sie beenden und dich für eine neue melden«, erklärte mir die Mitarbeiterin am anderen Ende.

»Kommt denn so etwas häufig vor?«, fragte ich sie, und sie antwortete: »Nein, die meisten Brieffreunde finden zueinander, und es entsteht etwas sehr Schönes. Ab und an klappt es aber natürlich nicht. Ein Insasse wurde mal an einen Mann vermittelt, er hatte aber wohl auf eine Frau gehofft. Deshalb hat er seinen Brieffreund immer wieder gebeten, dessen Freundin die Briefe schreiben zu lassen.« Sie lachte, und ich auch. Ich nahm mir vor, bereits im ersten Schreibaustausch meinen Partner zu erwähnen, damit die Fronten geklärt sein würden.

»Und wie geht es nun weiter, wenn ich mich dafür entscheide?«, fragte ich.

»Dann bitte ich dich, den Mitgliedsbeitrag zu überweisen, und sobald der eingegangen ist, bekommst du von einer Kollegin die Adresse deines zukünftigen Brieffreundes geschickt, inklusive Informationen zu seinem Gefängnis und dem Staat, in dem es sich befindet.«

Ich war plötzlich wahnsinnig aufgeregt. »Wie erfolgt die Zuteilung der Insassen zu ihren Brieffreunden?«

»Wir suchen da niemanden aus und überlegen, wer zu wem passen könnte. Wir wollen so fair und objektiv wie möglich bleiben. Es gibt eine Warteliste von Verurteilten, die sich bei uns gemeldet haben, und diese Liste wird einfach von oben nach unten abgearbeitet.«

Das fand ich gut. Die Möglichkeit, sich denjenigen anhand seiner Tat und Fotos auszuwählen, hatte für mich einen seltsamen Beigeschmack. Ich wollte niemanden aus dem Gefängniskatalog bestellen, wenn, dann wollte ich das Schicksal entscheiden lassen, und vor allem wollte ich, dass derjenige mir seine Geschichte erzählte. Ganz oder gar nicht. Nur so, da war ich mir sicher, würde es möglich sein, diese Herausforderung zu meistern.

Den Ausschlag für meine Entscheidung für die Brieffreundschaft gab letztlich die BBC-Dokumentation *Life and Death Row*. Eine Folge begleitete unter anderem Richard Cobb, der mit achtzehn Jahren an einem Raubüberfall und Mord beteiligt gewesen war, und damit einer der jüngsten jemals zum Tode verurteilten Männer in Texas war. Im Interview sagte er, dass er das, was er getan hatte, nicht mehr ändern konnte, so sehr er es sich wünschte. Und er fügte etwas hinzu, dem ich ebenfalls zustimmte: »Mich umzubringen wird niemandem den Frieden geben, den sie (die Hinterbliebenen der Opfer) suchen. Alles, was es tun wird, ist, den Kreis der Gewalt weiterzuführen. In jeder negativen, dunklen Situation gibt es jedoch den Raum für Wachstum.« Ein paar Stunden später wurde er im Alter von neunundzwanzig Jahren hingerichtet.

In einem weiteren Fall ging es um Anthony Haynes, Afroamerikaner, der im Alter von neunzehn Jahren einen weißen Polizisten erschoss, nach eigenen Aussagen, weil dieser etwas aus seiner Tasche zog, was Haynes für eine Waffe hielt, und er deshalb aus Angst selbst feuerte.

Natürlich gab es nicht nur solche Fälle, doch die Tatsache, dass auffallend viele Verurteilte einer armen Bevölkerungsschicht angehörten, geistig behindert oder als Afroamerikaner von Rassismus betroffen waren, zeigte mir in den Wochen meiner Recherchen, dass das System in den USA noch immer zu viele Fehler machte, um die Todesstrafe überhaupt legitimieren zu können.

Eine Woche später erreichte mich eine E-Mail mit dem Namen und der Adresse meines zukünftigen Brieffreundes. Ich fühlte mich im ersten Moment überfordert, als ich las, in welchem Staat er inhaftiert war: Texas. Der mit den strengsten Auflagen. Der mit den meisten Hinrichtungen. Immer wieder las ich seinen Namen, Richard, und dann überkam mich eine überwältigende Neugier. Ich musste sofort wissen, wie er aussah, wie alt er war und vor allem natürlich, warum er im Todestrakt saß. Mit zittrigen Händen gab ich den Namen in das Suchfeld von Google ein, um festzustellen, dass es nicht nur eine Wikipedia, sondern auch eine Murderpedia gibt. Auch mein Brieffreund war dort gelistet. Ich scrollte zu dem Link, der mir alle Antworten geben sollte, und im gleichen Moment drehte sich mir der Magen um. Ich schloss den Tab, bevor ich auch nur einen Blick darauf geworfen hatte, und legte mein Handy weg. So dringlich ich hatte erfahren wollen, wer er war, so schnell wollte ich es nicht mehr wissen. Minutenlang war mir flau im Magen, als ich mir vor Augen führte, welche Taten er begangen haben könnte und wie es mir mit dem Wissen darum möglich sein sollte, den ersten Brief auch nur ansatzweise freundlich und vorurteilsfrei zu beginnen. Ich wollte es mir und auch ihm nicht schwerer machen, als es sowieso vielleicht werden würde. Und ich bin heute so unendlich froh, dass mich diese Einsicht ereilt hatte, bevor es zu spät war.

Einen Tag später setzte ich mich mit einem Blatt Papier an den Küchentisch. Rechts oben schrieb ich das Datum, links oben die Nummer eins. Im Infomaterial von *lifespark* hatte ich gelesen, dass manche Briefe nicht ankamen und es dafür verschiedene Gründe gab, zum Beispiel die Willkür der Wärter, die meine Briefe öffnen und lesen würden, aber auch mögliche Verstöße gegen das Regelwerk, wie zum Beispiel, unbeschriebene Grußkarten mitzuschicken. Deshalb beschloss ich, jeden Brief zu nummerieren, sodass es Richard möglich war festzustellen, ob er auch alle bekommen hatte. Für den Fall, dass einer fehlte, hatte ich bereits eine Idee parat.

Ich begann meinen ersten Brief mit der Frage danach, wie es ihm gehe, und machte deutlich, dass das nicht nur eine Floskel, sondern ehrliches Interesse war. Dann erzählte ich von mir, meinem Wohnort, welchen Beruf ich ausübte und dass ich am Abend zuvor das große Glück gehabt hatte, eine ausverkaufte Lesung gehalten zu haben. Als ich unsicher wurde, überlegte ich, wie ich das Eis, sollte es überhaupt welches geben, spielerisch brechen konnte, also zählte ich zusammenhangslos Dinge auf, die ich mochte, und Dinge, die ich nicht mochte. Manchmal musste ich selbst über das Geschriebene lächeln und hoffte, dass es ihm ähnlich gehen würde. Am Ende entschuldigte ich mich für meine spezielle Handschrift und versicherte, dass ich mich bemühen würde, leserlich zu schreiben. Als ich fertig war, fotografierte ich alle Seiten für den bereits angesprochenen Fall, dass er nicht ankommen würde (und auch, um selbst noch eine Kopie zu haben).

Ich steckte meinen Brief in einen Umschlag, schrieb Richards vollständigen Namen, seine Haftnummer sowie die Adresse des Gefängnisses darauf. Noch nie in meinem ganzen Leben hatte ich so langsam, unsicher und bedacht etwas niedergeschrieben, mal abgesehen von den allerersten Wörtern in der Vorschule.

Ich ging mit dem Brief zur Postannahmestelle ums Eck und gab ihn der netten Dame hinter dem Tresen.

»Der geht in die USA!«, sagte ich.

»Das macht neunzig Cent.«

»Neunzig Cent!?«, sagte ich so euphorisch, dass sie mich verdutzt anblickte. Ich versuchte, meine Verblüffung zu drosseln. »Das ist ja kaum mehr, als das Porto innerhalb Deutschlands beträgt.« Sie nickte und lächelte, und ich dachte mir, dass die Brieffreundschaft zumindest in der Hinsicht leicht zu meistern sein würde.

Und dann begann das große Warten. Wie ich das unterschätzt hatte. Heutzutage schickt man eine WhatsApp-Nachricht und wird unruhig, wenn sich die Person nicht innerhalb weniger Stunden meldet. Ach was, Minuten. E-Mails werden manchmal schneller beantwortet, als man bis drei zählen kann, Facebook-Nachrichten werden im Moment des Abschickens gelesen. Mein Brief nach Texas brauchte eine Woche. Was ist schon eine Woche, sagte ich aufgekratzt und fing an zu warten. Doch eine Woche später feierte die ganze christlich geprägte Welt Ostern, auch Texas, was bedeutete, dass es sich Tage hinziehen konnte, bis der Brief zugestellt wurde, zumal am Wochenende grundsätzlich keine Post innerhalb des Gefängnisses verteilt wurde. Das Warten wurde zu einer zähen Masse, weil meine Aufregung proportional zu den Tagen ohne Rückmeldung wuchs, um nicht zu sagen, in alle Richtungen wucherte. Am Tag nach Ostermontag war ich mir sicher, dass Richard den Brief mittlerweile erhalten hatte, doch dann kam mir der Gedanke, dass er vielleicht in einem Verfahren steckte, dass er einer derjenigen war, der noch Kontakt zur Familie hatte und ab und an Besuch bekam. Es war möglich, dass er nicht sofort antwortete, vielleicht sogar Zeit brauchte, um Geld aufzutreiben. Und dann war da noch die Woche, die sein Brief dann für den Weg nach München brauchen würde.

Die Tage gingen in Wochen über, und schließlich schrieb ich eine E-Mail an *lifespark*, da mir nahegelegt worden war, mich zu melden, sollte ich keine Rückmeldung von Richard erhalten. Ich fragte, ob ich ihm noch mal schreiben sollte, und mir wurde geraten, bis Ende der Woche zu warten, dann würde sich *lifespark* bei ihm erkundigen. Eins war zu diesem Zeitpunkt sicher: Ich fühlte mich wahnsinnig gut aufgehoben bei der Organisation. Jede Frage wurde ausführlich beantwortet, sodass ich immer einen Leitfaden hatte, und mich verstanden fühlte.

Am nächsten Morgen erreichte mich die besagte Geburtstagskarte aus Texas. Ich steckte die Karte ein und las sie mehrmals in der warmen Mittagssonne des siebzehnten April.

Kurz nachdem ich Richard auf die Karte geantwortet hatte, erreichte mich sein erster offizieller Brief, ein schweres Kuvert, das er abgeschickt haben musste, bevor er meine Antwort erhalten hatte. Noch im Treppenhaus öffnete ich es und zog acht beidseitig beschriebene Seiten heraus. Auf der ersten klebte ein Sticker, auf dem blaue Hortensien zu sehen waren. Mein Herz machte einen Satz, und ich erinnerte mich daran, dass Häftlinge im Todestrakt kein Geld verdienen durften. Das bedeutete, dass er von außerhalb, sei es durch seine Familie oder andere Brieffreunde, bereits etwas Geld bekam, denn die Sticker und auch meine Geburtstagskarte mussten ja irgendwo herkommen.

»Hallo im großen und wertvollen Namen unseres Herrn und Erlösers Jesus Christus.«

So begann Richards erster Brief an mich.

Die acht Seiten las ich wie im Rausch, ich hatte nicht einmal meine Jacke oder meine Schuhe ausgezogen, ich saß vollständig bekleidet an meinem Küchentisch und flog durch die Zeilen. Sehr schnell bekam ich ein Gefühl für seinen Stil, der sich bereits in der Geburtstagskarte angekündigt hatte: Fast jeder Abschnitt begann mit Glückwünschen und Segnungen, ich hatte das Gefühl, mit einem übereuphorischen Gläubigen zu schreiben.

»Entweder hat er vollkommen den Verstand verloren oder absolute Erleuchtung gefunden«, schrieb ich tags drauf an eine gute Freundin.

Er entschuldigte sich für die späte Antwort auf meinen Brief und erzählte mir, dass sein Sohn auf der Intensivstation lag, er sich Sorgen machte und deshalb nicht gleich hatte schreiben können. Dann wiederholte er viele meiner Sätze und kommentierte sie mit Ausrufen wie »Das ist ja toll!« und »Wie schön, das freut mich!« oder auch »Ich wäre so gerne dabei gewesen, um dich zu unterstützen«. Letzteres las sich im ersten Moment befremdlich, aber auch hier half mir die Unterstützung von *life-spark*, die im Vorfeld darauf aufmerksam machten, dass viele Häftlinge in dieser Form schrieben, um sich selbst zu versichern, ein Teil des Lebens ihrer Brieffreunde zu sein. In Richards und meinem Fall war es mein Leben. Und er freute sich über alles. Über den Frühling in München, über meine ausverkaufte Lesung, über mein erstes Buch, über meine Wohnung, über meinen Freund. Ich kam nicht umhin, mich zu fragen, wie unfassbar positiv ein Mensch sein konnte, der in einer sechs Quadratmeter großen Zelle saß, nichts besaß außer ein paar Büchern und nur zweimal die Woche duschen und in den Gefängnishof durfte, während er darauf wartete, dass sein Todeszeitpunkt festgesetzt wurde. »Den Umständen entsprechend geht es mir gut, mein Fokus liegt auf der Zukunft«, lautete einer der Sätze in diesem ersten Brief, und ich fragte mich, ob er tatsächlich die Hoffnung in sich trug, die Hinrichtung umgehen zu können.

Und dann las ich etwas, das mich verunsicherte. Etwas, von dem ich gehofft hatte, es würde nicht passieren. Richard schrieb:

>*Ich wurde zu Unrecht verurteilt für ein Verbrechen, das ich nicht begangen habe. Überhaupt hätte es dieses Verbrechen niemals geben dürfen! Also ja, ich bin zu einhundert Prozent unschuldig.*«

Mehr nicht. Keine Informationen zur Tat, was genau passiert war und warum er in dieser Zelle saß. Ich legte den Brief weg und rieb mir die Augen. Mein einziger Wunsch im Vorfeld war es gewesen, einen Häftling vermittelt zu bekommen, der zu seiner Tat stand, denn das würde alles etwas einfacher machen. Gehörte er etwa zu den geschätzt vier Prozent, die tatsächlich irrtümlicherweise im Todestrakt eines Gefängnisses in den USA saßen? Oder gab er sich als unschuldig aus, um die Situation zwischen uns angenehmer zu gestalten? Für einen kurzen Moment überlegte ich erneut nachzulesen, wofür Richard verurteilt worden war. Ich tat es wieder nicht. Stattdessen nahm ich an, wozu er mich am Schluss seines Briefes einlud. »Ich werde jede einzelne deiner Fragen beantworten«, stand da. Also zückte ich den Stift und stellte sie. Ich stellte alle Fragen, die ich hatte.

Fragen zu diesem Thema hatten auch meine Freunde, denen ich von meiner außergewöhnlichen Brieffreundschaft erzählte. Während unserer Gespräche stellte ich immer wieder fest, dass sich zwar nicht jeder vorstellen konnte, so eine Brieffreundschaft zu führen, wir uns jedoch in einem Punkt einig waren: Die Todesstrafe musste abgeschafft werden. Weltweit. Darüber war ich einerseits glücklich, es machte mir jedoch bewusst, dass ich mich in einer Art sozialen Blase befand. Um ehrlich zu sein, es hätte mich sehr gewundert, wären mein Partner, meine Mutter, meine Freundin oder gar mein Lektor anderer Meinung gewesen.

Ich griff zum Hörer und rief Emma an, denn auch wenn ich sie mittlerweile besser kannte als noch vor ein paar Monaten, konnte ich ihre Meinung zu diesem Thema überhaupt nicht einschätzen. Sie hatte schließlich die Zeit erlebt, in der es die Todesstrafe auch in Deutschland gegeben hatte. Wer weiß, wie sie zu dem Thema stand?

»Von der Todesstrafe hierzulande habe ich gar nichts mitbekommen. Bis wann gab es die?«

»Bis 1949 gab es sie in der BRD, in der DDR gar bis 1981«, las ich ihr aus meinen Notizen vor. Ich war nervös. Würde Emma trotz unseres Altersunterschieds und ganz anderer Erlebnisse die gleiche Meinung teilen? »Wie stehst du generell zur Todesstrafe?«, fragte ich sie. Früher hätte ich das Telefonkabel zwischen meinen Fingern gezwirbelt, heute trommelte ich mangels Kabel mit den Fingern auf dem Tisch.

Emma überlegte. »Das ist ein Thema, mit dem ich mich schon oft beschäftigt habe. Ich glaube, es ist falsch, jemanden beauftragen zu dürfen, Leben zu vernichten.« Emmas Gedanken waren in Fahrt gekommen: »Ich meine, nichts anderes geschieht in Kriegen. Da werden sogar Orden vergeben. Es ist also ein heikles Thema.«

Ich nickte und fragte nach, zu welchem persönlichen Schluss sie gekommen war.

»Ich bin gegen die Todesstrafe. Es gibt genügend andere Möglichkeiten, jemanden sinnvoll zu bestrafen.«

Noch vor dem Absenden des Briefes mit all meinen Fragen an Richard erhielt ich eine Grußkarte von ihm, die er direkt nach seinem ersten ausführlichen Brief abgeschickt haben musste. Wieder öffnete ich sie voller Neugier und stellte nach ein paar Zeilen fest, dass der Inhalt fast identisch zu meiner Geburtstagskarte war. Ein direkter Vergleich der beiden Karten bestätigte das. Ellenlange Segnungen, Verweise auf Gott und sehr viele Wünsche für meine Gesundheit und mein allgemeines Wohlbefinden. Ich ertappte mich dabei, enttäuscht zu sein, konnte es jedoch schnell abschütteln. Ich hatte keine Ahnung, warum er es mir nochmals schrieb, vermutete aber ein Muster dahinter. Er musste sich dadurch besser fühlen. Seine Worte lasen sich wie eine nicht enden wollende und immer gleiche Predigt, sie fluteten die Zeilen wie ein Wasserfall. Ich hatte das Gefühl, dass er damit weniger mich, sondern vor allem sich selbst reinwaschen wollte. Vielleicht von seiner Tat, vielleicht von seiner Zelle, vielleicht von seinem ganzen Leben. Diese Worte mussten so wichtig für ihn sein, dass er sie wiederholte. Immer und immer und immer wieder. Zu dem Zeitpunkt wusste ich noch nicht, dass mich in den kommenden Monaten oftmals mehrere Grußkarten hintereinander erreichen würden, allesamt mit aufgedruckten Liebesschwüren oder Tiermotiven, allesamt gefüllt mit den immer gleichen Worten eines verzweifelt wirkenden Mannes, der sich an seinem Glauben festhielt.

Oft wurde ich von Freunden gefragt, was ich darauf antwortete. Um ehrlich zu sein, ging ich wenig darauf ein, da Segnungen meiner Meinung nach keine Antwort benötigten. Stattdessen schrieb ich immer zurück, dass ich mich über seine Karten freute, dass ich ihn nicht vergessen würde, dass mein Umfeld von seiner Geschichte wusste, dass er nicht allein war. Er bedankte sich jedes Mal für meine Zeilen, und ich hoffte, dass meine Aufrichtigkeit wirklich bei ihm ankam. Abgesehen davon schilderte ich ihm meist meinen Alltag, wir tauschten uns über das Wetter aus, und durch seine ellenlangen Wiederholungen blieben unsere Briefe eher oberflächlich. Wenn ich auf Reisen war, erzählte ich ihm von den Ländern, in denen ich war, vor allem von der Natur, weil ich wusste, dass er früher gerne Zeit in den Bergen verbracht hatte. Fischen war eins seiner Hobbys gewesen. Zweimal schickte ich ihm eine Postkarte, einmal vom Gipfel des höchsten Berges in Wales, einmal aus Prag.

Die meiste Zeit sprachen wir über Belangloses, doch ich glaubte, der Austausch von Alltäglichkeiten konnte viel Positives bewirken, wenn man in einer winzigen Zelle saß und nichts zu tun hatte. Es war vielleicht sogar eine Möglichkeit, die Sinne beisammenzuhalten. Nie sprach er davon, dass er etwas besonders vermisste oder dass er gerne diesen Ort besuchen würde oder jenen Menschen wiedersehen wollte. Vielleicht lag es daran, dass er diese Dinge lieber verdrängte, und sicherlich war da auch der Wunsch nach Normalität.

Weil ich mich mit meinen Antworten an seine Briefe anpasste, änderte sich über die Wochen hinweg nichts an der Art unseres Austauschs. Wenn er sich Bilder wünschte, schickte ich ihm Aufnahmen meiner Reisen oder von München, auch eins von mir legte ich mal bei, weil er mehrfach danach fragte. Ich hatte keine Ahnung, ob ich eine gute Brieffreundin war, aber ich wusste, dass ich das gab, was ich konnte.

Richard brauchte entweder Wochen, um mir zu schreiben, oder er tat es mehrfach direkt hintereinander, denn nach meiner ersten Antwort wartete ich erneut fast vier Wochen, bis ich eine Rückmeldung bekam. Es war ein heißer Tag Anfang Juni, und ich kam am späten Vormittag nach einem Termin nach Hause. Ich hatte nicht viel gefrühstückt, war hungrig und erschöpft. Im Briefkasten fand ich einen Brief, auf dem in wackeligen Großbuchstaben meine Adresse und die des Absenders standen. Als ich danach griff und sah, dass zwei Briefmarken aufgeklebt waren, spürte ich gleichzeitig die Schwere des Inhalts. Das Herz pochte mir bis in den Hals, als ich das Kuvert noch im Hausflur öffnete. Ich blickte auf zehn beidseitig beschriebene Seiten, eine

Karte und zwei Fotos. Das Gesicht eines einundfünfzigjährigen Mannes lächelte mich an. Blass und farblos sah er aus, auf dem Kopf lichtes Haar. Die Bilder waren fast identisch, nur eins war heller belichtet als das andere. *Hallo Richard*, dachte ich, und: *Du siehst ganz anders aus, als du schreibst.* Auch wenn ich wusste, dass das gar keinen Sinn machte.

In meiner Dachgeschosswohnung, in der die Hitze zurückliegender Sommertage hing, wusch ich mir lediglich schnell die Hände und setzte mich mit dem Brief an den Tisch. Mein knurrender Magen musste warten. Ich überflog die Karte, die mit dem gleichen Text wie immer begann. Seine Predigt, sein Anker. Ich gönnte ihm seinen Glauben von Herzen und freute mich darüber, dass er mein Leben mit all seinen Segnungen überschüttete. Mittlerweile hatte ich mich gut in seinen Stil eingefunden, er wiederholte meine Sätze und kommentierte sie mit positiven Adjektiven. Er stellte mir einige Fragen – ob ich schon mal in den USA, spezifisch in Texas, war, ob ich mir vorstellen konnte, ihn mal zu besuchen, was mein Musikgeschmack war und ob ich ihm von meinem Leben in München erzählen wollte. Smileys. Segnungen. Liebe. Liebe. Liebe. Und von vorne. Dann entschuldigte er sich für seine verspätete Antwort. Er erklärte mir, dass das Gefängnis unter *Lockdown* war und er somit keine Briefmarken kaufen konnte. Ich googelte den Begriff. Unter *Lockdown* versteht man, dass alle Insassen den gesamten Tag in den Zellen bleiben müssen, ein Zustand, der sogar mehrere Wochen andauern kann. Der Grund dafür ist in den meisten Fällen, dass es zuvor zu einem Aufstand gekommen war, einem Angriff auf einen

Mitarbeiter oder auf andere Insassen, dem Ausbruch eines Virus oder weil jemand hingerichtet wurde. Ich tippte auf Letzteres, zu dem Zeitpunkt gab es einige Exekutionen.

Nach einigen Seiten schrieb er, dass er mir gerne all meine Fragen beantwortete, doch dabei blieb es auch. Er deutete etwas an, jedoch führte er es nicht weiter aus, und ich bekam immer mehr den Eindruck, dass er geistig verwirrt war. Auch aufgrund der ständigen Wiederholungen – die zwanzig Seiten hätte man inhaltlich auf fünf herunterkürzen können. Am Ende schrieb er, wie sehr es ihn freute, dass ich nichts über ihn online recherchiert hatte, um unvoreingenommen zu bleiben, dass es für ihn aber vollkommen in Ordnung war, wenn ich es tun wollte. *Glaub nur nicht alles, was du liest,* schob er nach. Dann folgte ein ausschweifender Abschied – auch diesen war ich mittlerweile gewohnt –, und auf der letzten Seite listete er fünf Bibelstellen auf, die ich seiner Meinung nach mal lesen sollte. Ich schmunzelte und nahm es mir vor.

Mein Magen knurrte immer lauter, doch meine Neugier war stärker. Ich gab schließlich seinen vollständigen Namen in die Suchmaske von Google ein und las den kompletten Verlauf seines Falls. Die Anklageschrift, den Polizeireport, seine Aussagen und alle Informationen, die es sonst noch gab. Ich brauchte rund anderthalb Stunden. Als ich fertig war, hatte ich einiges zu verdauen, obwohl mein Magen noch immer knurrte.

Diesmal war ich es, die Zeit brauchte, um ihm zu antworten. Anfangs ließ ich nachwirken, was ich gelesen hatte, und in den darauffolgenden Tagen schob ich ganz unbewusst die Geschichte von mir weg. Sie und er und damit auch unsere Briefe rückten etwas in den Hintergrund, und vielleicht steckte dahinter meine ganz persönliche Verdrängungstaktik. Ich weiß es nicht. Alles, was ich wusste, war, dass ich auf jeden Fall weiterschreiben würde, aber dass ich eben diesmal ein paar Tage mehr brauchte für meine Antwort.

Anscheinend beunruhigte Richard das, denn kurze Zeit später erreichten mich vier Grußkarten von ihm, allesamt am selben Abend geschrieben – Richard versah jeden Brief mit Datum und Uhrzeit. Alle folgten dem gleichen inhaltlichen Aufbau wie immer, jedoch stellte er zusätzlich die dringliche Frage, warum ich mich nicht mehr meldete, ob er mich verletzt hatte und dass ich ihm doch bitte verzeihen solle. Aus seinen Zeilen war deutlich herauszulesen, wie viel Angst er hatte, die Brieffreundschaft eventuell zu verlieren. Das berührte mich sehr, schließlich wusste ich von ihm, dass ich nicht die einzige Person war, der er schrieb. Also setzte ich mich wieder an den Tisch und antwortete ihm. Und diese Antwort fühlte sich plötzlich genau so an wie alle anderen zuvor. Seine Tat – das, wofür er im Gefängnis saß – war verarbeitet. Die Brieffreundschaft konnte weitergehen.

Ich habe lange überlegt, ob ich die Details zu Richards Tat teilen sollte. Was er getan hat oder haben soll. Und ich kam zu dem Schluss, dass es wichtig ist, um unsere Brieffreundschaft wirklich zu verstehen.

Richard wurde vor vielen Jahren für den Mord an seiner damals zweijährigen Tochter verurteilt. Sie war zu dem Zeitpunkt sehr krank, ein paar Tage vor ihrem Tod war sie mit hohem Fieber ins Krankenhaus eingeliefert worden. Offiziell starb das Mädchen an den Folgen eines Schütteltraumas. Richard machte sich sofort verdächtig durch seine impulsive Falschaussage, das Mädchen sei aus dem Bett gefallen. Polizei und Mediziner waren sich sehr schnell einig, dass die Verletzungen des Kindes nicht zu dieser Geschichte passten, und damit war Richard über Nacht der Hauptverdächtige. Die Schwester seiner damaligen Freundin war zum Tatzeitpunkt bei ihm gewesen, tauchte jedoch nach seiner Verhaftung unter. Welche Rolle sie gespielt hatte, wurde nie geklärt. Richard selbst war stark drogenabhängig und nicht in der Lage, sich um ein Kind zu kümmern. Seine Tochter lebte deshalb nicht bei ihm, an dem Abend passte er jedoch auf sie auf, da die Mutter des Kindes selbst im Krankenhaus war. Am Abend ihres Todes war er randvoll gepumpt mit Crack, einer Droge, die sich aus Kokainsalz und Natron zusammensetzt. Eine hinzugezogene Ärztin seiner Verteidigung sagte aus, dass er aufgrund eines »Hirnschadens« psychisch nicht imstande war, für ein Kleinkind zu sorgen, um ihn zu entlasten. Seine Vorstrafen jedoch warfen kein gutes Licht auf ihn.

Richard schickte mir in seinem nächsten Brief Artikel, die sich mit seiner Unschuld befassten, und erzählte mir, dass er nächsten Monat eine erneute Anhörung hatte. Dafür würde er Ende Juli in ein anderes Gefängnis verlegt werden.

Ich weiß bis heute nicht, was vor sechzehn Jahren in seinem Haus in Texas vorgefallen ist, deshalb bedankte ich mich für die zugesandten Artikel, sagte jedoch nie, was ich genau darüber dachte. Ich weiß nicht, ob er sein Kind im Drogenrausch zu Tode geschüttelt hat. Natürlich war das möglich. Doch warum wurde er dann für Mord verurteilt und nicht etwa für eine Körperverletzung mit Todesfolge?

Richard kommt aus armen Verhältnissen, war lange drogenabhängig, hatte wechselnde Jobs, verkehrte in dubiosen Kreisen und hatte zum Zeitpunkt der Tat schon mehrere Kinder von verschiedenen Frauen. Er verfügte weder über ein soziales Netz, das ihn auffing, noch über die finanziellen Mittel, sich eine gute Verteidigung leisten zu können. Er landete schneller, als man bis drei zählen konnte, in der Todeszelle. Ich habe keine Ahnung, ob er wirklich unschuldig ist. Aber meine Brieffreundschaft mit Richard hat meine zuvor gefasste Meinung zum Thema Todesstrafe nicht geändert. Tatsächlich stehe ich mittlerweile sogar noch entschiedener hinter dem Wunsch nach der Abschaffung.

Die Wochen vergingen, und kurz vor meiner Reise zum *Burning Man* schickte ich Richard einen Brief. Ich schrieb ihm, dass ich trotz meines Urlaubs an ihn dachte und hoffte, die Anhörung würde gut verlaufen. Es war immer wieder eine Herausforderung für mich, die richtigen Worte zu finden. Ich wollte nicht schreiben, dass ich mir den von ihm so erhofften Freispruch wünschte, weil ich einfach nicht wusste, ob er berechtigt hinter

Gittern saß oder nicht. Andererseits wollte ich ihm das Gefühl geben, für ihn da zu sein, schließlich bestand der Ursprungsgedanke dieser Brieffreundschaft darin, einem Menschen in der Todeszelle das Gefühl zu geben, nicht alleine zu sein. Richard hatte von Anfang an, zumindest vermutete ich das aufgrund seiner Art des Schreibens, eine unglaubliche Nähe zu mir aufgebaut. Doch die fühlte ich selbst nicht ihm gegenüber. Ich saß nicht mit ihm in der Zelle. Ich teilte nicht sein Schicksal. Stattdessen lebte ich mein Leben Tausende von Kilometern weit weg und versuchte lediglich, ein kleines Licht in einen Gefängnistrakt in Texas zu schicken. Die Balance zu halten, aufrichtig zu schreiben, jedoch keine falschen Hoffnungen zu unterstützen war vielleicht eine der größten Herausforderungen dieser Brieffreundschaft.

Emma sah das anders. Die Sache mit der Hoffnung. Als ich sie einmal am Telefon fragte, ob ich Richard etwas von ihr ausrichten solle, antwortete sie: »Ich finde es wichtig, ihm die Hoffnung zu geben, dass er sein Leben noch nicht verspielt hat. Wir stellen doch oft fest, dass es heute Dinge gibt, die wir vor fünfzig oder hundert Jahren für unmöglich hielten. Ebenso haben sich Gesetze und Verordnungen geändert. Für mich ist nicht ausgeschlossen, dass er begnadigt wird.« Ich wusste, dass Richard das genauso sah. Doch ich hatte Angst, ihm diese Hoffnung zu geben, denn wenn er doch hingerichtet wurde, würde ich mich für den tiefen Fall, den das zweifellos nach sich zog, verantwortlich machen.

Und dann wiederum: Was blieb übrig, wenn nicht Hoffnung? Was war mehr wert, was war wichtiger als Hoffnung?

»Hast du noch ein bisschen Zeit?«, fragte mich Emma. Das tat sie oft, wenn sie das Gefühl hatte, mich bei irgendetwas aufzuhalten.

»Immer«, sagte ich.

Sie überlegte einen Moment. »Habe ich dir jemals im Detail erzählt, wie es dazu kam, dass mein Mann im Gefängnis saß?«

Wir hatten das Thema einmal angeschnitten, als wir über den Tod und den Verlust geliebter Menschen sprachen, doch angesichts ihrer vielen traumatischen Erlebnisse hakte ich nicht immer bei allem nach, was mich interessierte. Oft dachte ich mir stattdessen, dass Emma bestimmte Dinge mit mir teilen würde, wenn der richtige Zeitpunkt gekommen war. Und vielleicht war das mal wieder so einer.

»Du kannst dich sicherlich noch daran erinnern, als ich dir erzählt habe, dass mein Mann betrunken gewesen war, als er den Unfall gebaut hatte, bei dem sein Beifahrer ums Leben gekommen war.« Ich bejahte das, die Geschichte hatte ich natürlich nicht vergessen. »Wir hatten uns über die Firma einen der besten Anwälte in Hannover gesucht, doch am Tag der Verhandlung tauchte er nicht auf. Hans wurde dann zu acht Monaten Gefängnisstrafe verurteilt. Wegen guter Führung wurde er nach knapp sechs Monaten entlassen, das war kurz vor Weihnachten.«

Ich atmete hörbar aus. »Wie ging es dir damit? Alleine zu Hause mit einem Baby und dem Mann im Gefängnis?«

»Nicht gut, aber ich habe mich durchgekämpft. Einmal habe ich ihn besucht, dafür musste ich einen Termin ausmachen und die Anreise organisieren. Hans hatte mir vorher einen Brief mit genauer Anweisung geschickt, wie ich ihm Geld ins Gefängnis schmuggeln konnte.«

»Wirklich? Aber der Brief wurde doch sicherlich gelesen«, sagte ich.

»Ja, aber er hatte ihn in Stenografie verfasst. Es war sozusagen ein Kassiber, ein Gaunerschreiben! Es stand genau drin, wie ich mich verhalten und dass ich das Geld in Silberfolie wickeln sollte. Die kleine Kugel steckte ich mir dann in den Mund, kurz bevor ich zu ihm gelassen wurde.«

»Du bist ja verrückt, Emma«, rutschte es mir heraus.

»Ja, das war verrückt«, sagte sie. Und dann: »Aber ansonsten ging es Hans einigermaßen gut dort. Er saß gemeinsam mit einem Tierarzt und einem Anwalt.«

Als ich Anfang September wieder zurück in München war, lag ein Brief von Richard auf dem Tisch. Ich öffnete ihn und las, was er über die Anhörung sagte. Danach setzte ich mich an den Laptop und las den Artikel einer texanischen Zeitung zu dem Fall. Das, was dort stand, deckte sich mit dem, was Richard erzählte, es war nur ausführlicher und verständlicher:

Seit ein paar Jahren gab es ein neues Gesetz in Texas. Demnach durften Fälle neu aufgerollt werden, wenn die damaligen wissenschaftlichen Erkenntnisse, die zur Verurteilung geführt hatten, mittlerweile als zweifelhaft oder sogar falsch eingestuft wurden. Vor zwei Jahren war Richard seiner bereits festgesetzten Hinrichtung genau dadurch entkommen. *Vor zwei Jahren.* Die Mühlen der Justiz mahlen auf der ganzen Welt langsam, aber zwei Jahre auf eine nächste Anhörung warten zu müssen, das war für mich eine unfassbare Vorstellung.

Ich las weiter, dass sich Richards Anwältin auf dieses relativ neue Gesetz berief und auch auf die Meinung diverser Ärzte, die sagten, dass es unmöglich sei, ein Kleinkind zu Tode zu schütteln, ohne ihm dabei Genickverletzungen zuzufügen. Als ich weiterlas, dass die Anhörung abgebrochen worden war, weil jahrelang vermisste Beweismaterialien plötzlich wieder aufgetaucht waren, kam ich mir vor wie im Film. Das Gefühl, dass bei diesem Fall ordentlich geschlampt wurde, konnte ich spätestens jetzt nicht mehr abschütteln.

Da saßen wir nun wieder. Ich in meiner Küche, schreibend, Richard in seiner Zelle, schreibend. Wartend. Auf die Zusammenstellung aktueller Beweismaterialien, auf die Entscheidung, ob diese reichten, den Fall überhaupt neu aufzurollen, und dann auf einen Freispruch von der Todesstrafe oder ein neues Hinrichtungsdatum.

Acht Monate nach meinem ersten Brief in den Todestrakt bedeutet mein Einsatz für die Abschaffung der Todesstrafe nicht, dass ich die Taten mutmaßlicher Verbrecher gutheiße oder entschuldigen will. Ganz im Gegenteil. Es bedeutet für mich, das Prinzip »Auge um Auge« nicht gelten zu lassen, weil wir klügere

Entscheidungen treffen müssen. Den Kreislauf der Gewalt unterbrechen. *Du hast etwas Schlimmes getan, also tue ich dir etwas Schlimmes an.* Das ist keine Bestrafung, das ist Rache. Jemanden hinzurichten bedeutet nur noch mehr Gräber, nur noch mehr gebrochene Herzen, nämlich die der Angehörigen und Freunde der Täter, immense Kosten für alle Steuerzahler und die Tatsache, dass nach wie vor zu viele hingerichtet werden, die tatsächlich unschuldig sind.

Albert Einstein hat einmal gesagt, dass man Probleme niemals mit derselben Denkweise lösen kann, aus der sie entstanden sind, und ich könnte ihm nicht mehr zustimmen.

Deshalb steht für mich fest: Ich bleibe weiterhin Mitglied bei *lifespark*. Und sollte Richard in den nächsten Jahren wirklich seinen letzten Gang gehen müssen, dann werde ich mir Zeit geben, das zu verdauen – und melde mich dann, sobald ich bereit bin, für die nächste Brieffreundschaft an.

Zu Richards zweiundfünfzigstem Geburtstag schickte ich ihm ein Buch, das er sich wünschte. Ein Sachbuch zum Thema psychische und physische Gesundheit. Ich hatte keine Ahnung, wie er sich vorstellte, die Ratschläge aus diesem Buch in seiner winzigen Zelle, die er fast nie verlassen durfte, umzusetzen, doch das behielt ich für mich. Stattdessen legte ich eine Geburtstagskarte dazu, auf der ein Alpaka mit Partyhütchen abgebildet war. Wenn Richard etwas brauchte, abgesehen von Hoffnung, dann war es doch vor allem Humor. Die Karte ließ ich auch von meinem Freund unterschreiben, eine Geste, dass nicht nur ich, sondern auch andere Menschen an seinem Schicksal teilnahmen. Richard freute sich riesig.

Als ich dieses Kapitel zu Ende schrieb, zählte ich die dreiundvierzig Grußkarten und zehn Briefe, die ich innerhalb von sieben Monaten von ihm bekommen hatte. Über fünfzig handgeschriebene Kuverts, auf denen nach wie vor statt einem »m« ein »n« im Straßennamen meiner Adresse stand. Ich weiß nicht, warum ich ihn nicht darauf aufmerksam mache. Vielleicht, weil es nicht wichtig ist. Es kommt ja trotzdem alles an. Manchmal frage ich mich jedoch, was sich mein Postbote bei der Zustellung denkt. Richards große, krakelige Druckbuchstaben sind auffällig, genauso wie die Insassennummer und die Anschrift des Gefängnisses. Darauf angesprochen wurde ich bisher jedoch nie.

Was Richard und mich betrifft, so schreiben wir uns weiterhin Briefe. Unabhängig davon, was vor sechzehn Jahren wirklich passiert ist, wünsche ich ihm eine faire Anhörung und einen Freispruch von der Hinrichtung. Ob er ihr entkommen wird, wage ich zu bezweifeln. Gleichzeitig erinnere ich mich an die Worte aus seinem allerersten Brief: *My eyes are set on the future – meine Augen richten sich auf die Zukunft.*

Emma und ich

Ich habe immer noch den Klang von Emmas Stimme im Ohr, als sie mich fragte, bis wann sie mir noch ein paar letzte Notizen für dieses Buch schicken könne und ich antwortete: »Ich muss es in den nächsten zwei Wochen fertig schreiben.«

Von ihr kam darauf nur ein »Oh«, in dem Erstaunen, Bewunderung und Überraschung lag. Und Angst. Davor, dass es das nun gewesen ist. Mit Emma und mir und all den Geschichten zwischen uns. »Wir wissen beide, dass das nicht das Ende ist«, sagte ich schnell, und sie stimmte erleichtert zu. Unser Verhältnis würde sich verändern, aber nicht einfach spurlos zwischen zwei Buchdeckeln verschwinden.

Zwei Tage später erreichte mich ein Brief von ihr. Als ich ihn aus dem Briefkasten zog, überkam auch mich eine gewisse Melancholie. Natürlich würden wir in Kontakt bleiben. Aber das würde eben auch der vorerst letzte Brief sein – ihre Abschlussworte zu diesem Buch.

»Liebe Anika,

nun rückt das Ende des gemeinsamen Projekts näher. Wie immer im Leben hat alles zwei Seiten. Zum einen dürfen wir wohl beide stolz auf das Resultat und die reibungslose Zusammenarbeit sein, zum anderen erfüllt es mich mit Wehmut, dass sich damit eine außergewöhnliche Nähe zweier Menschen verändern wird. Das ist das Leben! Es bedeutet aber nicht – daran glauben wir wohl beide –, dass wir die entstandene Verbundenheit verlieren. Ich halte an meinem Motto fest: Nicht traurig sein über das, was nicht mehr sein kann, sondern sich freuen über das Erlebte, besondere Gefühle, neue Eindrücke, die vermittelt wurden, dankbar sein für das, was noch machbar ist. Abschließend kann ich sagen: Für mich war es in gewisser Weise ein Ausflug in eine mir bis dahin nicht wirklich bekannte Welt, die du mir nicht zuletzt durch deine Geduld und deine liebenswerte Art nahegebracht hast. Das kann nur zur Folge haben, dass ich auch künftig oft in Dankbarkeit an dich denken werde. Bleib, wie du bist!

Was mich betrifft, beginne ich nun, mich auf den letzten Lebensabschnitt vorzubereiten. Mit Einbezug der körperlichen Einschränkungen werde ich versuchen, weniger ehrgeizig zu sein, etwas von der Perfektion, die ich stets angestrebt habe, aufzugeben.

Oft werde ich gefragt, ob ich mich einsam fühle. Werde zu vielen regelmäßig stattfindenden Begegnungen eingeladen. Meine Antwort ist immer, dass das sicherlich gut gemeint ist, ich jedoch dadurch meine mir vorgenommenen Ziele nicht mehr erreichen würde. Ich versuche dann deutlich zu machen, dass ich zwar alleine lebe, aber nicht einsam bin. Mein bisheriges Leben war überwiegend mit Verpflichtungen gefüllt. Ich habe oft davon geträumt, was ich tun werde, wenn ich alt und weniger unternehmungslustig sein werde: lesen, Musik hören, besonders alte Schallplatten, Konzerte besuchen, in den vielen, von meinem Mann mit Liebe gefertigten Fotoalben stöbern, Dias anschauen. Ja, und dann ist da noch ein Herzenswunsch, den mein Mann und ich uns gemeinsam erfüllen wollten und den ich nun gerne für Hans miterleben möchte: eine Reise zu den Lofoten.

Leider war das in den letzten Jahren aus vielerlei Gründen nicht machbar. Ich fürchte, wenn es nicht bald klappen kann, dann wird daraus nichts mehr. Hans hatte es mir sehr ans Herz gelegt, als wir erkannten, dass er es nicht mehr schaffen würde. Also muss ich mich beeilen, sonst bleibt die Reise auch für mich nur ein Traum. Doch dann hoffe ich, dass eine Dokumentation über die Lofoten mal im Fernsehen gezeigt wird. Du siehst, es gibt für fast alles bei mir einen Plan B.

Bis bald, sei herzlich gegrüßt und fest umarmt.
Emma«

Ein paar Tage später telefonierten wir, sprachen über das Buch und auch darüber, dass noch eine Sache fehlte: ein Foto von uns. Also verabredeten wir uns zwischen den Jahren, und auf der Fahrt zu Emmas Wohnort kam mir ein Gedanke: Die meisten Geschichten enden beim Happy End. Die Handlungsfäden werden auserzählt, bis alles gut ist. Wenn keine Fragen mehr offenbleiben, keine Aufgaben mehr zu bewältigen sind, dann enden viele Erzählungen. Wir, die Zuschauer oder Leser, brauchen das manchmal, wir mögen, wenn Geschichten einen guten Abschluss finden, suchen ihn im Leben schließlich oft vergebens. Und wir wünschen den liebgewonnenen Menschen in den Geschichten, dass nun alles so bleibt, wie es endet, nämlich glücklich.

Doch im wahren Leben enden Geschichten nicht so. Auserzählt. Im wahren Leben gibt es immer ein Danach. Deshalb möchte ich an dieser Stelle loswerden, dass Emmas Geschichte weitergeht. Genau wie meine. Und damit auch unsere. Emma wird, solange es ihre Gesundheit erlaubt, alleine wohnen. Kürzlich hatte sie einen Bandscheibenvorfall und einen chirurgischen Eingriff. Beides muss sie nun auskurieren und generell langsamer machen, als sie es gewohnt ist. Ich unterstütze sie dabei, werde regelmäßig anrufen und ihr, genau wie sie es von Anfang an tat, ehrlich sagen, wenn ich mir Sorgen mache.

Ich für meinen Teil nehme mein Jahr voller unglaublicher Erfahrungen mit in den Alltag, auf meine nächsten Reisen, in alle Gespräche mit Menschen, die sie interessieren. Manches werde ich wiederholen, anderes fortsetzen und ein paar Situationen niemals vergessen.

Um dennoch abschließende Worte für dieses Buch zu finden, zitiere ich eine Aussage von Emma, die wie ein Blitz in meinem Bewusstsein einschlug und die ich für immer in meinem Herzen trage.

Ein Satz, den sie in einem ihrer Briefe mit mir teilte und der eine der Kernaussagen dieses Buches wundervoll zusammenfasst:

»Wenn man nur darüber nachdenkt, was man nicht mehr kann, kann man auch aufhören zu leben.«

Zum Schluss

Ich bin doch noch nicht fertig. Noch nicht ganz. Da fehlt noch was. Geschichten über andere zu lesen, in diesem Fall über Emma und mich, kann inspirieren, unterhalten, sicherlich auch anstrengen und überfordern.

Wenn ich in den letzten Jahren etwas gelernt habe, dann, dass man schon selbst anfangen muss. Aber dass es immer Menschen gibt, die einem dabei die Hand reichen.

Ich reiche dir jetzt meine Hand. Wenn du willst. Und erzähle dir, was mir hilft, mich meinem Leben immer wieder aufs Neue zu stellen. Denn mir ist klar, dass nicht jeder das Glück hat, dass eines Tages eine Frau namens Emma anruft und einem einen gehörigen Tritt versetzt, sodass das Sofa für eine gewisse Zeit Geschichte ist.

Als Introvertierte wollte ich bereits mit Anfang zwanzig ein entschleunigtes Leben führen. Losgelöst von gesellschaftlichen Erwartungen und Verpflichtungen. Ich habe schon lange keine Angst mehr, eine gute Party zu verpassen oder mein Leben nicht auf der Überholspur zu führen. Gleichzeitig war mir schon immer klar, dass meine berufliche Laufbahn verschiedene Wendungen nehmen würde müssen, damit meine Wünsche hineinpassten. Ich bin heute relativ gut darin, mich so zu akzeptieren, wie ich bin. Und damit komme ich zu dem, was ich eigentlich sagen möchte: Ich kenne mich gut, aber noch lange nicht alle meine Facetten. Ich verändere mich ständig, ich war mit Anfang zwanzig eine vollkommen andere Person als die, die ich heute bin. Und deshalb übe ich mich schon lange darin, mir die Fragen zu stellen, die sich manche erst am Ende des Lebens stellen: Was, wenn ich nie wirklich ehrlich zu mir selbst war? Wenn ich nie den Mut hatte, meine Träume auszusprechen, ihnen hinterherzujagen, mich für sie einzusetzen? Was, wenn ich mich nie für etwas engagiert habe, was, wenn ich nie für etwas eingestanden bin? Was, wenn es heute zu spät ist?

Diese Fragen brachten mich unter anderem zu den sieben Herausforderungen in diesem Buch. Es sind meine persönlichen, denn wie ich eingangs schon sagte: Herausforderungen sind für jeden etwas anderes. Und weil ich die Balance zwischen Sofa und Abenteuer mittlerweile ganz gut hinbekomme, bin ich heute diejenige, die dich ermutigt, öfter aufzustehen. Für dich, für dein Leben, für die Gesellschaft, für deine Umwelt, für den Planeten.

Eins noch. Es ist natürlich okay, trotz all der Abenteuerlust den Samstagabend alleine zu verbringen. Es ist okay, mit dir selbst überfordert zu sein. Es ist okay, dich mutlos zu fühlen. Und es ist okay, schlechte Gedanken zu haben. Es ist nur wichtig, sich davon auch wieder zu verabschieden. Und in Bewegung zu bleiben.

Das Mutmach-Manifest

Notiere dir die Ideen, die du unter der Dusche hast, sie sind die besten.

Probiere Neues aus.

Sag dir, dass du nicht alles verstehen musst, um Sinn darin zu finden. Und dass du nicht alles erklären musst, um es zu wollen.

Verliebe dich, denn es ist zauberhaft und noch viel besser, als alle sagen.

Schau dir selbst in die Augen.

Sei und bleibe freundlich, damit können diejenigen, die es nicht sind, am wenigsten umgehen.

Mach dir selbst Geschenke.

Vertraue deinem gebrochenen Herzen, denn es ist stärker, als du denkst.

Versöhne dich mit einer Person, die vielleicht gar nicht mehr damit rechnet.

Unterhalte dich mit deinen Großeltern über ihr Leben, denn was du erfährst, ist unbezahlbar.

Mach dir bewusst, dass niemand anders dein Leben lebt und damit niemand anders deine Geschichte schreibt.

Hör denen zu, die dir wirklich helfen wollen.

Ignoriere Energiestaubsauger.

Hab keine Angst vor dem Scheitern, das tut jeder mal, auch die Menschen, die du bewunderst.

Mach das, was du tun würdest, wenn Scheitern ausgeschlossen wäre.

Lass dich überraschen, am besten von dir selbst.

Fühl das, was du fühlst, und schieb es nicht weg.

Verstehe den Unterschied zwischen sich mit anderen vergleichen (lass es) und andere als Ansporn nehmen (tu es).

Erinnere dich an den Stolz, den du gespürt hast, als du etwas geschafft hast, und bewahre dir das Gefühl für schwierige Zeiten.

Atme den Schmerz nicht weg, sondern atme durch ihn hindurch.

Geh ohne Vorbehalt auf andere zu.

Egal, was man zu dir sagt: Vertrau deiner inneren Stimme – und verwechsle sie nicht mit der Angst, die dazwischenredet.

Humanisiere dich.

Hör auf, dir Lebenskatastrophen auszumalen.

Bleib neugierig.

Urteile weniger über andere, sondern versetze dich in ihre Lage.

Geh tanzen, vielleicht aus der Reihe.

Lerne deine Grenzen kennen, dann weißt du am besten, ob sie sinnvoll sind oder einzig existieren, um sie zu überwinden.

Engagiere dich für ein Herzensprojekt.

Sei sanft im Umgang mit dir selbst.

Mach etwas, das du schon lange vor dir herschiebst, und zwar jetzt.

Empöre dich.

Pass dich nicht an, wenn es nicht für dich passt.

Lerne zu verzeihen – mach es für dich, wenn es für andere nicht geht.

Sei authentisch, auch wenn's weh tut.

Tu das, was dir guttut, wenn du dich schlecht fühlst, anstatt es dir zu verbieten.

Versuch es mal mit Spontanität.

Bedanke dich ab und an bei dir selbst.

Geh den ersten Schritt.

Vergiss nie, dass du eine Stimme hast.

Denk an etwas, das deine Knie weich werden lässt. Das dein Herz vor Aufregung rasen lässt. Das du dir nicht zutraust. Das du aber gleichzeitig nicht vergessen kannst. Hab Angst davor. Und dann mach es einfach.

Dank

Mein Dank gilt meinem Lektor Johannes Engelke – für dein immer offenes Ohr und deinen unvergleichlichen Humor. Außerdem möchte ich mich bei meiner Redakteurin Antonia Zauner sowie bei meinen Agenten Markus Michalek und der gesamten AVA International von Herzen bedanken.

Ich danke allen Experten, deren Ratschläge, Hilfestellungen und Zitate in dieses Buch geflossen sind. Ich weiß Eure Hilfe und vor allem Euer Vertrauen sehr zu schätzen.

Folgende Herzensmenschen haben mich auf der Reise dieses Buches begleitet und meine Arbeit daran unterstützt: Emma, Deniz, Lisa, Tamara, Anja, Aurora, Isabell, Undine, Mama und Papa. Ihr seid großartig!

Eine Reise nach Italien
und ganz Italien in einem Leben

Anika Landsteiner, *Mein italienischer Vater*
ISBN 978-3-453-29216-1 · Auch als E-Book

Ohne groß nachzudenken, bricht Laura auf nach Süditalien. Ihre Mutter ist gerade gestorben, ihre große Liebe zerbrochen. Jetzt will sie zu ihrem Vater, irgendwo muss es doch auf dieser Welt einen Ankerpunkt geben. Vor Jahren hat sie ihn zum letzten Mal gesehen, und mit ihrer Ankunft bringt sie alles durcheinander: Emilio sitzt im Rollstuhl, an seiner Seite Gianna, die ihn schon immer geliebt hat. Das Auftauchen der Tochter könnte ihr Glück zerstören. Schon bald nach ihrer Ankunft in der fremden Heimat stellt Laura fest, dass sie die ganze Wahrheit über ihre deutsch-italienische Familie noch lange nicht kennt.

Leseprobe unter diana-verlag.de

Unsere Leseempfehlung

288 Seiten
Auch als E-Book
erhältlich

Wie weit müssen wir fahren, um irgendwann einmal anzukommen? Die Antwort auf diese Frage muss jeder selbst herausfinden, doch das Wichtigste ist erst einmal das Losfahren. Denn wer nicht wegfährt, kann auch nicht heimkommen. Für Anika Landsteiner ist Reisen eine Herzensangelegenheit, die sie bereits um die ganze Welt geführt hat. Mit ihren Beobachtungen und Gedanken zeichnet sie manchmal das große Bild, manchmal spürt sie Zwischentöne auf – ob auf Dschungelpfaden in Kolumbien oder einem staubigen kalifornischen Highway. Der richtige Zeitpunkt zum Losfahren? Immer genau jetzt!

Um die ganze Welt des
GOLDMANN Verlages
kennenzulernen, besuchen Sie uns doch
im Internet unter:

www.goldmann-verlag.de

Dort können Sie
nach weiteren interessanten Büchern *stöbern*,
Näheres über unsere *Autoren* erfahren,
in *Leseproben* blättern, alle *Termine* zu Lesungen und
Events finden und den *Newsletter* mit interessanten
Neuigkeiten, Gewinnspielen etc. abonnieren.

Ein *Gesamtverzeichnis* aller Goldmann Bücher finden
Sie dort ebenfalls.

Sehen Sie sich auch unsere *Videos* auf YouTube an und
werden Sie ein *Facebook*-Fan des Goldmann Verlags!

www.goldmann-verlag.de
www.facebook.com/goldmannverlag

GOLDMANN
Lesen erleben